경남 昌原 進禮山城

┌─────────────────────────────────────┐
│ 경남 昌原 進禮山城 연구진   │
│ 구산우(창원대학교 사학과 교수)   │
│ 김주용(창원대학교 박물관 학예연구사) │
└─────────────────────────────────────┘

경남 昌原 進禮山城

초판 1쇄 발행 2011년 2월 28일

지은이 구산우 · 김주용
펴낸이 윤관백
펴낸곳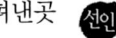

제 작 김지학
편 집 이경남 · 김민희 · 하초롱 · 소성순 · 주명규
표 지 김현진
영 업 이주하
등 록 제5-77호(1998.11.4)
주 소 서울시 마포구 마포동 324-1 곶마루빌딩 1층
전 화 02)718-6252 / 6257
팩 스 02)718-6253
E-mail sunin72@chol.com

정가 · 23,000원

ISBN 978-89-5933-433-9(세트)
      978-89-5933-434-6 94900

· 잘못된 책은 바꾸어 드립니다.

창원대학교 경남학연구센터 경남학학술총서 03

경남 昌原 進禮山城

구산우 · 김주용

선인

펴내는 말

창원대학교 경남학연구센터는 경남의 정체성을 찾기 위한 학술적 조사 연구를 진행하고 있다. 학술적 조사 연구의 성과를 책으로 펴내서, 학계와 시민사회에 필요한 정보를 제공하고 경남학연구센터의 연구 기반을 축적하는 발판으로 삼고 있다. 경남의 정체성을 찾기 위해 지금까지 간행된 경남학연구센터의 연구 성과물은 두 가지의 기획 의도 아래에서 진행되고 있다. 하나는 '경남학학술총서'의 성과물로 출판된 『경남학논저목록』과 『경남의 서원』이고, 다른 하나는 '내손안의 경남'의 성과물로 출판된 『옛시로 읽는 경남』과 『시로 만나는 경남』이 바로 그것이다.

경남 창원시에 있는 進禮山城에 관한 조사 연구를 한 권의 책으로 묶어서 경남학학술총서의 하나로 간행한다. 진례산성은 三國時代에 조성되어 後三國時代에는 王建과 甄萱이 이곳을 차지하기 위해 대규모의 병력을 동원한 쟁패전을 벌이려고 했을 정도로 중요한 군사 기지였다. 그리고 신라 말 고려 초에 창원과 김해 지역의 역사를 주도하고 있었던 豪族들이 진례산성을 중심 무대로 정치 군사 활동을 펼치고 있었고, 진례산성과 지척의 거리에 있는 鳳林山門에서는 이 무렵 진례산성을 지배한 호족들의 후원을 받아 禪宗이라는 새로운 불교신앙이 꽃피고 있었다. 그런 까닭에 한국사학계에서는 진례산성의 역사적 가치에 대해서 오래 전부터 주목하였고, 최근에는 성곽 자체에 대한 발굴이 이루어져서 고고학적 정보를 더 얻을 수 있게 되었다.

이 책은 진례산성의 역사, 연구 자료, 관광자원으로서의 활용 방안을 담았다. 역사와 연구 자료 부분에서는 문헌 자료와 고고학의 발굴 성과를 망라하였으며, 역사적 원형을 유지하면서 시민들에게 가까이 다가가는 관광문화재로서 올바로 복원되어 활용될 수 있는 방안을 제시하려고 했다. 끝에는 연구책임자인 구산우의 논문을 부록으로 실어 진례산성이 신라 말 고려 초에 어떤 역사적 위상을 갖는지를 살펴볼 수 있도록 하였다.

이 책의 연구책임자는 구산우(경남학연구센터장, 창원대 사학과 교수)이고 공동연구원은 김주용(창원대 박물관 학예연구사)이다. 이 조사 연구를 작성하는 과정에서 여러 사람의 도움을 받았다. 천성주(진주청동기문화박물관 학예연구사)는 진례산성의 답사에 참여하였고, 김수진(창원대 사학과 대학원)이 진례산성의 답사와 조사 연구를 완성하기 위한 모임과 자료 작성에 참여하였다. 창원대 사학과 학생인 최원대, 김용수가 자료의 조사와 정리에 참여하여 도와주었다. 모두에게 고마움을 전한다.

이 책에서 인용한 진례산성의 고고학 방면의 정보는 경남문화재연구원의 발굴 결과에 전적으로 도움을 받았다. 신라 말 고려 초의 문헌 기록에 나타난 진례성이 현존의 진례산성과 동일한 것인가를 두고, 양자가 동일하다고 보는 우리 연구팀과 견해가 다름에도 불구하고 진례산성의 고고학 발굴 결과를 인용할 수 있도록 허락해주신 경남문화재연구원의 박동백 원장님, 발굴 당시의 실무 책임자였던 정의도, 안성현 선생님에게 감사의 말씀을 드린다.

수지 타산을 맞추기 어려운 인문학 방면의 책을 간행하면서도, 경남학연구센터와 처음 맺은 인연을 존중하여 지금까지 난색을 표현하지 않고 흔쾌히 출판을 맡아주신 선인출판사의 윤관백 사장님께도 감사의 마음을 전하며, 사진과 도면이 많이 들어가는 내용임에도 불구하고 아름다운 책으로 만들어준 김지학님을 비롯한 편집진의 노고에도 감사의 말씀을 전한다.

2011. 2.
진례산성과 봉림산문의 봄을 기다리며
구산우

차례

펴내는 말 | 4

Ⅰ. 머리말 | 15

Ⅱ. 진례산성에 관한 선행 연구의 조사 | 17
    1. 역사학 방면의 연구 성과 · 17
    2. 고고학 방면의 연구 성과 · 21

Ⅲ. 진례산성의 현황 및 유물·유적 조사 | 25
    1. 역사학 방면의 자료 조사 · 25
    2. 고고학 방면의 현황 및 유물·유적 · 78
    3. 주변의 자연환경과 관련 유적 · 105

Ⅳ. 진례산성의 복원 타당성과 관광자원화 방안 | 125
    1. 복원의 타당성 · 125
    2. 문헌 자료의 활용 방안 · 161
    3. 고고학 자료의 활용 방안 · 179
    4. 주변환경 관련 유적과의 연계 활용 방안 · 196
    5. 복원의 기대 효과 · 236
    6. 복원사업에 대한 제언 · 237

Contents

Ⅴ. 맺음말 | 239

Ⅵ. 참고문헌 | 241

【부록】 신라 말 고려 초 김해 창원지역의 호족과 鳳林山門 | 245
  Ⅰ. 머리말 | 245
  Ⅱ. 김해 창원지역의 호족과 그 동향 | 246
    1. 세력 근거지로서의 進禮城과 金官城 · 246
    2. 호족 세력의 중심 인물들 · 253
    3. 정치적 동향 · 259
  Ⅲ. 봉림산문의 성립과 전개 | 262
  Ⅳ. 봉림사와 김해 창원에 머문 승려들 | 267
  Ⅴ. 맺음말 | 271

〈표〉〈古地圖〉〈도면〉〈위성사진〉〈사진〉　　**목차**

〈표〉

〈표 1〉 문화재 분류에 따른 정의·126
〈표 2〉 문화유산과 자연유산의 내용·129
〈표 3〉 문화재 지정권자별·유형별 분류·130
〈표 4〉 복원·정비된 성곽 및 문화재의 보전 계획·195
〈표 5〉 운영관리 계획·196
〈표 6〉 주변지역 정비 계획·196

〈古地圖〉

〈고지도 1〉 『新增東國輿地勝覽』에 나타난 창원·김해·65
〈고지도 2〉 『八道地圖帖』에 나타난 창원·김해·66
〈고지도 3〉 『東國輿地之圖』에 나타난 창원·김해·67
〈고지도 4〉 『東輿備攷』에 나타난 창원·김해·68
〈고지도 5〉 『輿地圖帖』에 나타난 창원·김해·69
〈고지도 6〉 『靑丘圖』에 나타난 창원·김해·70
〈고지도 7〉 『大東輿地圖』에 나타난 창원·김해·71
〈고지도 8〉 18세기 후반 『八道地圖』에 나타난 창원·김해·72
〈고지도 9〉 18세기 『海東地圖』에 나타난 창원·김해·73
〈고지도 10〉 『東輿圖』에 나타난 창원·김해·74
〈고지도 11〉 19세기 『廣輿圖』에 나타난 창원·75
〈고지도 12〉 『昌原府邑誌』에 나타난 창원·76
〈고지도 13〉 『金海府邑誌』에 나타난 김해·76
〈고지도 14〉 『朝鮮後期地圖』에 나타난 창원·77
〈고지도 15〉 『山經表』를 통해서 본 洛南正脈(1)·224
〈고지도 16〉 『山經表』를 통해서 본 洛南正脈(2)·225

〈도면〉

〈도면 1〉 진례산성 전체 측량도 · 78
〈도면 2〉 서문지 평면도 · 81
〈도면 3〉 서문지 A-A' 입면도 · 82
〈도면 4〉 서문지 A-A'·B-B' 단면도 · 85
〈도면 5〉 서문지 통로부 평면 · 86
〈도면 6〉 남문지 평면도 · 89
〈도면 7〉 남문지 A-A' 입면도 · 90
〈도면 8〉 남문지 a-a'·b-b' 단면도 · 91
〈도면 9〉 성벽 I 평면 및 입면도 · 94
〈도면 10〉 지질도로 본 창원시와 진례산성 · 107
〈도면 11〉 지형도로 본 진례산성 주변 문화유적 · 110
〈도면 12〉 금정산성 복원계획 · 136
〈도면 13〉 금정진 복원 배치도 · 139
〈도면 14〉 삼년산성 도면 · 144
〈도면 15〉 진례산성 현재 모습 · 179
〈도면 16〉 진례산성 정비계획도 · 180
〈도면 17〉 진례산성 복원 계획도 · 188
〈도면 18〉 진례산성 일대의 전체 등산로 · 217
〈도면 19〉 1번 코스의 등산로와 유적 · 218
〈도면 20〉 2번 코스의 등산로와 유적 · 220
〈도면 21〉 3번 코스의 등산로와 유적 · 222
〈도면 22〉 『山經表』를 복원한 『山經圖』에 나타난 洛南正脈(匡祐堂 李祐炯) · 226
〈도면 23〉 洛南正脈 개념도 · 227
〈도면 24〉 창원시의 낙남정맥 코스 · 228
〈도면 25〉 창원 역사의 길 진행도 · 230

〈위성사진〉

〈위성사진 1〉 위성사진으로 본 창원 일대(통합창원시 출범 이후) · 105
〈위성사진 2〉 위성사진으로 본 진례산성 주변 문화유적 · 109
〈위성사진 3〉 위성사진으로 본 금정산성 위치 · 134
〈위성사진 4〉 위성사진으로 본 삼년산성 위치 · 142
〈위성사진 5〉 위성사진으로 본 상당산성 위치 · 150
〈위성사진 6〉 위성사진으로 본 고창읍성 위치 · 152
〈위성사진 7〉 위성사진으로 본 정북동토성 위치 · 154
〈위성사진 8〉 위성사진으로 본 금성산성 위치 · 156
〈위성사진 9〉 위성사진으로 본 해미읍성 위치 · 158

〈사진〉

〈사진 1〉 창원 진례산성(경상남도 기념물 제128호) · 80
〈사진 2〉 진례산성 추정 관문지 전경 · 80
〈사진 3〉 서문지 원경 · 87
〈사진 4〉 서문지 조사 전 광경 · 87
〈사진 5〉 서문지 노출 후 광경 · 88
〈사진 6〉 서문지 최후 노출 후 광경(성외→성내) · 88
〈사진 7〉 남문지 조사 전 광경 · 92
〈사진 8〉 남문지 통로 노출 후 광경 · 92
〈사진 9〉 남문지 내부 출토 후 모습 · 93
〈사진 10〉 남문지 노출 후 광경 · 93
〈사진 11〉 석축 성벽 출토 후 모습 · 96
〈사진 12〉 석축 성벽 외벽 축조 상태 · 96
〈사진 13〉 추정 장대지(비음산 정상) 광경 · 98
〈사진 14〉 추정 장대지 트렌치 설치 후 광경 · 98
〈사진 15〉 건물지 노출 후 광경 · 100
〈사진 16〉 건물지 출토 광경 · 100

〈사진 17〉 주거지 서쪽 초석 출토 후 광경 · 101
〈사진 18〉 발굴 작업 광경 · 101
〈사진 19〉 서문지 석축 외부 유물 출토상태(1) · 102
〈사진 20〉 서문지 석축 외부 유물 출토상태(2) · 102
〈사진 21〉 불곡사 석조비로자나불좌상 · 111
〈사진 22〉 창원 불곡사 일주문 · 111
〈사진 23〉 사파동 고산당목 · 112
〈사진 24〉 사파동 신덕당목 · 113
〈사진 25〉 창원 불곡사 · 114
〈사진 26〉 경전선 삼랑진~진주 제3공구 간 유적 · 114
〈사진 27〉 경전선 삼랑진~진주 제3공구 간 유적의 통일신라 도로유구 · 115
〈사진 28〉 용추계곡 공룡발자국 모습 · 116
〈사진 29〉 우곡사 · 117
〈사진 30〉 우곡사 노거수 · 117
〈사진 31〉 용동 용추계곡 · 120
〈사진 32〉 진례면 송정리 출토 십이지상 석관 전체(좌), 십이지상(우) · 122
〈사진 33〉 금정산성(사적 제215호) · 136
〈사진 34〉 삼년산성 성곽(좌), 삼년산성 성곽(우) · 143
〈사진 35〉 상당산성 전경(좌), 상당산성 복원도(우) · 151
〈사진 36〉 고창읍성 전경(좌), 고창읍성 · 153
〈사진 37〉 정북동토성 전경(좌), 정북동토성 정비계획 조감도 · 155
〈사진 38〉 금성산성 전경(좌), 금성산성 보국문(우) · 157
〈사진 39〉 해미읍성 진남문 전경(좌), 해미읍성 전경(우) · 159
〈사진 40〉 진례산성 서문지의 창원 진례산성 안내문 · 170
〈사진 41〉 용추계곡 팔각정의 진례산성 안내문 · 173
〈사진 42〉 현재의 진례산성 동문지 안내문 · 175
〈사진 43〉 추정 관문지이며 현재 담수 예정지로 지정된 곳 · 181
〈사진 44〉 추정 관문지 지역 원경 · 182

〈사진 45〉 수원화성 水門 · 182
〈사진 46〉 문경새재 水口 · 182
〈사진 47〉 진례산성의 잘못된 안내판 · 183
〈사진 48〉 진례산성 서문지 · 184
〈사진 49〉 진례산성 남문지 · 184
〈사진 50〉 진례산성 성벽 파괴 사례(분묘)(1) · 185
〈사진 51〉 진례산성 성벽 파괴 사례(2) · 185
〈사진 52〉 진례산성 성벽 파괴 사례(3) · 185
〈사진 53〉 진례산성 성벽 파괴 사례(4) · 186
〈사진 54〉 현재 과거택지 학습장 복원 예정지와 안내판 · 187
〈사진 55〉 평거식 성문 모습(문경새재) · 189
〈사진 56〉 성벽이 훼손된 진례산성의 현재 모습(上), 성벽을 보호하고 벤치를 설치한 금
정산성의 현재 모습(下) · 190
〈사진 57〉 성벽 주변이 정리되지 않은 진례산성의 현재 모습(上), 성벽을 보호하며 정리
된 금정산성의 모습(下) · 191
〈사진 58〉 경전선 삼랑진~진주 제3공구 간 유적의
수혈 및 구상유구 전경(도로유구) · 192
〈사진 59〉 경전선 삼랑진~진주 제3공구 간 유적의 통일신라 도로유구 · 193
〈사진 60〉 과거택지 학습장 · 193
〈사진 61〉 진례산성 내 건물지와 주변 기와편 · 194
〈사진 62〉 진례산성 철쭉제(1)(제사 모습) · 197
〈사진 63〉 진례산성 철쭉제(2)(철쭉 핀 비음산 전경) · 197
〈사진 64〉 Y-1 지점 안내판 설치 및 보완 사항 · 199
〈사진 65〉 타 지역의 관광 안내판 설치 및 시설 모습 · 200
〈사진 66〉 Y-1·2·3 지점 보완 사항 · 200
〈사진 67〉 Y-4-1·2 지점 보완 사항 · 202
〈사진 68〉 D-1 지점 보완 사항 · 204
〈사진 69〉 다른 지역의 난간 설치 모습 · 204

〈사진 70〉 D-1 지점 보완 사항 · 205
〈사진 71〉 D-1 지점 보완 사항 · 207
〈사진 72〉 난간 설치 모습 · 208
〈사진 73〉 창원 역사의 길 안내판 설치 장소 · 230
〈사진 74〉 현재 자연 탐방로 모습 · 232
〈사진 75〉 경전선 삼랑진~진주 제3공구 간 유적의 통일신라 도로유구 · 233
〈사진 76〉 경전선 삼랑진~진주 제3공구 간 유적의 통일신라 도로유구 · 233
〈사진 77〉 전시관 바닥 유리를 통해서 보이는 회현리 패총의 모습 · 234
〈사진 78〉 名古屋城의 유사 사례 모습 · 235

Ⅰ. 머리말

　城郭은 외적의 침입을 막기 위한 방어시설물로 건설되었고, 지방에 대한 국가의 통치 행정의 단위로도 활용된 중요한 역사 문화재이다. 우리나라는 산지가 대부분을 차지하는 지형적 조건 때문에 옛부터 山城을 많이 축조하였다. 특히 영토의 확장과 영역 통일을 위한 전쟁이 본격화되는 三國時代 이래로 산성의 군사적 중요성은 매우 두드러져서, 많은 지역에서 산성이 만들어졌다. 오늘날 볼 수 있는 수많은 古代 山城은 거의 모두가 삼국시대에 처음 축조된 이래 지금까지 그때마다의 시대적 여건에 따라 다시 수축 증축되어 지금까지 우리 곁에 남게 된 것이다. 잘 알려져 있듯이, 우리나라 역사에서 외적의 침입을 받아 우리의 땅에서 전쟁을 수행한 것이 매우 많았는데, 그 횟수에 비례하여 산성을 비롯한 성곽의 수축이 잦았다.

　高麗末은 倭寇의 침략이 점점 거세져서 연안의 마을을 휩쓸고 내륙의 깊숙한 곳까지 그 참화가 미치게 된 시기였다. 이 무렵에 高麗 朝廷은 왜구의 잦은 출몰과 침략으로 도읍을 開城에서 鐵圓으로 옮기려는 구체적 논의를 할 정도로 왜구 침략의 피해가 격심했다. 이때에 조정 중신으로 활동한 鄭夢周는 왜구 격퇴에 필요한 방책의 하나로서 산성의 축조와 그 효용성을 강하게 역설했다.[1] 이전에 그가 東北面의 朔方道에서 幕佐, 즉 지방 장관의 막료로서 활동한 경험을 바탕으로 산성의 중요성을 강조했던 것이다. 그의 견해에 따르면, 고려 왕조가 거란, 여진, 몽골과 같은 막강한 군사력을 앞세운 북방 유목국가들의 침략을 막아내면서 영토를 잃지 않고 장기간 항전을 펼칠 수 있었던 원동력은 다름 아닌 성곽에 있었다고 했다. 정몽주는 중국와 일본에 사신으로 다녀온 경험이 있어서 외국 문물에도 밝았을 뿐만 아니라, 산성을 근거지로 삼아 거란, 여진, 몽골의 침략에 맞서 큰 전과를 올렸던 동북면에서의 재직 경험을 바탕으로 이같은 견해를 피력했다. 따라서 정몽주의 이런 주장은 매우 현실적이어서 실천 가능성이 높은 것이었다. 당시 조정에서

---
[1] 鄭夢周, 「金海山城記」, 『圃隱先生集』 권2.

는 성곽의 활용 방안으로 郡縣 邑治에 조성된 平地城과 읍치 외곽이나 연안에 만들어진 山城 중에서 어느 것을 중심으로 삼을 것인가를 두고 정책 논의가 있었고, 그 결과 전자에서 후자, 곧 평지성 중심에서 산성 중심으로 성곽의 활용 정책이 전환하는 시점이었다. 이를테면 정몽주를 비롯한 여러 사람의 건의가 그 전환의 계기를 만들어주었다. 산성의 중요성은 고려 말뿐 아니라 朝鮮時代에 들어와서도 壬辰倭亂, 丙子胡亂과 같은 이민족의 침략이 가져온 전쟁의 참화가 이 땅을 뒤덮을 때마다 다시금 부각되었다.

이 책에서 살펴볼 慶南 昌原의 進禮山城도 다른 대부분의 산성이 그러한 것처럼, 삼국시대에 처음 만들어져서 시대의 여건에 따라 몇 차례의 수축이 있었고, 그 과정을 거쳐 지금까지 보존되어 왔다. 오늘날 산성은 방어시설물로서의 기능보다는 역사 유적으로서 우리에게 다가온다. 이 책은 경남 창원의 진례산성의 역사, 현존 상황, 관련 유적, 문화재로서 지닌 가치가 관광자원으로 활용될 수 있는 방안이 무엇인지를 살펴보기 위해 작성되었다. 이 책의 전체 내용은 다음과 같다.

Ⅰ장은 머리말이고, Ⅱ장의 내용은 진례산성에 대한 선행 연구의 성과를 역사학과 고고학의 두 방면으로 나누어 조사하였다. Ⅲ장은 진례산성의 현황 및 유물·유적에 관해 조사했는데, 역사학과 고고학 방면의 자료에 더하여 주변의 자연 환경과 관련 유적을 중점적으로 검토했다. Ⅳ장은 진례산성 복원의 타당성과 관광자원화 방안을 모색하였다. 여기에서는 복원의 타당성, 문헌 자료와 고고학 자료의 활용 방안, 주변환경이나 관련 유적과의 연계 활용 방안, 복원의 기대 효과, 복원사업에 대한 제언을 서술하였다. Ⅴ장은 맺음말이며, Ⅵ장은 참고문헌이다. 끝의 부록으로 신라 말 고려 초 진례산성의 역사적 중요성을 살핀 논문인 구산우, 「신라 말 고려 초 김해 창원지역의 호족과 鳳林山門」, 『한국중세사연구』 25(한국중세사학회, 2008)를 참고 자료로 수록하였다. 진례산성이 우리 역사의 무대에서 가장 각광을 받은 시기가 바로 신라 말 고려 초였기 때문이다.

II. 진례산성에 관한 선행 연구의 조사

1. 역사학 방면의 연구 성과

進禮山城에 대한 역사학 방면의 연구는 일제시대부터 시작되어 지금까지 이어지고 있다. 연구 초기에 해당하는 일제시기와 1970년대 이전에는 주로 진례산성의 위치에 대한 고증을 중심으로 연구가 이루어졌다. 1970년대부터 그동안 축적된 한국사의 연구 성과를 바탕으로 진례산성에 대한 진전된 연구가 발표되었다. 新羅末 高麗初에 새로운 불교 사상으로 우리나라에 수입된 禪宗 사상과 선종을 널리 전파하는 사원으로서 禪門에 대한 연구가 진전된 것을 계기로 진례산성과 깊은 연관이 있는 鳳林山門에 대한 심화된 연구가 발표되었다. 신라 말 고려 초에 봉림산문을 중심으로 昌原 金海 지역에서 움트고 있었던 선종의 역사를 연구하는 과정에서, 봉림산문과 창원 김해 지역에 머물렀던 승려들을 후원했던 豪族 세력의 역할에 주목하게 되었고, 창원 김해의 호족 세력이 활동 근거지로 삼았던 진례산성이 주목되었던 것이다. 이후 봉림산문과 봉림산문을 개창한 審希를 비롯한 여러 승려들에 대한 불교사 방면의 연구는 지금까지도 이어지고 있으나, 이같은 불교사 방면의 연구에서는 진례산성에 대해 크게 진전된 성과를 남기지는 않았다.

그러다가 2000년대에 들어와서, 진례산성에 대한 연구가 한층 더 심화되는 계기가 마련되었다. 발굴 전문 기관에 의해서 현존하는 진례산성에 대한 체계적인 발굴이 이루어짐으로써, 진례산성에 대한 고고학적 자료와 정리된 정보를 얻게 되었다. 이어서 최근에는 그동안 축적된 정보와 지식을 바탕으로 지역사의 관점에서 새로운 연구가 이루어지고 있다.

진례산성에 대한 지금까지의 연구 성과를 시대순으로 정리하면 다음과 같다. 먼저 일제시대의 연구부터 살펴보기로 한다.

○ 津田左右吉,「後百濟疆域考」,『朝鮮歷史地理』 上, 南滿洲鐵道株式會社, 1913, 아세아문화사, 영인, 1986.

진례성은 慶山과 慶州의 중간 지점에 있으며, 慶山 관내의 仇史部曲 일대보다도 더 동쪽에 위치한 것으로 파악했다. 따라서 진례성이 경주 부근 지역에 위치했던 것으로 추정하였다.

○ 池內宏,「新羅末の進禮城に就いて」,『東洋學報』 7, 1917.

진례성을 경북 淸道에 있는 烏禮山城으로 보았으며, 烏禮山城은 烏惠山城, 烏也山城, 仇刀城과 같은 것으로 보았다.

해방 후에 이루어진 연구를 정리하면 다음과 같다.

○ 金庠基,「太祖의 建國과 經綸」,『高麗時代史』, 東國文化社, 1961.

진례의 위치를 金海 서쪽이라고 언급하였다.

○ 文炳憲,「後百濟의 興亡考」,『百濟文化』 1, 公州師大 百濟文化研究所, 1976.

진례성이 전북 茂朱에 있는 것으로 보았다.

○ 李丙燾,『國譯 三國史記』, 乙酉文化社, 1977.

池內宏의 견해를 그대로 받아들여 진례성을 淸道 烏禮山城의 잘못으로 보고 있다.

○ 崔柄憲,「新羅末 金海地方의 豪族勢力과 禪宗」,『韓國史論』 4, 서울대 국사학과, 1978.

이 연구에 의해 新羅末 高麗初에 김해와 창원 지역에서 일어난 역사적 상황에 대한 전체적 이해가 비로소 가능해졌다. 신라 말에 전개된 禪宗 山門의 개창이 그 지역의 유력 豪族의 지원하에 가능했다는 실증적 근거를 鳳林山門과 進禮城을 중심으로 성장한 金仁匡, 蘇忠子, 蘇律熙 등 김해 창원 지역의 유력 호족을 대상으로 분석한 결과를 발표했다. 이 연구 결과에 의해 신라 말 고려 초의 선종 산문의 실체, 선종 승려와 유력 호족의 결합 관계를 비롯하여 지역사를 심층적으로 이해할 수 있는 토대가 마련되었다. 진례성을 김해 지방에 있는 성으로 보았다.

○ 文暻鉉,『高麗太祖의 後三國統一硏究』, 螢雪出版社, 1987, 125쪽.

진례성의 위치를 김해군에 비정하고 있다.

○ 金英夏,「金海 進禮 출토의 十二支像이 새겨진 石棺」,『古文化』37, 1987.

김해시 進禮面 松亭里에서 출토되어 1967년 경북대학교 박물관에 수장된 유물인 石棺을 학계에 보고하였다. 이 석관이 출토된 지점은 현존 진례산성의 북동쪽으로서, 신라 말에 송정리 土城이 축조된 지역이었다. 석관의 하단 네 면에 12支像이 새겨져 있는데, 12지상의 모습은 일반적으로 많이 새겨지는 형태인 立像이나 坐像이 아닌 飛躍像이라는 특징이 있다.[1] 보고자의 견해에 따르면 이 석관은 金仁匡의 것으로 추정되었고, 통일신라시대에 12지상을 새긴 무덤은 주로 왕릉이라는 점에 착목하여, 김인광의 신분을 신라 왕족의 후예로 추정했다.

○ 朴東百,「進禮山城」,『昌原市史』, 창원시, 1988.

진례산성의 위치는 김해 서쪽에 있는 것으로 보면서, 현존하는 석축의 진례산성이 신라 말에 甄萱이 공략하려 했던 진례성이라고 보았다.

○ 金侖禹,「新羅末의 仇史城과 進禮城考」,『史學志』22, 단국대 사학과, 1989.

진례성의 위치와 역사적 중요성에 대한 이전까지의 연구 성과를 자세히 정리하고, 진례산성의 위치와 구조에 대해 검토했다. 진례성을 행정구역명으로 볼 때는 당시 김해군 진례면 일대에 있는 것으로 보았다. 진례성이 內城과 外城의 2중성으로 축조되었을 것으로 상정하여, 석축의 진례산성이 外城에 해당하고, 內城은 金海府 邑治에 더 가까운 지역인 김해시 진례면 新安里·松亭里에 있는 土城으로 보았다.

○ 金相潡,「新羅末 舊加耶圈의 金海 豪族勢力」,『震檀學報』82, 1996 ; 金相潡,『新羅

---
[1] 석관의 모습에 대해서는 이 책의 122쪽에 있는 〈사진 32〉를 참조하기 바란다.

末 · 高麗初 政治秩序의 再編硏究』, 서강대 박사학위논문, 2006.

　신라 말 김해 지역을 중심으로 한 舊加耶圈 지배세력의 동향을 분석하였다. 고고학 자료를 활용하지는 않았으며, 문헌 자료의 분석을 통해 崔柄憲의 견해를 비판하였다. 신라 말 김해 지역의 호족집단의 최고 지배자로 등장하는 인물이 金仁匡→蘇忠子→蘇律熙로 본 최병헌의 견해와는 달리 蘇忠子→蘇律熙→金仁匡으로 파악했다. 견훤의 진례성 진군은 舊加耶圈의 주도세력인 김해 지방을 점령하려는 데에 있었다고 보아, 진례성을 金海府에 속한 지역으로 보았다.

○ 朴東百, 「창원 진례산성」, 『昌原市史』, 창원시, 1997.

　진례산성은 원래 土城이었으나, 이후에 石城으로 개축한 것으로 파악하였다. 신라 말의 진례성은 김해와 창원의 경계에 있는 현존 진례산성으로 보았다.

○ 鄭義道, 「新羅下代 進禮城 硏究」, 『考古歷史學志』 17 · 18, 동아대 박물관, 2002 ; 鄭義道 · 安城賢, 『昌原 進禮山城』, 창원시 · 경남문화재연구원, 2003.

　현존하는 진례산성을 발굴하고, 그 결과를 토대로 신라 말 고려 초 진례산성과 현존 진례산성의 관계를 언급하였다. 현존하는 석축의 진례산성의 발굴 결과, 와편, 파수, 상평통보, 朝鮮時代의 도기편들의 유물이 출토되었다. 현존하는 진례산성은 세석 다짐을 한 뒤 지대석을 설치하는 것이나 대석을 놓고 그 주위를 보다 작은 할석으로 쌓은 난적쌓기 수법을 이용하는 축성 수법이 사용된 것을 근거로, 조선시대에 축성된 것으로 보았다. 성의 내부에서 출토되는 주름무늬 토기병이나 주변에서 출토되는 회청색 경질 항아리 편, 병 편들과 같은 고고학적 유물은 10세기 전반에 송정리토성과 그 주변에 사람이 거주하고 있었음을 보여주므로 『金海府邑誌』에 土城이 있었다는 문헌 기록과 고고학적 자료가 일치하고 있는 것으로 보았다. 이런 관점에서 신라 말의 진례성은 土城일 가능성이 크다고 보고, 현재의 김해시 진례면 송정리에 있는 토성으로 비정했다. 고고학의 발굴 성과를 토대로 진례산성에 대해 접근하여 참고할만한 부분이 없지 않으나, 문헌 자료에 대한 고증이 불충분하고 이전의 보고서 내용을 제대로 검토하지 않아 이 책의 입장과는 다른 결론을 내렸다.

○ 구산우, 「신라 말 고려 초 김해 창원지역의 호족과 鳳林山門」, 『한국중세사연구』 25, 2008.

이전의 연구 성과를 바탕으로 신라 말 고려 초 진례성을 중심으로 활동한 김해 창원 지역의 豪族과 鳳林山門의 관계를 집중적으로 검토하였다. 신라 말 김해 창원 지역의 최고 지배자는 金仁匡→蘇忠子→蘇律熙로 본 崔柄憲의 견해에 동의했으나, 金仁匡의 신분은 金英夏의 견해를 받아들여 신라 왕족의 후예로서 眞骨이었던 것으로 보았다. 지역사의 관점에서 심층적으로 접근하여 인근 분야의 연구에도 활용될 수 있는 결과를 이끌어내고자 했다. 진례성의 축조 시기와 신라 말 고려 초의 여러 기록에서 나오는 진례성과 현존 진례산성의 관계에 대해서는 다음과 같이 파악했다. 진례산성의 중앙부에 해당하는 계곡 주변에서 신라, 가야토기인 陶質土器편이 채집된 것으로 보고한 1980년대의 조사 성과[2]를 바탕으로, 진례산성은 통일신라 이전에 처음 축조되었고, 현존 성곽은 조선시대에 개축되었던 것으로 보았다. 신라 말의 진례성은 창원시 토월동의 비음산에 있는 현존하는 진례산성으로 파악했다. 이 논문은 이 책의 부록으로 수록되어 있다.

2. 고고학 방면의 연구 성과

진례산성에 대한 고고학적 학술조사는 1970년대 이후에 처음 시도되었다. 지표조사는 여러 번 이루어졌으나 시굴·발굴조사는 단 한차례 실시되었다. 이를 정리하면 다음과 같다.

○ 文化公報部 文化財管理局, 『文化遺蹟總覽』 中卷, 1977.

진례산성은 마산시 토월동과 김해읍 진례면의 경계인 山上에 있으며 둘레 약 4km의 石築城으로서 현재 대부분 붕괴되었다고 서술했다. "신라시대 金仁匡으로 하여금 進禮諸軍事를 맡게 했고, 傳하기를 首露王때 그의 한 王子를 封해서 進禮城 王이 되게 했다"는 『金海邑誌』의 자료를 인용하여, 진례산성이 가야시대부터 존속되어 왔다고 파악했다.

○ 釜山大學校博物館, 『伽倻文化圈遺蹟精密調査報告書-金海市·金海郡』, 1984.

진례산성은 둘레가 약 4km 정도 되는 큰 석축산성으로 긴 계곡 주위를 에워싼 포곡식

---

[2] 釜山大學校博物館, 『伽倻文化圈遺蹟精密調査報告書-金海市·金海郡』, 1984.

산성이다. 성벽은 대부분 할석으로 쌓여져 있는데 현재 대부분이 무너져 그 원형을 많이 잃었지만 門址 2개소와 구조물이 남아 있다. 성벽 주변에서는 전혀 유물이 채집되지 않았고, 산성 중앙부에서 新羅 및 伽倻土器로 불려지는 비교적 늦은 시기의 陶質土器편들이 약간 채집되었다고 보고했다. 그리고 진례성이 김해의 서쪽 35리에 있다는 기록과 봉림사와 밀접한 관계가 있다는 점, 당시 산성 내부에 신라 및 가야토기가 확인되는 점 등을 감안했을 때 『新增東國輿地勝覽』에 있는 진례성이 현재의 진례산성 위치에 해당하는 것임은 확실한 것 같다고 하였지만, 현재의 진례산성은 그 규모나 성의 입지 선정 방법으로 보아 그대로 당시의 성이라고는 볼 수 없으며, 후대에 확장 수축되었을 가능성이 높다고 파악했다.

○ 昌原大學博物館, 『伽倻文化圈遺蹟精密調査報告書 – 昌原市 · 馬山市 · 義昌郡 · 宜寧君』, 1986.

창원시 토월동에서 오르면 진례산성의 西門址가 나오는데 남서벽 외에는 보존 상태가 양호하지 못하며, 東門址는 김해군 진례면에 있으며 이 부분도 양호하지 못하다고 기술했다. 현존하는 성벽 가운데는 동남쪽의 석축 부분이 비교적 잘 보존되어 있으며, 당시 높이 157㎝, 폭 77㎝ 정도였다고 보고했다. 이 산성은 서북쪽으로 의창군과 김해군의 평야가, 서남쪽으로 창원 분지가 한눈에 내려다보이므로 당시 중요한 군사적 요충지였다고 보았다.

○ 昌原大學校博物館, 『昌原市文化遺蹟精密地表調査報告書』, 昌原市, 1995.

진례산성을 통일신라 말기(10세기) 이전에 형성된 성곽으로 추정하였으며, 당시 남아 있는 시설물은 세 곳의 門址와 雉 2개소가 있다고 보고하였다. 지형적 조건에 맞추어 구릉 사이에 낮게 형성된 고개에 문지를 설치하고 능선의 꺾임 부분에 치를 조영하고, 능선의 고지와 암벽에 望臺를 설치하였다고 서술했다.

○ 慶南文化財研究院, 『昌原 進禮山城』, 昌原市, 2003.

진례산성 복원 정비를 위한 시굴조사를 처음으로 실시한 성과를 담았다. 시굴조사에서 門址 3개소, 將臺址 4개소, 雉 1개소, 건물지 5개소가 확인되었다. 시굴조사의 결과를 토대로, 보고서에서는 조사의 대상이 된 현존 진례산성을 조선시대에 축조한 성곽으로 파악하고, 역사 문헌 기록에 나타나는 진례성, 특히 신라 말 고려 초의 진례성과는 무관한 것으로 보고했다. 앞서 제시한 鄭義道·安城賢의 견해가 바로 그것이다. 진례산성은 총 연장이 4km에 달하는 대규모 성곽이지만 당시 조사는 일부 구간에 한정된 것이었으므로, 성곽 축조의 시기와 수법 그리고 진례산성의 전체 성격이 완전히 밝혀졌다고 보기는 어려운 면이 있으며, 따라서 차후 전체적인 발굴조사가 필요하다고 서술했다.

III. 진례산성의 현황 및 유물·유적 조사

1. 역사학 방면의 자료 조사

1) 進禮山城: 進禮 進禮城 進禮郡

進禮山城은 기록에서 進禮, 進禮城, 進禮郡이라는 다양한 이름으로 표현되었다. 성곽 기능을 표현할 때에는 進禮라는 지명에 城을 덧붙여 進禮城으로, 지방행정 단위임을 표현할 때에는 郡이라는 단위명을 덧붙여 進禮郡으로 기록했다. 進禮, 進禮城, 進禮郡은 기록에 따라서 다르게 표현되었지만, 진례산성을 지칭하는 동일한 명칭이다. 역사 기록에 나타나는 진례산성에 대한 다양한 표현을 조사하면 다음과 같다.

(1) 進禮

○『三國史記』권12, 新羅本紀 景明王 4年 10月.

「後百濟王甄萱 率步騎一萬 攻陷大耶城 進軍於進禮 王遺阿湌金律 求援於太祖 太祖命將出師求之 萱聞乃去」

【번역】후백제왕 甄萱이 步兵과 騎兵 1만을 거느리고, 大耶城을 공격하여 함락시키고 進禮로 진군하였다. (신라)왕이 阿湌 金律을 (고려에) 보내어 太祖에게 구원을 요청하였다. (고려) 태조가 장수에게 명하여 군사를 출동시켜 구원하게 하니, 견훤이 이 말을 듣고 물러갔다.

○ 李智冠 譯註,「昌原鳳林寺眞鏡大師寶月凌空塔碑文」,『校勘譯註歷代高僧碑文』新羅篇, 가산불교문화연구원, 1994.

「遠聞金海西有福林 忽別此山 言歸南界 及于達於進禮 暫以△蹰」

【번역】 (眞鏡大師가) 얼마 후 金海의 서쪽에 福林이 있다는 말을 멀리서 들었다. 갑자기 이 산을 떠나 남쪽으로 가겠다고 말하고, 進禮에 이르러 잠시 머뭇거렸다.

(2) 進禮城

○ 『三國史記』 권50, 列傳10 甄萱 貞明 6年.

「萱率步騎一萬 攻陷大耶城 移軍於進禮城 新羅王遣阿湌金律 求援於太祖 太祖出師 萱聞之引退 萱與我太祖 陽和而陰剋」

【번역】 甄萱이 步兵과 騎兵 1만을 거느리고 大耶城을 공격하여 함락시키고 군사를 進禮城으로 옮겼다. 신라왕이 阿湌 金律을 보내 (고려) 太祖에게 구원을 청하므로, 太祖가 군사를 출동하니 甄萱이 물러났다. 甄萱은 太祖와 겉으로는 和親하는 척했으나 속으로는 相剋이었다.

○ 『新增東國輿地勝覽』 권32, 金海都護府 古跡.

「進禮城(在府西三十五里有古址 新羅時 以金仁匡 爲進禮城諸軍事)」

【번역】 進禮城: 부의 서쪽 35리 지점에 옛터가 있다. 신라 때에 金仁匡을 進禮城諸軍事로 삼았다.

○ 『大東地志』 권10, 金海 城池.

「進禮城(在府西三十五里有古址 新羅時 以金仁匡 爲進禮城諸軍事)」

【번역】 進禮城: 부의 서쪽 35리 지점에 옛터가 있다. 신라 때에 金仁匡을 進禮城諸軍事로 삼았다.

○ 『金海邑誌』 古蹟(『韓國近代邑誌』 14, 한국인문과학원, 1991 영인).

「進禮城(在府西三十五里 新羅時 以金仁匡 爲進禮諸軍事 諺傳 首露王 封其一子 爲進禮城主 以設王宮·太子壇·瞻星臺 臺址至今猶存 居人號稱 京城內云)

瞻星臺(在府西三十里 世傳 駕洛王 封太子 爲進禮城主 有土城 瞻星臺遺址在焉)」

【번역】 進禮城: 府의 서쪽 35리에 있다. 신라시대에 金仁匡이 進禮諸軍事가 되었다. 諺傳에 首露王이 한 아들을 책봉하여 進禮城主로 삼았는데, 王宮 太子壇 瞻星臺를 설치했다고 한다. 첨성대의 터는 지금까지도 남아있는데, 주민들이 (이곳을) 일러 '京城內'라고 한다.

瞻星臺: 府의 서쪽 30리에 있다. 世傳하기를 駕洛王이 太子를 봉하여 進禮城主로 삼았다고 한다. 土城이 있으며, 첨성대의 옛터가 있다고 한다.

○ 『慶尙南道輿地集成』 金海府邑誌 古蹟(경상남도사편찬위원회, 1963, 인쇄).

「進禮城(在府西三十里 新羅時 以金仁匡 爲進禮諸軍事 諺傳 首露王 封其一子 爲進禮城主 以設王宮·太子壇·瞻星臺 臺址至今猶存 居人號稱 京城內云) 瞻星臺(在府西三十里 世傳 駕洛 封太子 爲進禮城主 有土城 瞻星臺遺址在焉)」

【번역】 進禮城: 府의 서쪽 30리에 있다. 신라시대에 金仁匡이 進禮諸軍事가 되었다. 諺傳에 首露王이 한 아들을 책봉하여 進禮城主로 삼았는데, 王宮 太子壇 瞻星臺를 설치했다고 한다. 첨성대의 터는 지금까지도 남아있는데, 주민들이 (이곳을) 일러 '京城內'라고 한다.

瞻星臺: 府의 서쪽 30리에 있다. 世傳하기를 駕洛이 太子를 봉하여 進禮城主로 삼았다고 한다. 土城이 있으며, 첨성대의 옛터가 있다고 한다.

○ 『嶠南誌』 金海郡 古蹟(『韓國近代道誌』 13, 한국인문과학원, 1991 영인).

「進禮城(在郡西三十五里 新羅時 以金仁匡 爲進禮諸軍事 諺傳 首露王 封其一子 爲城主 以設王宮 太子壇 瞻星臺 遺址至今猶存 人號京城)」

【번역】 進禮城: 郡의 서쪽 35리에 있다. 신라시대에 金仁匡이 進禮諸軍事가 되었다.

諺傳에 首露王이 한 아들을 책봉하여 城主로 삼았는데, 王宮 太子壇 瞻星臺를 설치했다고 한다. 옛터가 지금까지도 남아있는데, 사람들이 (이곳을) 일러 '京城'이라고 한다.

○ 『嶺誌要選』 2, 金海 古跡(『韓國近代道誌』 8, 한국인문과학원, 1991 영인).
「進禮城(在郡西三十五里 新羅時 以金仁匡 爲進禮諸軍事 諺傳 首露王 封其一子 爲進禮城主)」

【번역】 進禮城: 郡의 서쪽 35리에 있다. 신라시대에 金仁匡이 進禮諸軍事가 되었다. 諺傳에 首露王이 한 아들을 책봉하여 城主로 삼았다고 한다.

○ 『金海郡誌』 古跡(『朝鮮寰輿勝覽』 4, 한국인문과학원, 1993, 영인).
「進禮城(在郡西三十五里 新羅時 以金仁匡 爲進禮諸軍事 諺傳 首露王 封其一子 爲進禮城主 以設王宮 太子壇 瞻星臺 遺址尚在 今稱京城內云)」

【번역】 進禮城: 郡의 서쪽 35리에 있다. 신라시대에 金仁匡이 進禮諸軍事가 되었다. 諺傳에 首露王이 한 아들을 책봉하여 進禮城主로 삼았는데, 王宮 太子壇 瞻星臺를 설치했다고 한다. 옛터가 지금까지도 남아있는데, 지금 (이곳을) 일러 '京城內'라고 한다.

○ 李智冠 譯註, 「昌原鳳林寺眞鏡大師寶月凌空塔碑文」, 『校勘譯註歷代高僧碑文』 新羅篇, 가산불교문화연구원, 1994.
「爰有 進禮城諸軍事金律熙 慕道情深 聞風志切 候於境外 迎入城中 仍葺精廬 諮留法軑」

【번역】 이에 進禮城諸軍事 金律熙가 道를 사모하는 정이 깊고 (眞鏡대사의) 소식을 듣고 뜻이 간절하여, 경계 밖에서 기다리고 있다가 성안으로 맞아들였다. 그리고 절을 고쳐주며 法의 수레를 머물도록 청했다.

○ 『嶠南誌』 권51, 金海郡 古蹟 進禮城(『韓國近代道誌』 13, 한국인문과학원, 1991 영인).
「進禮城(在郡西三十五里 新羅時 以金仁匡 爲進禮城諸軍事 諺傳 首露王 封其一子

爲城主 以設王宮 太子壇 瞻星臺 遺址今猶存 人號京城)」

【번역】進禮城: 郡의 서쪽 35리에 있다. 신라시대에 金仁匡이 進禮城諸軍事가 되었다. 諺傳에 首露王이 한 아들을 책봉하여 (進禮)城主로 삼았는데, 王宮 太子壇 瞻星臺를 설치했다고 한다. 옛터가 지금까지도 남아있는데, 지금 (이곳을) 일러 '京城'이라고 한다.

(3) 進禮郡

○ 『高麗史』 권1, 太祖 3年 10月.
「甄萱侵新羅 取大良·仇史二郡 至于進禮郡 新羅遣阿粲金律 來求援 王遣兵救之 萱聞之 引退 始與我有隙」

【번역】甄萱이 신라를 침공하여 大良·仇史의 두 郡을 빼앗고 進禮郡에 이르니, 신라가 阿粲 金律을 보내와 구원을 청하므로 왕이 군사를 보내어 구원하니, 甄萱이 이것을 듣고 물러갔다. 이때부터 후백제와 고려가 틈이 생기기 시작했다.

○ 『三國史節要』 권14, 庚辰 4年 10月.
「後百濟甄萱 率步騎一萬 攻陷大良·仇史二城 至于進禮郡 王遣阿粲金律 求援於高麗 高麗遣兵救之 萱聞之引退」

【번역】후백제 甄萱이 步兵 騎兵 1만 명을 거느리고 大良·仇史의 두 城을 공격하여 함락시키고 이어 進禮郡에 이르니, (신라)王이 阿湌 金律을 高麗에 보내어 구원을 청하였으며, 高麗(태조)가 군사를 보내어 구원해 주었다. 甄萱이 이를 듣고 철군하여 돌아갔다.

○ 『東史綱目』 제5下, 景明王 4年 10月.
「甄萱入寇 王遣使求援于高麗 高麗君建求之 萱兵退 甄萱步騎一萬 攻陷大良(今陜川) 仇史(今屬慶州)二郡 至進禮郡(在今金海府西三十五里 一云今錦山 非也) 王遣阿湌金律 求援于高麗 麗王遣兵救之 萱聞之引退 始與高麗有隙」

【번역】甄萱이 침입하니, 왕이 사신을 보내어 고려에 구원을 청하였다. 고려 임금 (王)建이 이를 구원하자, (견)훤의 군사가 물러갔다. (견)훤이 步兵과 騎兵 1만을 거느리고 大良(지금의 陜川) 仇史(지금의 慶州에 속함) 두 고을을 쳐서 함락하고, 進禮郡(지금 金海府 서쪽 35리에 있다. 일설에 지금의 錦山이라고 한 것은 잘못이다)에 이르니, (신라)왕이 阿湌 金律을 보내어 고려에 구원을 청하였다. 고려왕이 군사를 보내어 구원하니, 甄萱이 이 소식을 듣고 물러갔는데, 이 일이 있은 후로 고려와 틈이 생겼다.

이상에서 제시한 역사 문헌 기록을 살펴보면, 進禮城, 進禮, 進禮郡의 위치가 金海의 邑治로부터 서쪽 35리에 있는 것으로 공통적으로 서술하고 있다. 다만 경상남도에서 간행한 『慶尙南道輿地集成』에서는 진례성의 위치를 김해 읍치로부터 서쪽 30리로 서술했다. 시굴 조사의 결과와 『慶尙南道輿地集成』의 기록을 근거로 신라 말의 진례성이 현존하는 석축의 진례산성이 아니라 송정리에 있는 土城으로 파악한 견해가 제기되었다.[1] 그러나 이 견해는 가야시대나 삼국시대의 陶質土器가 채집되었다는 이전의 지표조사보고서[2]를 참조하지 않았고, 조선시대에 간행된 여러 종류의 『金海邑誌』에서 공통적으로 진례성이 金海 邑治로부터 서쪽 35리에 있다는 기록을 검토하지 않고 내린 결론이었다.[3] 『慶尙南道輿地集成』은 조선후기에 간행된 연대 미상의 『金海邑誌』를 활판으로 새로 인쇄한 모음집인데, 인쇄 과정에서 생긴 오류 때문에 진례성이 김해 읍치로부터 서쪽 30리에 있는 것으로 잘못 기록한 것이라고 판단된다.

2) 進禮山城과 관계 있는 역사적 인물들

(1) 王建과 甄萱

○ 『三國史記』 권12, 新羅本紀 景明王 4年 10月.

「後百濟王甄萱 率步騎一萬 攻陷大耶城 進軍於進禮 王遣阿湌金律 求援於太祖 太祖命將出師求之 萱聞乃去」

---

[1] 鄭義道, 「新羅下代 進禮城 硏究」, 『考古歷史學志』 17·18, 동아대 박물관, 2002 ; 鄭義道·安城賢, 『昌原 進禮山城』, 창원시·경남문화재연구원, 2003.
[2] 釜山大學校博物館, 『伽倻文化圈遺蹟精密調査報告書-金海市·金海郡』, 1984.
[3] 구산우, 「신라 말 고려 초 김해 창원지역의 호족과 鳳林山門」, 『한국중세사연구』 25, 2008.

【번역】 후백제왕 甄萱이 步兵과 騎兵 1만을 거느리고, 大耶城을 공격하여 함락시킨 후 進禮로 진군하였다. (신라)왕이 阿湌 金律을 (고려에) 보내어 太祖에게 구원을 요청하였다. 태조가 장수에게 명하여 군사를 출동시켜 구원하게 하니, 견훤이 이 말을 듣고 물러갔다.

○ 『三國史記』 권50, 列傳10 甄萱 貞明 6年.

「萱率步騎一萬 攻陷大耶城 移軍於進禮城 新羅王遣阿湌金律 求援於太祖 太祖出師 萱聞之引退 萱與我太祖 陽和而陰剋」

【번역】 甄萱이 步兵과 騎兵 1만을 거느리고 大耶城을 공격하여 함락시키고 군사를 進禮城으로 옮기니, 신라왕이 阿湌 金律을 보내 (고려) 太祖에게 구원을 청하므로, 太祖가 군사를 출동하니 甄萱이 물러갔다. 甄萱은 太祖와 겉으로는 和親하는 척했으나 속으로는 相剋이었다.

○ 『高麗史』 권1, 太祖 3年 10月.

「甄萱侵新羅 取大良·仇史二郡 至于進禮郡 新羅遣阿粲金律 來求援 王遣兵救之 萱聞之 引退 始與我有隙」

【번역】 甄萱이 신라를 침공하여 大良·仇史의 두 郡을 빼앗고 進禮郡에 이르니, 신라가 阿粲 金律을 보내와 救援을 청하므로 왕이 군사를 보내어 救授하니, 甄萱이 이것을 듣고 물러갔다. 이때부터 후백제와 고려가 틈이 생기기 시작했다.

(2) 金仁匡

○ 李智冠 譯註,「昌原鳳林寺眞鏡大師寶月凌空塔碑文」,『校勘譯註歷代高僧碑文』 新羅篇, 가산불교문화연구원, 1994.

「此寺 雖地連山脈而門倚墻根 大師 以水石探奇 煙霞選勝 驂遊西岫 梟唳舊墟 豈謂肉果宜大 士之情 △悵神人 所以 叛修茅舍 方止蔓興 改號鳳林 重開禪宇 先是知金海府進禮城諸軍事明義將軍金仁匡 鯉庭禀訓 龍闕馳誠 歸仰禪門 助修寶所 大師心憐 意有終焉

高演玄宗 廣揚佛道」

【번역】 이 절이 비록 터는 산맥에 이어져 있었으나 문은 담장 밑까지 기울어져 있었다. (眞鏡)大師는 경치가 기이하고 빼어난 곳을 찾고 가렸으나, 날쌘 말이 서쪽 산봉우리에서 놀고 올빼미가 옛터에서 우는 곳만을 어찌 大師의 생각에 과연 마땅하고 神人의 △에 깊이 흡족하다고 이를 수 있겠는가. 그러므로 작은 절을 고쳐 지어 발길을 멈추었으며, 鳳林으로 이름을 고치고 다시 禪宇를 열었다. 이보다 앞서 知金海府進禮城諸軍事明義將軍 金仁匡이 가정에서는 아버지의 가르침을 받고, 임금에게는 충성을 다했으며, 禪門에 귀의하여 절을 고치는 것을 도우니, 大師는 마음속으로 기꺼이 여겨 그곳에서 죽을 때까지 머물고자 생각하고, 그윽한 가르침을 크게 베풀었고 佛道를 널리 떨쳤다.

○ 『新增東國輿地勝覽』 권32, 金海都護府 古跡.
「進禮城(在府西三十五里有古址 新羅時 以金仁匡 爲進禮城諸軍事)」

【번역】 進禮城: 부의 서쪽 35리 지점에 옛터가 있다. 신라 때에 金仁匡을 進禮城諸軍事로 삼았다.

○ 『新增東國輿地勝覽』 권32, 金海都護府 古跡 名宦.
「金仁匡」

【번역】 (名宦으로) 金仁匡이 있다.

(3) 蘇忠子(忠至)

蘇忠子는 기록에 따라서 忠至로 표현되기도 하였다. 학계의 연구 성과에 따르면, 蘇忠子와 忠至는 동일인으로 판단된다.[4]

○ 李智冠 譯註, 「奉化太子寺朗空大師白月栖雲塔碑文」, 『校勘譯註歷代高僧碑文』 高

---
[4] 崔柄憲, 「新羅末 金海地方의 豪族勢力과 禪宗」, 『韓國史論』 4, 서울대 국사학과, 1978.

麗篇1, 가산불교문화연구원, 1994.

「忽於明年夏末 作別京畿 略遊海嶠 至金海府 蘇公忠子 知府及第 律熙領軍 莫不歛袵 欽風 開襟慕道 請居名寺 冀福蒼生」

【번역】(朗空대사가) 홀연히 다음 해 여름 끝 무렵에 잠깐 京畿[신라의 수도 경주]를 떠나 바닷가로 행각하다가 金海府에 이르니 知府及第이며 領軍인 忠子 蘇律熙公이 옷 깃을 여미고 德風을 흠모하던 중, 옷깃을 열고 道를 사모하여 이름난 큰 절에 주석하도록 청하였는데, 이는 창생을 복되게 하기를 희망한 것이었다.

○ 윤영호 譯註, 「太子寺朗空大師白月栖雲塔碑」, 『譯註羅末麗初金石文』 上, 혜안, 1996.

「忽於明年夏末 作別京畿 略遊海嶠 至金海府 蘇公忠子知府 及弟律熙領軍 莫不歛袵 欽風 開襟慕道 請居名寺 冀福蒼生」

【번역】(朗空대사가) 홀연히 다음 해 여름 끝 무렵에 잠깐 京畿[신라의 수도 경주]를 떠나 바닷가로 행각하다가 金海府에 이르니 知府 蘇忠子公과 領軍 蘇律熙가 옷깃을 여미고 德風을 흠모하던 중, 옷깃을 열고 道를 사모하여 이름난 큰 절에 주석하도록 청하였는데, 이는 창생을 복되게 하기를 희망한 것이었다.

○ 『新增東國輿地勝覽』 권32, 金海都護府 古跡 名宦.

「忠至」

【번역】(名宦으로) 忠至가 있다.

○ 『三國遺事』 권2, 紀異2 駕洛國記

「新羅季末 有忠至匝干者 攻取金官高城 而爲城主將軍 爰有英規阿干 假威於將軍 奪廟享而淫祀 當端午而致告祀 堂梁無故折墜 因覆而死壓焉 於是將軍自謂 宿因多幸 辱爲 聖王所御國城之奠 宜我畫其眞影 香燈供之 以酬玄恩 遂以鮫絹三尺 摸出眞影 安於壁上 旦夕膏炷 瞻仰虔至 才三日 影之二目 流下血淚 而貯於地上 幾一斗矣 將軍大懼 捧持其

眞 就廟而焚之 卽召王之眞孫圭林而謂曰 昨有不祥事 一何重疊 是必廟之威靈 震怒余之 圖畫 而供養不孫 英規旣死 余甚怖畏 影巳燒矣 必受陰誅 卿是王之眞孫 信合依舊以祭 之 圭林繼世奠酹 年及八十八歲而卒 其子間元卿 續而克禋 端午日謁廟之祭 英規之子俊 必又發狂 來詣廟 俾撤間元之奠 以巳奠陳享 三獻未終 得暴疾 歸家而斃 然古人有言 無 福淫祀 反受其殃 前有英規 後有俊必父子之謂乎」

【번역】 신라 말기에 忠至 匝干이란 자가 있었다. 金官城을 쳐서 빼앗아 城主將軍이 되자 이에 (그 부하의) 英規 阿干이란 자가 장군의 위세를 빌어 (金首露王)廟의 祭享을 빼앗아 제사를 참람히 행하더니 단오날에 사당에서 제사를 지내던 중, 사당의 대들보가 까닭 없이 부러져서 영규는 깔려 죽었다. 이에 장군(忠至 匝干)은 혼잣말로 말했다.

"다행히 전세의 인연으로 외람되어 聖王[金首露王]이 계시던 國城에 祭奠을 올리게 되었다. 나는 마땅히 그 眞影[畵像]을 그려 모시고 향과 燈으로 받들어 신의 은혜를 갚아야 하겠다."

마침내 鮫絹 3척에 진영을 그려서 벽 위에 모시고 아침저녁으로 촛불을 켜서 경건히 받들었다. 겨우 3일 만에 화상의 두 눈에서는 피눈물을 흘려 땅 위에 고이었으니 그것이 거의 한 말가량이나 되었다. 장군은 너무 두려워서 그 화상을 모시고 사당으로 가서 이를 불살라 버리고는 즉시 수로왕의 직계손 圭林을 불러 말했다.

"어제도 불상사가 있었다. 어떻게 이런 일이 거듭 일어나는지? 이는 정녕 廟의 威靈이 내가 화상을 그려 공양함이 불손하다고 크게 노하신 것 같다. 英規가 이미 죽었으므로 나는 매우 괴이히 생각하고 두려워져, 화상을 이미 불살라 버렸으니 반드시 신의 벌을 받을 것이다. 그대는 왕의 직계손이니 그전대로 제사를 받드는 것이 합당하겠다."

圭林은 先代를 이어 제사를 받들더니 나이 88세에 죽었다. 그 아들 間元 卿이 아버지를 이어 제사를 받들었다. 단오날 謁廟祭 때, 영규의 아들 俊必이 또 미친 증세가 일어나 사당에 와서 間元이 차려 둔 제물을 치우게 하고 자기의 제물을 차려서 지내니 三獻이 채 끝나지 않아서 갑작스러운 병을 얻어 집에 돌아가서 죽었다. 그런데 옛 사람의 말에

"참람하게 지내는 제사는 복을 받지 못하고 도리어 재앙을 받는다."

했는데, 전에는 영규의 일이 있었고, 후에는 준필의 일이 있었으니 이들 부자를 두고 이른 말인가?

(4) 蘇律熙(金律熙)

蘇律熙는 기록에 따라서 金律熙로 표현되기도 하였다. 학계의 연구 성과에 따르면, 蘇律熙와 金律熙는 동일인으로 판단된다.5) 성씨로 표현된 蘇(소)는 쇠와 같은 말로 훈에 해당하는 것이고, 金은 음에 해당하는 글자이다. 우리말의 '쇠유리'라는 인명의 한자식 표현이 蘇律熙와 金律熙로 각각 다르게 표기되었다고 본다.

○ 李智冠 譯註, 「昌原鳳林寺眞鏡大師寶月凌空塔碑文」, 『校勘譯註歷代高僧碑文』 新羅篇, 가산불교문화연구원, 1994.

「遠聞金海西 有福林 忽別此山 言歸南界 及于達於進禮 暫以△蹰 爰有 進禮城諸軍事 金律熙 慕道情深 聞風志切 候於境外 迎入城中 仍葺精廬 諮留法軔 猶如孤兒之逢父 慈衆病之遇醫王」

【번역】(眞鏡대사가) 金海의 서쪽에 福林이 있다는 말을 멀리서 듣고, 갑자기 이 산을 떠나 남쪽으로 가겠다고 말했다. 進禮에 이르러 잠시 머뭇거리니, 이에 進禮城諸軍事 金律熙가 道를 사모하는 정이 깊고 (대사의) 소식을 듣고 뜻이 간절하여, 경계 밖에서 기다리고 있다가 성안으로 맞아들였다. 그리고 절을 고쳐주며 法의 수레를 머물도록 청했는데 마치 고아가 자애로운 아버지를 만난 듯, 병든 많은 사람들이 뛰어난 의사를 만난 듯했다.

○ 李智冠 譯註, 「奉化太子寺朗空大師白月栖雲塔碑文」, 『校勘譯註歷代高僧碑文』 高麗篇 1, 가산불교문화연구원, 1994.

「忽於明年夏末 作別京畿 略遊海嶠 至金海府 蘇公忠子 知府及第 律熙領軍 莫不歛袵 欽風 開襟慕道 請居名寺 冀福蒼生」

【번역】(朗空대사가) 홀연히 다음 해 여름 끝 무렵에 잠깐 京畿[신라의 수도 경주]를 떠나 바닷가로 행각하다가 金海府에 이르니 知府及第이며 同領軍인 忠子 蘇律熙公이 옷깃을 여미고 德風을 흠모하던 중, 옷깃을 열고 道를 사모하여 이름난 큰 절에 주석하

---

5) 崔柄憲, 「新羅末 金海地方의 豪族勢力과 禪宗」, 『韓國史論』 4, 서울대 국사학과, 1978.

도록 청하였는데, 이는 창생을 복되게 하기를 희망한 것이었다.

○ 윤영호 譯註,「太子寺朗空大師白月栖雲塔碑」,『譯註羅末麗初金石文』上, 혜안, 1996.

「忽於明年夏末 作別京畿 略遊海嶠 至金海府 蘇公忠子知府 及弟律熙領軍 莫不歛袵 欽風 開襟慕道 請居名寺 冀福蒼生」

【번역】그러던 중 (朗空대사가) 홀연히 다음 해 여름 끝 무렵에 잠깐 京畿[신라의 수도 경주]를 떠나 바닷가로 행각하다가 金海府에 이르니 知府 蘇忠子公과 領軍 蘇律熙가 옷깃을 여미고 德風을 흠모하던 중, 옷깃을 열고 道를 사모하여 이름난 큰 절에 주석하도록 청하였는데, 이는 창생을 복되게 하기를 희망한 것이었다.

○ 李智冠 譯註,「海州廣照寺眞澈大師寶月乘空塔碑文」,『校勘譯註歷代高僧碑文』高麗篇 1, 가산불교문화연구원, 1994.

「洎於天祐八年 乘査巨浸 達于羅州之會津 此際 大師 一自維舟 偏宜捨筏 珍重屛翳 邐迤東征 爰有金海府 知軍府事蘇公律熙 選勝光山 仍修堂宇 傾誠願海 請住煙霞」

【번역】天祐 8년(孝恭王 15년)에 이르러 뗏목으로 큰 파도를 무사히 헤치고는 羅州의 會津에 도달하였다. 이때 (眞澈)大師는 부두의 한 구석에 배를 매어둔 채로 모든 것을 던져버리면서 잘 있으라 인사하고 이어 風神인 屛翳에게 감사하고 동쪽으로 정처없이 지나다가 金海까지 이르게 되었다. 마침 金海府 知軍事 蘇律熙公의 歸依를 받게 되었으니, 勝光山 중 煙霞의 絶景에 터를 잡아 절을 짓고 정성스러운 큰 뜻을 경주하여 (대사가) 이 절에 계시도록 청하였다.

(5) 英規

○『三國遺事』권2, 紀異2 駕洛國記.

「新羅季末 有忠至匝干者 攻取金官高城 而爲城主將軍 爰有英規阿干 假威於將軍 奪廟享而淫祀 當端午而致告祀 堂梁無故折墜 因覆而死壓焉 於是將軍自謂 宿因多幸 辱爲聖王所御國城之奠 宜我畫其眞影 香燈供之 以酬玄恩 遂以鮫絹三尺 摸出眞影 安於壁上

旦夕膏炷 瞻仰虔至 才三日 影之二目 流下血淚 而貯於地上 幾一斗矣 將軍大懼 捧持其 眞 就廟而焚之 卽召王之眞孫圭林而謂曰 昨有不祥事 一何重疊 是必廟之威靈 震怒余之 圖畫 而供養不孫 英規旣死 余甚怖畏 影巳燒矣 必受陰誅 卿是王之眞孫 信合依舊以祭 之 圭林繼世奠酹 年及八十八歲而卒 其子間元卿 續而克禋 端午日謁廟之祭 英規之子俊 必又發狂 來詣廟 俾撤間元之奠 以巳奠陳享 三獻未終 得暴疾 歸家而斃 然古人有言 無 福淫祀 反受其殃 前有英規 後有俊必父子之謂乎」

【번역】 신라 말기에 忠至 匝干이란 자가 있었다. 金官城을 쳐서 빼앗아 城主將軍이 되자 이에 (그 부하의) 英規 阿干이란 자가 장군의 위세를 빌어 (金首露王)廟의 祭享을 빼앗아 제사를 참람히 행하더니 단오날에 사당에서 제사를 지내던 중, 사당의 대들보가 까닭 없이 부러져서 영규는 깔려 죽었다. 이에 장군(忠至 匝干)은 혼잣말로 말했다.

"다행히 전세의 인연으로 외람되어 聖王[金首露王]이 계시던 國城에 祭奠을 올리게 되었다. 나는 마땅히 그 眞影[畵像]을 그려 모시고 향과 燈으로 받들어 신의 은혜를 갚아야 하겠다."

마침내 鮫絹 3척에 진영을 그려서 벽 위에 모시고 아침저녁으로 촛불을 켜서 경건히 받들었다. 겨우 3일 만에 화상의 두 눈에서는 피눈물을 흘려 땅 위에 고이었으니 그것이 거의 한 말가량이나 되었다. 장군은 너무 두려워서 그 화상을 모시고 사당으로 가서 이를 불살라 버리고는 즉시 수로왕의 직계손 圭林을 불러 말했다.

"어제도 불상사가 있었다. 어떻게 이런 일이 거듭 일어나는지? 이는 정녕 廟의 威靈이 내가 화상을 그려 공양함이 불손하다고 크게 노하신 것 같다. 英規가 이미 죽었으므로 나는 매우 괴이히 생각하고 두려워져, 화상을 이미 불살라 버렸으니 반드시 신의 벌을 받을 것이다. 그대는 왕의 직계손이니 그전대로 제사를 받드는 것이 합당하겠다."

圭林은 先代를 이어 제사를 받들더니 나이 88세에 죽었다. 그 아들 間元 卿이 아버지를 이어 제사를 받들었다. 단오날 謁廟祭 때, 영규의 아들 俊必이 또 미친 증세가 일어나 사당에 와서 間元이 차려 둔 제물을 치우게 하고 자기의 제물을 차려서 지내니 三獻이 채 끝나지 않아서 갑작스러운 병을 얻어 집에 돌아가서 죽었다. 그런데 옛 사람의 말에 "참람하게 지내는 제사는 복을 받지 못하고 도리어 재앙을 받는다" 했는데, 전에는 영규의 일이 있었고, 후에는 준필의 일이 있었으니 이들 부자를 두고 이른 말인가?

(6) 李彦謨

○ 『册府元龜』 권976, 外臣部20 襃異3 後唐 明宗 天成 2年 3月.

「以新羅國權知康州事王逢規 爲懷化將軍 新羅國前登州都督府長張希岩 新羅國登州知後官 本國金州司馬李彦謨 並可簡較右散騎常侍」

【번역】 新羅國 權知康州事 王逢規를 懷化將軍으로 삼고, 新羅國 前登州都督府長史 張希岩과 新羅國 登州知後官 本國金州司馬 李彦謨를 모두 右散騎常侍로 삼는다.

3) 昌原·金海의 연혁

(1) 昌原

① 연혁

창원에서 인간이 활동한 근거가 찾아지는 시기는 新石器時代로 거슬러 올라간다. 창원시와 가까운 진주와 부산 근처에서는 구석기시대 유물이 채집된 바가 있으나, 창원 일대에서 구석기시대의 유적·유물이 발견된 바는 아직 없다. 그러나 유적이나 유물이 발견되지 않았다고 해서 사람이 살지 않았다고 볼 수는 없다. 왜냐하면 환경적인 관점에서 미루어 볼 때, 창원분지 일대에는 구석기인들에게 매우 적절한 생태적 환경을 제공했을 것이기 때문에 홍적세층이 발견되므로, 앞으로 구석기시대에 창원에서 사람이 활동한 증거들이 발견될 가능성은 매우 높기 때문이다. 창원을 중심으로 김해와 진해 안골포 해안 패총에서 빗살무늬토기가 수습되었고, 주남저수지 주변, 합산패총에서도 토기파편이 수습되는 점을 고려해 볼 때, 창원 인근에 신석기시대부터는 인류가 살았을 가능성이 크다.

청동기시대 문화를 보여주는 유물은 靑銅農具·衣具·巫具 등이 있다. 창원지역은 이 청동기시대에 들어오면서 많은 유적이 발견되고 있다. 창원분지와 그 주변의 청동기시대 유적으로 고인돌과 취락지가 곳곳에서 발견되고 있다. 특히 창원분지 내를 비롯한 동읍, 북면 등지에는 지석묘가 분산되어 있는데 개석식과 기반식이 많이 보인다. 기반식이 주류를 이룬다. 이 중 동읍 용잠 일대에 군집한 지석묘의 규모는 대형이다. 그렇지만 현재까지 창원분지 일대에서 선사시대 유적에 대한 발굴조사가 이루어진 예가 그다지 많지 않다. 가장 빠른 시기의 대표적인 유적으로는 덕천리유적, 남산유적, 상남선사유적이 있다. 청동기시대 유적으로는 취락지와 쓰레기터가 발견되었다. 이 시기의 취락지는 보통 평지보다 약간 높은 구릉지대나 산발치의 경사면에 조성되었다. 삼동동유적, 도계동유적, 다호리유적, 화천리유적 등이 대표적이다. 또한 취락지 주위에는 당시에 살던 사람이 버린 쓰레기터가 발견되었다. 성산패총, 가음정패총 등 상당히 많은 패총이 확인된다. 이렇듯 취락지와 패총이 많다는 것은 곧 주거지가 형성되었음을 뜻하며, 이것은 당시에 이곳에 많은 사람이 살았다는 뚜렷한 증거가 된다.

청동기시대 이후, 고대 창원지역은 弁韓지역 12國 중의 하나로 비정되기도 한다. 三韓시대 창원 일대에 강력한 정치집단이 존재했을 가능성은 동읍의 다호리유적과 성산패총에서 발견된 제철유적을 통해서 어느 정도 유추할 수 있다.

삼한시대는 청동기시대에서 철기시대로 넘어가는 과도기적 시기로서 남한 각 지역에서 청동기와 철기의 유물이 다양하게 출토되고 있다. 그리고 여기서 특히 주목할 점은 창원지역을 중심으로 생산되는 '鐵'이다. 고대사회에서 철은 사회적 생산력의 증가 및 강력한 군대의 존재를 뒷받침하면서 나라의 기반이 되는 매우 중요한 자원이었다. 성산패총에서 중국 漢나라 때 화폐인 '五銖錢'이 출토된 바 있으며,『三國志』弁辰傳의 기록에도 "弁辰의 여러 나라에서는 철을 산출하여 韓人 및 東濊人과 倭人이 와서 무역해 가고 또 모든 매매에 철을 사용함에 있어 마치 중국에서 錢幣로 사용함과 같다. 또한 樂浪과 帶方 2郡에 대해서도 철을 제공하였다"라고 하였듯이, 철은 교역수단의 중요한 매개체였다.

그런데 이러한 유적과 유물을 통해서 그 유추만 가능할 뿐, 문헌자료상으로 창원 일대에 있었던 고대 國에 대해서는 아직까지 명확하게 밝혀진 바가 없다. 하지만 고대 삼한시대에 경남지역에서 전남지역에 이르기까지 남해안의 해양을 중심으로 한 해양문화 집단인 '浦上八國'의 존재가 주목된다. 포상팔국의 세력이 전 남해안까지 뻗쳤다는 기록 뿐 아니라 가야와 신라의 관계에 대한 기록도 남아 있다. 이를 통해 농경을 기반으로 한 당시의 내륙세력인 가야, 신라와의 대립 및 포상팔국이 신라에 병합되어 쇠락하는 과정을 유추할 수 있다.

신라가 삼국을 통일한 후 실시한 지방제도에서 창원은 歃良州에 속하게 되었다. 삽량주에 소속된 군의 수는 창원의 당시 명칭인 屈自郡을 비롯하여 13개 郡이다. 당시 屈自郡에 소속된 領縣은 3개로써 漆土縣, 骨浦縣, 熊只縣이었다. 당시 굴자군과 동일지역 이름으로 비정되고 있는 仇史郡이란 지명도 문헌 기록에 나타나고 있다. 이 지방관제는 신라 말 혼란기까지 거의 변화가 없었던 것 같다. 그리고 나말여초 혼란기 때 호족세력이 각 지역을 중심으로 할거하며, 이후 후삼국을 형성하게 되었을 때, 창원지역에도 진례산성을 중심으로 옛 義安郡과 김해 지방까지 확보한 豪族인 金仁匡→蘇忠子→蘇律熙가 등장하게 된다. 이 시기 진례성은 중요한 거점이자 후백제 견훤과의 격전장이었다.

창원이라는 지명은 고려시대까지 등장하지 않는다. 다만 成宗 2년(983) 전국에 12牧을 설치하여, 처음으로 중앙에서 지방관을 파견하여 지방의 자치적인 호족들을 통제하였을 뿐이다. 이때 창원은 晋州牧에 소속되었다. 이후 고려시대의 지방제도가 완전히 확립된 顯宗 9년(1018)에 창원의 행정 명칭은 義安郡이다. 처음 金州(지금의 김해)에 예속된 후 감무를 설치하였다가, 忠烈王 8년(1282) 義昌縣으로 개칭됨과 동시에 현령이 파견되었다.

조선시대에 와서야 비로소 창원이란 명칭이 등장하게 되는데, 그 시기는 太宗 8년(1408)이다. 당시 慶尙道는 8도 중 가장 폐합이 많았던 道 중의 하나였다. 군현을 통폐합하는 과정이 복잡하였는데, 이러한 통폐합 과정에서 당시의 會原(지금의 마산)과 義昌(지금의 창원)을 합하여 昌原府라는 명칭이 처음 출현하였다.

宣祖 34년(1601)에 體察使 李元翼이 狀啓를 올려 창원이 대도호부로 승격되었고 判官을 파견하였다. 이때 임진왜란으로 쇠잔해진 漆原縣을 병합하였다. 광해군 9년(1617)에 칠원현은 다시 분리 독립되었다. 창원군의 또 다른 지역인 진해현[6]은 선조 34년(1601) 함안군에 속했다가 광해군 9년(1617)에 진해현을 설치하면서 독립하였다. 그러다가 仁祖 5년(1627)에 창원에 합쳐졌다. 이후 인조 7년(1629)에는 잠시 분리되어 함안군에 이속되었다가 인조 17년(1639)에 다시 현으로 독립하였다. 현종 2년(1661) 문묘의 전패가 유실되는 사건으로 창원은 대도호부에서 격하되었다가 顯宗 11년(1670)에 다시 대도호부로 승격되었으며, 이후 조선 말기까지 대도호부가 유지되었다. 그러다가 高宗 32년(1895) 지방관제의 개정으로 23府制를 실시함에 따라 창원대도호부는 진주부 관할 창원부로 개편되고 관찰사가 파견되었다. 고종 33년(1896)에 다시 13道制로 환원하면서 진주부 창원군은 경상남도 창원군으로 개칭되어 부내, 동면, 상남, 하남, 내서, 외서, 북면의 7개 면을 관할하게 된다.

이후 大韓帝國 光武 3년(1899) 마산항의 개항에 따라 창원부로 승격되었으며, 광무 7년(1903)에는 창원부를 다시 창원군으로 고쳐 불렀다. 광무 10년(1906)에 창원군의 격을 높여 창원부로 개칭하고 칠원군의 구산면, 김해의 대산면을 편입하였다. 1910년에 창원부를

---

6) 이때의 진해현은 지금의 진해가 아니고 마산에 편입된 진동·진전·진북의 이른바 삼전 지역을 말한다.

마산부로 고쳤으며, 1914년의 개편 때 동면을 비롯한 15개 면이 창원군으로 분리되었다.

현대에 와서는, 1973년 창원군의 창원, 상남, 웅남면이 마산시에 편입되었다. 그리고 1980년 마산시의 의창동을 편입하여 비로소 창원시가 설치되었으며, 창원군의 나머지 지역은 의창군으로 바뀌었다. 1983년에 경상남도청이 부산광역시에서 창원시로 이전함으로써, 창원은 명실공히 경상남도 행정의 중추도시로 발전하게 된다. 1995년에 동면, 북면, 대산의 3개 면을 통합하였다.

창원은 역사적으로 인접한 지역들과 밀접한 관계를 유지했으며, 그 중에서도 특히 마산과 매우 긴밀한 관계를 지속하였다. 고대부터 근대에 이르기까지 이 두 지역을 관할하는 행정관서가 하나가 되기도 하고, 둘이 되기도 하면서 오늘날에 이르렀기 때문이다.

② 문헌 기록

창원의 연혁에 관한 문헌 기록을 제시하면 다음과 같다.

○ 『三國史記』 권34, 地理1 義安郡.

「義安郡 本屈自郡 景德王改名 今因之 領縣三 漆隄縣 本漆吐縣 景德王改名 今漆園縣 合浦縣 本骨浦縣 景德王改名 今因之 熊神縣 本熊只縣 景德王改名 今因之」

【번역】義安郡은 본래 屈自郡이다. 景德王이 (義安郡으로) 개명하여 지금도 그대로 일컫는다. 領縣이 셋이다. 漆隄縣은 본래 漆吐縣이었는데, 景德王이 (漆隄縣으로) 개명하였으니 지금의 漆園縣이다. 合浦縣은 본래 骨浦縣이었는데, 景德王이 (合浦縣으로) 개명하여 지금도 그대로 일컫는다. 熊神縣은 본래 熊只縣이었는데, 景德王이 (熊神縣으로) 개명하여 지금도 그대로 일컫는다.

○ 『高麗史』 권57, 地理2 義安郡.

「義安郡 本新羅屈自郡 景德王 改今名 顯宗九年 來屬 後置監務 忠烈王八年 更名義昌 陞爲縣令 以賞元世祖東征供億之勞 別號檜山」

【번역】義安郡은 본래 新羅의 屈自郡이다. 景德王이 지금의 이름으로 고쳤고 顯宗

9년에 來屬하였다. 뒤에 監務를 두었다. 忠烈王 8년에 다시 이름을 義昌으로 고치고 縣令으로 올렸는데, 이는 元 世祖가 일본을 원정할 때에 이바지한 공로를 포상한 것이었다. 別號는 檜山이다.

○ 『慶尙道地理誌』 昌原都護府.

「義昌 古之屈自郡 新羅時 改義安郡 高麗時 置義安郡監務 元宗代至元壬午 陞爲義昌縣 今以能支對行宮與東征軍士也 本朝 太宗時永樂戊子 合會原縣幷號昌原府 歲在乙未 改都護府 所屬驛三 自如神豊安民 三國時 屬縣二 漆原 高麗時 移屬金州任內 後別置監務 熊神 高麗時 屬金州任內 年代未詳」

【번역】義昌縣은 옛날 屈自郡이며 신라시대에 義安郡이라 고쳤다. 고려시대에 義安郡監務를 설치하였다. 元宗대의 至元 壬午年[7]에 義昌縣으로 승격시켰는데, 行宮과 日本遠征 軍士를 잘 받들어 지원했기 때문이었다. 本朝[朝鮮] 太宗대 永樂 戊子년(태종 8년, 1408년)에 會原縣과 합쳐서 昌原府로 고치고, 乙未년(태종 15년, 1415년)에 都護府로 고쳤다. 소속 驛은 세 개인데, 自如·神豊·安民이다. 삼국시대의 屬縣은 두 개다. 漆原(縣)은 고려시대에 金州 任內로 移屬되었고, 뒤에 별도로 監務를 설치하였다. 熊神(縣)은 고려시대에 金州 任內로 소속되었는데, 그 연대는 알 수 없다.

○ 『世宗實錄地理誌』 昌原都護府.

「義昌縣 本屈自郡 景德王 改名義安郡 會原縣 本骨浦縣 景德王 改名合浦 爲義安郡領縣 顯宗九年戊午 二縣皆屬金州任內 後各置監務 忠烈王八年壬午 改義安爲義昌 合浦爲會原 幷陞爲縣令官 以賞東征供億之勞(元世祖至元十八年辛巳 帝遣元帥欣篤茶丘征日本 又以我朝中贊金方慶爲管高麗軍都元師 從欣篤等出征 四月 王幸合浦 大閱蒙漢高麗軍 五月 諸軍發合浦 帝又令亡來降將范文虎 將蠻軍十萬 發江南 期會日本 欣篤等 至霸家臺 與倭戰敗績 軍中大疫 死者相紕 以文虎後期不至 議將回軍 七月 文虎 以戰艦三千五百艘至 未幾 値大風 船毀 軍皆沒 八月 欣篤茶丘文虎及方慶等 回至合浦 軍不返無慮千萬有奇 是月 王至自慶尙道 欣篤等三人亦還于元) 本朝 太宗八年戊子 合二縣爲

---

[7] 至元 壬午년은 忠烈王 8년(1282)이다. 다른 기록을 참조하면 여기서 元宗대라고 한 것은 오류이다.

昌原府 乙未 例改爲都護府 (義昌別號檜山 會原別號還珠)」

【번역】義昌縣은 본래 屈自郡이며 景德王이 義安郡이라 고쳤다. 會原縣은 본래 骨浦縣인데, 경덕왕이 合浦로 고쳐서 義安郡의 領縣으로 삼았다. 顯宗 9년 戊午년에는 (義安 合浦의) 두 縣을 金州 任內에 소속시켰다가 뒤에 각각 監務를 설치하였다. 忠烈王 8년 壬午년에 義安을 義昌으로, 合浦를 會原으로 이름을 바꾸고 모두 縣令官으로 승격시켰다. (이는) 元나라가 日本을 정벌할 때에 이바지한 공로가 있었다는 것을 포상한 것이다(元 世祖 至元 18년 辛巳년에 世祖가 元帥 欣篤 茶丘를 (고려에) 파견하여 日本을 원정하게 하였다. 또한 우리 朝廷의 中贊 金方慶을 高麗軍을 관할하는 都元帥로 삼아서 欣篤을 따라 출정하게 하였다. 4월에 (충렬)왕이 合浦에 행차하여 蒙·漢·高麗軍을 대대적으로 査閱하였다. 5월에 여러 軍이 合浦를 출발하였다. 世祖가 또 (南宋에서) 망명하여 온 降將 范文虎에게 명하여 蠻軍 10만 명을 거느리고 (중국) 江南을 출발하여 日本에서 만나게 하였다. 欣篤 등이 覇家臺에 이르러 倭와 싸워서 이겼다. (원정)軍中에 疫病이 돌아 죽은 자가 매우 많았다. 文虎가 기일이 지나도 오지 않자 의논하여 回軍하기로 하였다. 7월에 文虎가 戰艦 3,500척을 이끌고 도착했는데, 얼마 있지 않아 大風을 만나 배가 훼손되고 蠻軍이 모두 죽었다. 8월에 欣篤 茶丘 文虎 및 方慶 등이 合浦에 되돌아왔는데, 돌아오지 못한 군사가 무려 千萬이 넘었다. 이 달에 왕이 慶尙道에서 되돌아왔다. 欣篤 등 세 사람도 역시 元에서 돌아왔다). 本朝[朝鮮] 太宗 8년 戊子년에 두 縣을 합쳐서 昌原府로 고치고 乙未년에 예에 의하여 都護府로 고쳤다(義昌의 別號는 檜山이고, 會原의 別號는 還珠이다).

○ 『新增東國輿地勝覽』 권32, 昌原都護府 建置沿革.

「義昌縣 本新羅屈自郡 景德王改義安 會原縣 本新羅骨浦縣 景德王改合浦 屬義安郡 高麗顯宗時 義安合浦俱屬金州 後各置監務 忠烈王 以賞元世祖東征供億之勞 改義安爲義昌 合浦爲會原 並陞縣令 本朝太宗朝 合二縣 改今名 陞爲府 後改都護府」

【번역】義昌縣은 본래 新羅 屈自郡이며 景德王이 義安이라 고쳤다. 會原縣은 본래 新羅 骨浦縣인데, 경덕왕이 合浦로 고쳐서 義安郡에 예속시켰다. 高麗 顯宗 때에는 義

安·合浦를 모두 金州에 소속시켰다가 뒤에 각각 監務를 설치하였다. 忠烈王은 元나라가 일본을 정벌할 때에 이바지한 공로가 있었다는 것을 포상하여, 義安을 義昌으로, 合浦를 會原으로 고치고 모두 縣令으로 승격시켰다. 本朝[朝鮮] 太宗朝에서는 두 縣을 합쳐서 지금의 이름으로 고치고, 府로 승격시켰다가 뒤에 都護府로 고쳤다.

○『輿地圖書』昌原大都護府.

「義昌縣 本新羅屈自郡 景德王 改義安 會原縣 本新羅骨浦縣 景德王 改合浦 屬義安郡 高麗 顯宗時 義安合浦俱屬金州 後各置監務 忠烈王 以賞元世祖東征供億之勞 改義安爲義昌 合浦爲會原 並陞縣令 本朝 太宗朝 合二縣 改今名 陞爲府 後改都護府 宣廟朝萬曆乙未九月 兵使金應瑞兼府使 壬辰 倭寇 積年屯據于府城 而惟府之吏民始終從軍 無一人降倭故 辛丑曰體察使狀啓 陞號爲大都護府 又設判官 癸卯九月 兵使李守一移營晋州 革判官 李瀞始爲府使 辛酉四月 府使琴忭還設舊邑 顯宗朝順治十八年辛丑十二月 以殿牌偸失事 降號縣監 康熙九年庚戌 還陞號大都護府」

【번역】義昌縣은 본래 新羅 屈自郡인데 景德王 때 義安이라고 고쳤다. 會原縣은 본래 신라 骨浦縣인데, 경덕왕 때 合浦라 고쳐서 義安郡에 소속시켰다. 高麗 顯宗 때 義安과 合浦를 모두 金州에 소속시켰다가, 뒤에 각각 監務를 설치하였다. 忠烈王 때 元나라 世祖가 일본을 정벌할 적에 군수물품을 공급한 공로에 대한 포상으로써 義安을 義昌으로, 合浦를 會原으로 만들어서 아울러 縣令으로 승격하였다. 朝鮮 太宗 때 두 縣을 합쳐서 지금의 이름인 昌原으로 고치고, 府로 승격시켰다가 뒤에 都護府로 고쳤다. 宣祖 萬曆 乙未年(1595, 宣祖 28) 9월에 兵使 金應瑞가 府使를 겸하여, 임진왜란 때 府城에 여러 해 동안 주둔했다. 고을의 아전과 백성들이 처음부터 끝까지 군대를 따르며, 단 한 사람도 왜적에게 항복하지 않았다. 그러므로 辛丑년(1601, 宣祖 34)에 體察使의 보고에 따라 고을의 호칭을 大都護府로 승격시키고 또 判官을 두었다. 癸卯년(1603, 宣祖 36) 9월 兵使 李守一이 晋州로 兵營을 옮기고 判官을 혁파하였다. 李瀞이 첫 府使가 되었다. 辛酉년(1621, 光海君 13) 4월 府使 琴忭이 다시 옛 읍을 설치했다. 顯宗 때인 順治 18년 辛丑年(1661, 顯宗 2) 12월에 殿牌를 도둑맞아 잃어버린 사건 때문에 고을의 호칭을 縣監으로 강등했으며, 康熙 9년 庚戌년(1670, 顯宗 11)에 고을의 호칭을 다시 大都護府로 승격시켰다.

○ 『嶠南誌』 권71, 昌原郡 沿革(『韓國近代道誌』 13, 한국인문과학원, 1991 영인).

義昌縣 本新羅屈自郡 景德王 改義安 會元縣[8] 本新羅骨浦縣 景德王 改合浦 屬義安郡 高麗 顯宗 以義安合浦 俱屬金州 後各置監務 忠烈王 以賞元世祖東征供億之勞 改義安 爲義昌 合浦 爲會原 并陞縣令 李朝 太宗 合二縣 改今名 陞爲府 後改都護府

【번역】義昌縣은 본래 新羅 屈自郡인데 景德王 때 義安이라고 고쳤다. 會元縣은 본래 신라 骨浦縣인데, 경덕왕 때 合浦라 고쳐서 義安郡에 소속시켰다. 高麗 顯宗 때 義安과 合浦를 모두 金州에 소속시켰다가, 뒤에 각각 監務를 설치하였다. 忠烈王 때 元나라 世祖가 일본을 정벌할 적에 군수물품을 공급한 공로에 대한 포상으로써 義安을 義昌으로, 合浦를 會原으로 만들어서 아울러 縣令으로 승격하였다. 朝鮮 太宗 때 두 縣을 합쳐서 지금의 이름인 昌原으로 고치고, 府로 승격시켰다가 뒤에 都護府로 고쳤다.

(2) 金海

① 연혁

김해시 일대는 우리나라에서 가장 일찍부터 농경문화가 싹튼 곳이다. 김해는 신석기시대부터 삼한시대에 이르는 각종 유적과 유물들이 도처에 산재한다. 그 중에서도 장유면 수가리패총, 범방패총, 농소리패총, 봉황대패총과 예안리고분군, 양동고분군, 대성동고분군 등은 우리나라의 선사문화와 가야문화를 이해하는 데에 대단히 중요한 유적들이다. 또한 일찍부터 철기를 사용하고, 벼농사가 보급되면서 김해의 문화는 급속도로 발전하여 기원전 2세기경에는 고대국가의 기틀을 마련하여 삼한시대에는 狗耶國이라는 이름으로 역사에 등장하였고, 이것이 駕洛國으로 발전하였던 것이다. 김해의 역사를 개관하기 위해서는 먼저 가야국의 건국신화를 살펴볼 필요가 있다. 가야의 건국신화는 首露王이 알에서 태어난 탄생신화, 알이 내려 온 龜旨峯과 관련된 것, 그리고 허황후의 도래설이 대표적이다.

서기 42년에 가락국이 건국되었다거나, 수로왕이 158년간 나라를 다스렸다는 설화를 역사적 사실로 보기는 어렵다. 天孫降臨설화, 농경사회의 전통과 민속의례, 즉위의례 등의 다양한 측면은 신화학과 민속학적 관점에서 볼 때 다음의 점을 시사한다. 첫째, 天孫

---

[8] 會元縣은 會原縣의 오기이다.

降臨과 卵生說話적 색채가 강하다는 점이다. 둘째, 해양과의 밀접한 관련성을 찾아 볼 수 있다는 점이다.

첫째, '하늘에서 내려왔다'라고 하는 천손강림은 아마도 새로운 이주민 집단이 도래하였음을 의미하는 것으로 볼 수 있다. 수로왕을 단순히 한 개인으로 볼 것이 아니고 새로운 선진문물을 가지고 당시의 김해 또는 가야 지역으로 이주한 집단을 의미하는 것으로 볼 수 있다는 점이다. 그 이전에 김해지역에는 이미 토착세력이 존재했다. 그 대표적인 것이 바로 9干의 존재이다. 결국 이 신화는 토착세력과 새로운 이주집단의 대표자인 수로왕이 결합하여 고대 가락국이 성립되었음을 보여준다.

둘째, 해양과의 관련성은 『三國遺事』 駕洛國記 魚山佛影條에서 찾을 수 있다. 이에 따르면 "萬漁寺는 옛날 阿耶斯山이다. 이웃에 가락국이라는 나라가 있었다. 옛날 하늘에서 알이 해변으로 내려와 사람이 되어 나라를 다스렸으니 그가 수로왕이었다"9)라고 기록되어 있는데, 가락국의 입지 조건과 철을 매개로 한 해상교역이 빈번하였다는 점으로 볼 때, 龜旨峯 설화 및 龜旨歌 등의 거북으로 표현되는 해양문화 역시 수로왕과 밀접한 관련성을 지니고 있다. 이는 그의 왕비인 허왕후 설화에서도 두드러지게 드러난다. 수로왕의 아내인 許王后 역시 하늘의 명으로 바다 건너 아유타국으로부터 왔다는 설화가 있다.10) 그런데 이 아유타국의 위치는 현재 인도일 것이라는 추정 외에 정확히 비정되지 않고 있지만, 왕비가 바다를 건너 渡來하였다는 설화와 혼인관계 설화 등은 아마도 이 시기에 선진문물을 가지고 수로왕 세력과 제휴한 새로운 외래세력이 있었을 가능성을 말해준다.

가야제국으로의 발전과정에서 나타난 해상세력과의 관계도 살펴볼 필요가 있다. 고대 弁辰韓을 중심으로 한 내륙지역의 농경세력과 더불어 경남에서 전남 지역에 이르는 남해안의 해안선을 중심으로 한 해양문화 집단인 浦上八國11)의 존재는 주목할 만하다. 당시 해상세력이었던 포상팔국의 세력이 전 남해안까지 미쳤다는 기록으로 볼 때, 당시의 농경세력과 해상세력의 충돌은 불가피하였던 것으로 보인다. 포상팔국이 가야 및 신라와 대립한 측면이 보이는데,12) 이를 통해 농경을 기반으로 한 당시의 내륙세력인 가야, 신라

---

9) 『三國遺事』 권2, 紀異2 駕洛國記.
10) 『三國遺事』 권3, 塔像4 金官城婆娑石塔.
11) 당시 浦上八國이란 남해안 지방, 즉 지금의 한려수도를 중심으로 여덟 개의 나라로 나뉘어져 있었던 소국가들로 이름이 밝혀진 骨浦國(마산만)을 비롯하여, 漆浦國(진동), 古史浦國(고성), 泗勿國(사천)의 4국과 이름이 밝혀지지 않은 4개를 지칭하는 것이다.
12) 『三國史記』 권2, 新羅本紀2 奈解尼師今 14년 7월.

와 포상팔국이 대립했고 그 결과 포상팔국이 신라에 병합되는 과정과 시기를 유추할 수 있다. 포상팔국과 가야, 신라의 대립은 신라 奈解尼師今 때의 竭火城 전투 이후로 나타나지 않는데, 이는 갈화성 전투[13] 이후 경상도 일대의 포상팔국 세력이 완전히 소멸되었음을 암시한다.

『三國遺事』駕洛國記에 의하면 서기 42년 首露王이 가야를 건국하여 10대 491년을 이어오다가 신라 法興王 19년(532)에, 仇亥王(또는 仇衡王)이 신라에 복속하니, 신라는 그를 예우하고 가락국을 金官郡으로 고쳐서 食邑으로 주었다고 하였다. 그리고 신라가 삼국통일 후인 文武王 20년(680)에 5소경 제도를 실시하면서 김해는 金官小京으로 개칭하였다가, 景德王 16년(757)에는 金海小京으로 개칭하였다고 한다.[14] 금관가야가 전기 가야연맹체에서 주도적인 역할을 한 점으로 볼 때 가락국의 영역을 정확하게 비정할 수는 없지만, 지금의 김해시 일대 및 부산광역시 강서구, 사하구와 사상구 일대를 포괄했을 가능성도 배제하지 못할 정도로 세력이 강성했다. 김해시 어방동 盆山城, 김해시 주촌면 양동리 歌谷山城과 김해시 천곡리 천곡성, 부산광역시 강서구 죽림동 馬峴山城 등이 이 지역들에 산재한다.[15]

이러한 판도는 4세기 말을 거쳐 5세기 초에 들어 큰 변화를 겪는다. 그것은 가야와 신라가 대립하자, 신라를 구원하기 위해 고구려가 군사적으로 진출함으로써 일어난 변화이다.[16] 당시 가야제국을 대표하던 금관가야 외에도 대가야・아라가야를 중심으로 모인 가야제국의 병력 규모가 군사력 1만 명 수준을 넘어 신라를 강하게 압박할 정도였으며, 이에 위협을 느낀 신라는 백제를 제압하고 전성기를 맞이한 고구려의 광개토왕에게 구원을 요청했다. 보병과 기병으로 편성된 5만 명의 고구려 원정군과 신라의 연합군에 가야가 패배하여 쇠퇴의 길로 접어들게 되었지만, 당시 동아시아의 패자였던 고구려의 강력한 군사력과 대치하여 전투를 치를 정도로까지 가야가 성장하였던 점은[17] 눈여겨 볼 필요가 있다.

결국 전기 가야제국은 이로 말미암아 금관가야(김해)를 통한 백제와 일본(왜)사이의 연결이 차단되었고, 이 여파로 극심한 타격을 입은 김해의 駕洛國은 이로써 거의 멸망한

---

[13] 『三國史記』 권48, 列傳8 勿稽子.
[14] 『三國史記』 권34, 地理1 新羅.
[15] 김태식, 『미완의 문명 7백년 가야사』, 푸른역사, 2002.
[16] 서기 400년 廣開土大王이 신라의 구원 요청을 받아 들여 5만의 구원병을 출병시켜 임나가라 및 그 인근 지방을 정벌하고 군대를 주둔(巡邏兵)시킨 것에서 이를 알 수 있다(『廣開土王碑文』참조).
[17] 『廣開土王碑文』 10년 庚子.

듯하다. 물론 그 중심 세력의 일부는 이 엄청난 변화를 모면해 경상남도 내륙 산간지역(대가야 지역)이나 일본 열도로 피신한 듯하다. 그렇지만 미처 빠져나가지 못한 사람들은 신라의 감시 아래 세력을 펴지 못하거나 복속된 듯하다.[18] 이후 김해지역은 완전히 신라의 행정구역으로 편성됨으로써 가야의 역사는 그 맥이 끊어지고 말았다.

신라 景德王 때의 행정개편은 별다른 변화 없이 통일신라 전반 및 고려시대 초까지 오래 동안 지속되었음이 분명하다. 후삼국의 분열을 재통일한 고려시대 이후 조선시대까지 김해시의 행정, 명칭변화 및 陞降의 시기 등에 대해서는 조선초기의 문헌인『高麗史』를 비롯한『朝鮮王朝實錄』에서부터 조선후기의『輿地圖書』나『慶尙道邑誌』에 이르기까지 상세하게 기록되어 있다.

김해는 고려 초기인 太祖 23년(940)에 金海府가 되었다가 뒤에 臨海縣으로 강등되었다. 김해는 다시 臨海郡으로 승격하였으며, 成宗 14년(995)에는 金州安東都護府로 고쳤고, 顯宗 3년(1012)에 지금의 이름으로 고쳤다. 그러다가 元宗 11년(1270)에 방어사 金暄이 密城에서 일어난 반란을 평정하고 삼별초를 막았다는 공으로 金寧都護府로 승격되었다가, 忠烈王 19년(1293)에 현으로 강등되었으며, 충렬왕 34년(1308)에 다시 金州牧으로 승격되었고, 忠宣王 2년(1310)에 이르러 김해부로 개편되었다.[19]

한편 고려 말기에는 왜구의 침입이 빈번하였는데, 특히 김해지역은 일본과 가장 가까운 해로의 요충지였으며, 물산 또한 풍성한 큰 고을로서 잦은 왜구의 침략과 노략질의 대상이 되어 그 피해가 막심하였다. 이에 禑王 때 김해부사 朴葳는 이를 격퇴하는 한편, 김해에 邑城과 盆山城을 수축하여 왜구의 침탈로부터 방비를 강화하기도 하였다.

조선 초기에 이르러 왕권강화의 일환으로 道 중심체제의 강력한 중앙집권적인 행정개편이 이루어진다. 이 과정에서 김해시는 太宗 13년(1413)에 金海都護府로 승격되었다. 이때서야 이곳에 鄕校가 설치되었으며, 웅천·완포를 속현으로 대산·천읍을 부곡으로 삼았다.

『世宗實錄地理誌』를 살펴보면, 당시 김해부의 호구 수는 1,290호, 인구는 6,642명이었

---

[18] 여기서 토기 유물과 관련하여 주목되는 것은, 5세기 이후 고령 대가야 토기문화의 시원형식(始原型式)이 대성동고분군에서 많이 출토되었다는 것이다. 그러면서도 대성동 고분군의 축조는 5세기 초 이후에 갑자기 단절되고 있으므로, 토기문화의 유사성으로 보아 김해의 지배집단 일부가 고령지방으로 옮겨갔을 가능성은 충분히 유추 할 수 있다(김태식,『미완의 문명 7백년 가야사』, 푸른역사, 2002).
[19]『高麗史』권57, 地理2 金州.

다.[20] 그리고 文宗 2년(1452)에는 웅신현과 완포현을 웅천현으로 통합하여 현감을 두었고, 世祖 13년(1467)에 지방군제 개편으로 경상우도병마절도사 관하의 鎭管을 설치하였다. 조선 중기 宣祖 25년(1592)에 壬辰倭亂이 발발하여 가락면 죽동에 상륙한 왜군 제3군과 치열한 전투가 벌어졌으나 결국 김해성이 함락되기도 하였다. 이후 『金海府邑誌』의 기록에 의하면, 英祖 35년(1759)에 김해도호부의 호구 수가 8,511호에 인구가 33,015명으로 기록되어 있어 조선전기에 비해 많은 증가했음을 알 수 있다.

고려시대부터 조선 후기에 이르기까지 인근 지역들과의 통합과 분리를 거치면서 승강(陞降)을 거듭하면서도 대체적으로 府 단위의 행정체계를 유지하였음을 알 수 있다. 그러다가 조선 말기부터 일제강점기를 거치면서는 郡으로 개편되었으며, 인근 지역들과 여러 차례 개편과 편입을 거치면서 현재 김해시의 틀을 갖추게 된다. 이와 관련된 몇 가지 중요한 행정변화를 살펴보면 다음과 같다.

高宗 32년(1895)의 23府制의 지방관제 개편으로 인하여 金海郡으로 되었다가, 이듬해(1896)에 다시 道制가 부활되면서 이때 慶尙南道 泗川郡으로 개편되었으며, 光武 10년(1906)에 大山面이 창원군으로 편입되고, 양산군에 大上面, 大下面이 편입되었다. 이후 1910년 9월, 21개 面이 13개 면으로 개편되었고, 1914년 군·면 폐합에 따라 밀양군의 下南面, 下東面의 일부를 병합하여 14개 면과 134개 리로 개편하여 관할하였다. 1918년 좌부면과 우부면을 병합하여 김해면을 신설하고, 1928년 4월 하계면을 진영면으로 하고, 1931년 11월 김해면을 김해읍으로 승격하였다. 1942년 진영면을 읍으로 승격, 2읍 11면이 되었다.

해방 이후에도 별다른 변화가 없다가 1978년 남해고속도로가 개통되던 해에 김해군의 대저면, 명지면, 가락면의 강동지구가 현 부산광역시 北區에 편입되었고, 1981년 김해읍이 김해시로 승격되면서 김해군과 분리되어 한때 김해군의 세력이 많이 약화되기도 하였다. 그리고 1983년 2월 김해군 생림면의 금곡리와 생림리 일부가 이북면에 편입되었으며, 1987년 1월 입구면이 한림면으로 개칭되었다. 1993년에는 낙동대교가 완공 개통되었다. 그리고 1995년 도농 통합시로 김해시·군이 통합되어 현재에 이르고 있다.

② 문헌 기록

이상에서 살펴본 김해의 연혁에 관한 문헌 기록을 정리하면 다음과 같다.

---

[20] 『世宗實錄地理誌』 金海都護府 戶口.

○ 『三國史記』 권34, 地理1 金海小京.

「金海小京 古金官國(一云伽落國 一云伽耶) 自始祖首露王 至十世仇亥王 以梁中大通四年 新羅法興王十九年 率百姓來降 以其地爲金官郡 文武王二十年 永隆元年 爲小京 景德王 改名金海京 今金州」

【번역】 金海小京은 옛날의 金官國이다(일설에는 伽落國이라 하기도 하고, 혹은 伽耶라고도 한다). 始祖 首露王부터 10대 왕인 仇亥王에 이르러 (中國의) 梁나라 中大通 4년인 新羅 法興王 19년에 백성을 거느리고 와서 항복하니, 그 땅을 金官郡으로 삼았다. 文武王 20년인 (중국의 唐나라) 永隆 원년에 小京이 되었고, 景德王이 金海京으로 개명하였으며, 지금의 金州이다.

○ 『高麗史』 권57, 地理2 金州.

「金州 本駕洛國 新羅儒理王十八年 駕洛之長我刀干汝刀干彼刀干等九人 率其民 禊飮 望見龜旨峯 有非常聲氣 就視之 有金樻 自天而降 中有金色卵 圓如日輪 九人拜而神之 奉置我刀干家 翼日 九人咸會開樻而視有一童子 剖殻而生 年可十五 容貌甚偉 衆皆拜賀盡禮 童子日就岐嶷 歷十餘日 身長九尺 是月望 九人遂奉以爲主 即首露王也 國號駕洛 又稱伽倻 後改爲金官國 四境東至黃山江 東北至伽倻山 西南際大海 西北界智異山 即位一百五十八年 薨 至九代孫仇亥 賫國帑寶物 降于新羅 自首露以後 居登王麻品王居叱彌王伊尸品王坐知王吹希王銍知王鉗知王至仇亥王 (亥三國遺事駕洛國記作衝) 有國凡四百九十一年 新羅法興王旣受降 待以客禮 以其國爲食邑 號金官郡 文武王 置金海小京 景德王 爲金海小京 太祖二十三年 改州府郡縣名 爲金海府 後降爲臨海縣 又陞爲郡 成宗十四年 改爲金州安東都護府 顯宗三年 更今名 元宗十一年 以防禦使金晅平密城之亂 又拒三別抄有功 陞爲金寧都護府 忠烈王十九年 降爲縣 三十四年 陞爲金州牧 忠宣王二年 汰諸牧 復爲金海府」

【번역】 金州는 본래 駕洛國이다. 新羅 儒理王 8년에 駕洛의 族長인 我刀干 汝刀干 彼刀干 등 아홉 사람이 그 백성들을 거느리고 禊飮하는데 龜旨峰을 바라보니 異常한 聲氣가 있어서 가보니 金樻가 하늘로부터 내려오는데 그 속에 金色의 알[卵]이 있어 둥글

기가 해[日輪]와 같았다. 아홉 사람이 절하고 신기롭게 생각하여 받들어 我刀干의 집에 두었는데 이튿날 아홉 사람이 모두 궤를 열어보니 한 童子가 알을 깨고 나타났는데 나이 15세가량 되었으며 용모가 심히 위대하였다. 여러 사람이 모두 禮를 극진히 하여 拜賀하였다. 童子는 날로 준수하게 자라 10여 일을 지나자 신장이 9척이나 되었다. 이달 보름에 아홉 사람이 드디어 받들어 王으로 삼으니 곧 首露王이다. 國號를 駕洛이라 하고 또 伽倻라고 稱하니 뒤에 고쳐 金官國이 되었다. 四方 境界는 東쪽으로 黃山江에 이르고 東北쪽으로는 伽倻山에 이르며 西南쪽은 大海에 접하고 西北쪽은 智異山으로 境界를 삼았다. (수로왕은) 즉위한 지 158년만에 죽었다. 9대손 仇亥에 이르러 國祭과 寶物을 가지고 가서 新羅에 항복하였다. 首露王 이후로 居登王 麻品王 居叱彌王 伊尸品王 坐知王 吹希王 銍知王 鉗知王 仇亥王(亥자는 三國遺事 駕洛國記에 衝자로 썼다)에 이르기까지 나라를 가짐이 무릇 491년이었는데, 신라 法興王이 이미 항복을 받고는 客禮로써 待遇하고 그 나라를 食邑으로 삼고 號를 金官郡이라 하였다. 文武王은 金海小京을 두었고 景德王은 金海小京으로 삼았다. (고려) 太祖 23년에 州府郡縣의 이름을 고칠 때 金海府라 하였고, 뒤에 臨海縣으로 강등되었다가 다시 郡으로 승격시켰고, 成宗 14년에 고쳐 金州安東都護府로 삼았으며 顯宗 3년에 다시 지금의 이름으로 고쳤다. 元宗 11년에 防禦使 金暄이 密城의 亂을 平定하고 또 三別抄를 막은 공이 있었으므로 金寧都護府로 승격시켰고, 忠烈王 19년에 縣으로 강등되었다가 34년에 金州牧으로 승격시켰고 忠宣王 2년에 여러 牧을 폐지할 때 다시 金海府가 되었다.

○ 『慶尙道地理誌』 金海都護府.

「金海都護府 古之駕洛國 一云伽倻國 又云金官國 後漢武帝建武壬寅 始祖首露王始立國號 十世金仇亥王 降于新羅法興王 禮待之 以本國爲食邑 稱金官郡 文武王二十年 置金官小京 在高麗時 改爲臨海縣 後又改臨海郡 光宗開寶辛未 改爲金海府 成宗統和乙未 改爲金海都護府 穆宗庚子 改爲安東大都護府 己酉 改爲小都護府 顯宗壬子 改爲金州防禦使 文宗大康戊午 爲東南海都部署使本營 明宗泰定庚戌 罷本營 神宗泰和壬戌 還爲本營 元宗至元庚午 改爲金寧都護府 忠烈王癸巳 罷本營 忠宣王至大己酉 改金海牧 後又改金海府 恭愍王至正戊申 還爲本營 僞朝洪武戊午 罷本營 本朝太宗歲在癸巳 改爲金海都護府」

【번역】金海都護府는 옛날의 駕洛國이다. 혹은 伽倻國, 또는 金官國이라고도 하였다. 始祖 首露王이 처음 나라의 이름을 세웠다. 10대 후손 金仇亥王이 新羅 法興王에게 항복하니 禮로 대우하고 본국을 食邑으로 삼고 金官郡이라 불렀다. 文武王 20년에 金官小京을 설치하였다. 고려시대에는 臨海縣으로 고쳤다가 뒤에 다시 臨海郡으로 고쳤다. 光宗 開寶 辛未년(광종 21년, 971)에 金海府로 고쳤다. 成宗 統和 乙未년(성종 13년, 995)에 金海都護府라 고쳤고, 穆宗 庚子년(목종 3년, 1000)에 安東大都護府로 고쳤다가 乙酉년(목종 12년, 1009)에 (安東)小都護府로 고쳤다. 顯宗 壬子년(현종, 1012)에 金州防禦使로 고쳤다. 文宗 大康 戊午년(문종 32년, 1078)에 東南都部署使 本營이 되었다. 明宗 泰定 庚戌년(명종 20년, 1190)에 (東南都部署使) 本營을 혁파하였다. 神宗 泰和 壬戌년(신종 5년, 1202)에 다시 (東南都部署使) 本營을 두었다. 元宗 至元 庚午년(원종 22년, 1170)에 金寧都護府로 고쳤다. 忠烈王 癸巳년(충렬왕 19년, 1293)에 (東南都部署使) 本營을 혁파하였다. 忠宣王 至大 己酉년(충선왕 원년, 1309)에 金海牧으로 고쳤다. 뒤에 다시 金海府로 고쳤다. 恭愍王 至正 戊申년(공민왕 17년, 1368)에 다시 (東南都部署使) 本營을 두었다. 僞朝 洪武 戊午년에 (東南都部署使) 本營을 혁파하였다. 本朝[朝鮮] 太宗 癸巳년(태종 13년, 1413)에 金海都護府라 고쳤다.

○『世宗實錄地理誌』金海都護府.

「金海都護府 本駕洛國 後漢光武皇帝建武十八年壬寅 駕洛之長我刀干汝刀干彼刀干等九人 率其民禊飮 望見龜旨峯 有非常聲氣 就視之 有金榼 自天而降 中有金色之卵 圓如日輪 九人拜而神之 奉置我刀干家 翼日 九人咸會 開榼而視 有一童子 剖殼而生 年可十五 容貌甚偉 衆皆拜賀盡禮 童子日日岐嶷 歷十餘日 身長九尺 是月望 九人遂奉以爲主 卽首露王也 國號駕洛 又稱伽倻 後改爲金官國 其國東至黃山江 東北至伽倻山 西南際大海 西北界智異山 卽位一百五十八年 以獻帝建安四年己卯薨 至九代孫仇亥王 以梁武帝中大通四年壬子 賫國帑寶物 降于新羅 自首露王 至仇衝 有國凡四百九十一年 新羅法興王 旣受仇亥降 待以客禮 以其國爲食邑 號金官郡 文武王 始置金官小京 景德王 改爲金海小京 高麗太祖二十三年庚子 改爲金海府 後降爲臨海縣 又陞爲郡 成宗十四年乙未 改爲金州安東都護府 顯宗三年壬子 降爲金州防禦使 元宗十一年庚午 以防禦使金暄平密城之亂又拒三別抄有功 陞爲金寧都護府 仍擢暄爲都護 以鎭之 忠烈王三十四年 陞爲

金州牧 忠宣王二年庚戌 汰諸牧 復爲金海府 本朝因之 太十宗三年癸巳 例改爲都護府」

【번역】金海都護府는 본래 駕洛國이다. 後漢 光武皇帝 建武 18년 壬寅(년)에 駕洛의 長인 我刀干 汝刀干 彼刀干 등 아홉 사람들이 그 백성들을 거느리고 禊飮하는데 龜旨峰을 바라보니 異常한 聲氣가 있어서 가보니 金樻가 하늘로부터 내려오는데 그 속에 金色의 알[卵]이 있어 둥글기가 해[日輪]와 같았다. 아홉 사람들이 절하고 신기롭게 생각하여 받들어 我刀干의 집에 두었는데 이튿날 아홉 사람이 모두 모여 궤를 열어보니 한 童子가 알을 깨고 나타났는데 나이 15세가량 되었으며 용모가 심히 위대하였다. 여러 사람이 모두 禮를 극진히 하여 拜賀하였다. 童子는 날로 준수하게 자라 10여 일을 지나자 신장이 9척이나 되었다. 이달 보름에 아홉 사람이 드디어 받들어 主君으로 삼으니 곧 首露王이다. 國號를 駕洛이라 하고 또 伽倻라고 稱하니 뒤에 고쳐 金官國이 되었다. 그 나라는 東쪽으로 黃山江에 이르고 東北쪽으로는 伽倻山에 이르며 西南쪽은 大海에 접하고 西北쪽은 智異山으로 境界를 삼았다. (수로왕은) 즉위한 지 158년째인 獻帝 建安 4년 己酉(년)에 죽었다. 9대손 仇亥王에 이르러 梁 武帝 中大通 4년 壬子(년)에 國帑과 寶物을 가지고 가서 新羅에 항복하였다. 首露王 이후로 仇衝에 이르기까지 나라를 가짐이 무릇 491년이었는데, 신라 法興王이 이미 항복을 받고는 客禮로써 待遇하고 그 나라를 食邑으로 삼고 號를 金官郡이라 하였다. 文武王은 처음으로 金官小京을 두었고 景德王은 金海小京으로 고쳤다. 高麗 太祖 23년 庚子(년)에 金海府라 하였고, 뒤에 臨海縣으로 강등되었다가 다시 郡으로 승격시켰고, 成宗 14년 乙未(년)에 고쳐 金州安東都護府로 고쳤으며 顯宗 3년 壬子(년)에 金州防禦使로 강등시켰다. 元宗 11년 庚午(년)에 防禦使 金暄이 密城의 亂을 平定하고 또 三別抄를 막은 功이 있었으므로 金寧都護府로 승격시키고 (金)暄을 都護府使로 발탁하였다. 忠烈王 34년에 金州牧으로 승격시켰고 忠宣王 2년 庚戌(년)에 여러 牧을 폐지할 때 다시 金海府가 되었다. 本朝[朝鮮]에서도 그대로 하였다. 太宗 30년 癸巳(년)에 예에 따라 都護府라 고쳤다.

○『新增東國輿地勝覽』권32, 金海都護府 建置沿革.

「金海都護府 本駕洛國 或伽倻 後改金官國 自始祖金首露王 至仇亥王 凡十世四百九十一年 仇亥降于新羅法興王 王待以客禮 以其國爲邑 號金官郡 文武王 置金官小京 景

德王 改今名 仍爲小京 高麗太祖 降爲府 後又降爲臨海縣 未幾 陞爲郡 成宗 改金州安東都護府 顯宗 降爲防禦使 元宗以防禦使金晅平密城之亂又拒三別抄有功 陞爲金寧都護府 擢晅爲都護 以鎭之 忠烈王二年 以殺按廉使劉顥 降爲縣 後陞金州牧 忠宣王二年 汰諸牧 復爲金海府 本朝因之 太宗朝 改爲都護府 世祖朝 置鎭」

【번역】 金海都護府는 본래 駕洛國이다. 혹 伽倻라 하기도 하였는데 뒤에 金官國으로 고쳤다. 始祖 金首露王으로부터 仇亥王까지 무릇 10대, 491년 동안 나라가 존속되었다. 仇亥王이 新羅에게 항복하니 法興王이 客禮로 대우하고 그 나라를 邑으로 만들어서 金官郡이라 불렀다. 文武王이 金官小京을 설치하였고 景德王이 지금의 이름으로 고쳐서 그대로 小京으로 삼았다. 高麗 太祖는 府로 강등시켰고 그 뒤에 또 臨海縣으로 강등하였으나 얼마 안되어서 郡으로 승격시켰다. 成宗이 金州 安東都護府라 고쳤고 顯宗은 강등시켜 防禦使로 만들었다. 元宗은 防禦使 金恒이 密城의 반란을 평정하고 또 三別抄를 拒戰한 공이 있다고 하여 金寧都護府로 승격하고 (金)晅을 발탁하여 都護로 삼아 鎭守하게 하였다. 忠烈王 2년에는 按廉使 劉顥를 죽였다는 이유로 縣으로 강등시켰다가 뒤에 다시 金州牧으로 승격시켰다. 忠宣王 2년에 여러 목을 없애면서, 다시 金海府로 만들었던 것인데 本朝[朝鮮]에서도 그대로 하였다. 太宗 때에 都護府라 고쳤고 世祖 때에 鎭을 설치하였다.

○ 『輿地圖書』 金海都護府.

「金海都護府 本駕洛國 或稱伽倻 後改金官國 自始祖金首露王 至仇亥王 凡十世四百九十一年 仇亥降于新羅法興王 王待以客禮 以其國爲邑 號金官郡 文武王 置金官小京 景德王 改今名 仍爲小京 高麗太祖 降爲府 後又降爲臨海縣 未幾 陞爲郡 成宗 改金州安東都護府 顯宗 降爲防禦使 元宗 以防禦使金晅平密城之亂又拒三別抄有功 陞爲金寧都護府 擢晅爲都護 以鎭之 忠烈王二年 以殺按廉使劉顥 降爲縣 後陞金州牧 忠宣王二年 汰諸牧 復爲金海府 本朝因之 太宗朝 改爲都護府 世祖朝 置鎭」

【번역】 金海都護府는 본래 駕洛國이다. 伽倻라고 부르기도 하였는데, 뒤에 金官國으로 고쳤다. 始祖 金首露王으로부터 九亥王까지 모두 10대, 491년을 왕국으로 내려왔

다. 구해왕이 新羅 法興王에게 투항하자, 법흥왕이 손님으로 예우하고 그 나라를 하나의 고을로 만들어서 金官郡이라 불렀다. 文武王 때 金官小京을 설치하고, 景德王 때 지금 이름인 金海로 고쳐서 그대로 小京이라 하였다. 高麗 太祖 때 府로 강등시켰고, 그 뒤에 또 臨海縣으로 강등시켰으나 얼마 안되어서 郡으로 승격시켰다. 成宗 때 金州 安東都護府로 고쳤고, 顯宗 때 防禦使로 강등시켰다. 元宗 때 방어사 金晅이 密城의 반란을 평정하고 또 三別抄를 막아낸 공을 세웠다는 이유로 金寧都護府로 승격시키고, 金晅을 발탁하여 都護에 임명하여 지키게 하였다. 忠烈王 2년(1276)에는 按廉使 劉顥를 죽였기 때문에 縣으로 강등시켰다가, 뒤에 다시 金州牧으로 승격시켰다. 忠宣王 2년(1310)에 여러 牧을 추려낼 때 다시 金海府로 만들었다. 本朝[朝鮮]에서도 그대로 따랐다. 太宗 때 都護府로 고치고, 世祖 때 鎭을 설치하였다.

○ 『嶠南誌』 권51, 金海郡 沿革(『韓國近代道誌』 13, 한국인문과학원, 1991 영인).

「金海郡 本駕洛國 或稱伽倻 後改金官國 自始祖金首露王 至仇亥王 凡十世四百九十一年 仇亥王降于新羅法興王 王待以客禮 以其國爲邑 號金官郡 文武王 置金官小京 景德王 改今名 仍爲小京 高麗 太宗[21] 降爲府 後又降爲臨海縣 未幾 陞爲郡 成宗 改金州安東都護府 顯宗 降爲防禦使 元宗 以防禦使 金晅平密城之亂又拒三別抄有功 陞爲金寧都護府 擢晅爲都護 以鎭之 忠烈王二年 以殺按廉使劉顥 降爲縣 後陞金州牧 忠宣王二年 汰諸牧 復爲金海府 李朝因之 太宗 改爲都護府 世祖 置鎭」

【번역】 金海郡은 본래 駕洛國이다. 伽倻라고 부르기도 하였는데, 뒤에 金官國으로 고쳤다. 始祖 金首露王으로부터 九亥王까지 모두 10대, 491년을 왕국으로 내려왔다. 구해왕이 新羅 法興王에게 투항하자, 법흥왕이 손님으로 예우하고 그 나라를 하나의 고을로 만들어서 金官郡이라 불렀다. 文武王 때 金官小京을 설치하고, 景德王 때 지금 이름인 金海로 고쳐서 그대로 小京이라 하였다. 高麗 太祖 때 府로 강등시켰고, 그 뒤에 또 臨海縣으로 강등시켰으나 얼마 안되어서 郡으로 승격시켰다. 成宗 때 金州 安東都護府로 고쳤고, 顯宗 때 防禦使로 강등시켰다. 元宗 때 방어사 金晅이 密城의 반란을 평정하고 또 三別抄를 막아낸 공을 세웠다는 이유로 金寧都護府로 승격시키고, 金晅을 발탁하

---

[21] 太宗은 太祖의 오기이다.

여 都護에 임명하여 지키게 하였다. 忠烈王 2년(1276)에는 按廉使 劉顯를 죽였기 때문에 縣으로 강등시켰다가, 뒤에 다시 金州牧으로 승격시켰다. 忠宣王 2년(1310)에 여러 牧을 추려낼 때 다시 金海府로 만들었다. 李朝에서도 그대로 따랐다. 太宗 때 都護府로 고치고, 世祖 때 鎭을 설치하였다.

4) 전설·지명

(1) 전설

① 용추계곡 전설[22]

진례산성과 관련되는 전설은 용추계곡에 관한 것이 있다. 창원시 용동에는 약 2km나 되는 아주 깊고 사계절 맑은 물이 흐르는 계곡이 있다. 사람들이 이 계곡을 용추골이라 부르고 있는데, 그 이유는 지금의 용동마을에 살던 어느 농부가 한여름에 논에서 일을 하고 있을 때 천년 묵은 용이 하늘로 승천했다고 하여 용추골이라 한 것이며, 용이 하늘로 올라가기 위해 나온 샘을 용추샘이라 불렀다. 용추샘은 깊이가 아주 깊어 명주실 한 타래를 다 풀어 넣어도 모자랄 정도였다고 하며, 역대 고을 수령들은 이 지방에 심한 가뭄이 있을 때 용추샘에서 기우제를 지냈다고 한다.

② 土城마을 전설[23]

웃무송 북쪽에 있는 마을이다. 駕洛國 始祖 金首露王의 첫째 아들을 進禮城主로 봉하고, 왕궁을 지을 때 사방에 흙으로 쌓은 성이었다고 하는데, 지금도 성터가 있다. 土城이 있는 자리에 형성된 마을이기 때문에 토성이라는 이름이 붙은 것 같다. 김수로왕의 아들과 관련된 전설은 성의 의미를 더욱 강화시키기 위하여 만들어 낸 것으로 여겨진다.

(2) 지명[24]

① 사파동

沙巴洞은 1990년 행정동 吐月洞을 新月洞과 沙巴洞으로 분동함으로써 설치되었으며,

---

[22] 이 부분은 昌原市史編纂委員會, 『昌原市史』, 1997에 의거하여 서술하였다.
[23] 이 부분은 李承淑, 『김해의 지명전설』, 김해문화원, 2008에 의거하여 서술하였다.
[24] 이 부분은 閔肯基, 『昌原郡護府圈域 地名研究』, 경인문사, 2000 ; 한글학회, 『한국지명총람 8(경남편Ⅰ)』, 한글학회, 2002에 의거하여 서술하였다.

1977년 新月洞 일부와 南山洞 大方洞 일부를 통합하였다. 남산동은 1980년 창원시가 설치되면서 행정동으로 설치되었다. 大方洞은 1994년 행정동 남산동을 남산동과 대방동으로 분동함으로써 설치되었다. 이에 속한 마을로는 법정동 沙巴洞과 沙巴丁洞, 吐月洞, 大方洞, 南山洞 등 다섯 법정동의 각 일부가 있다.

◉ 사파동

沙巴洞은 1986년 법정동으로 설치되었다. 沙巴丁洞에서 '沙巴'를 취해 그와 같이 명명했을 것이다.

② 사파정동

沙巴丁洞은 『호구총수』에 沙杷里라는 이름으로 등장한다. 사파리는 『경상도읍지』에는 沙巴丁里로 등장한다. 이들은 당시 南面道上二運에 속해 있었다. '沙巴丁'은 '沙芭丁'의 또 다른 표기이고, '沙杷'에서 '沙巴丁' '沙芭丁'이 파생된 것으로 생각된다.

사파리의 '沙杷'는 '사레'를 표기하기 위한 차자일 것으로 생각된다. '沙'가 자음으로 차자되어 '사'를 표기하고 있고, '杷'가 훈으로 차자되어 '沙'로 차자표기된 '사'라는 음가를 첨기하면서 '레'를 표기하고 있다고 생각되기 때문이다. '沙'의 자음이 '사'이고, '杷'의 훈 중에 '써레'가 있기 때문에 그와 같이 차자되었을 것이다. '사레'는 동을 뜻하는 '술~수ᄅ'의 변이형태로 생각된다. 그러므로 사파리는 '동쪽에 있는 마을'을 뜻하겠다. 毛三里의 동쪽에 형성된 마을이라고 인식되었기 때문에 그와 같이 명명되었을 것이다. 사파정리의 '沙芭', '沙巴'는 사파리를 자음으로 읽게 되면서 파생된 표기이고, '丁'은 등성이를 뜻하는 '등'을 표기하기 위한 차자로 나중에 덧붙었을 것이다.

③ 대방동

大方洞은 『慶尙道邑誌』에 大舫里라는 이름으로 등장한다. 당시 南面道上二運에 속해 있었다. 대방리는 『嶺南邑誌』에 大方里라는 표기로 등장한다. 大方里는 大舫里의 또 다른 표기로 생각된다.

한편 『慶尙道邑誌』를 보면 대방리와 함께 大帆里가 등장한다. 대방리와 마찬가지로 당시 南面道上二運에 속해 있었다. 『嶺南邑誌』에는 대범리 대신에 大德里가 등장하는

데 대덕리는 대범리의 또 다른 표기로 생각된다. 그러나 대범리는 그 이후 문헌에는 등장하지 않는다. 대범리가 대방리에 통합되었기 때문일 것이다.

대방리의 '大'는 북을 뜻하는 '들~드르'의 변이형태 '대'를 표기하기 위한 차자일 것으로 생각된다. '大'의 자음이 '대'이기 때문에 그와 같이 차자되었을 것이다. 그리고 '舫' 또는 '方'은 '大'로 차자표기된 '대'라는 음가를 첨기하기 위한 차자일 것으로 생각된다. '舫' 또는 '方'의 훈에 배를 뜻하는 '떼'가 있기 때문에 그와 같이 차자되었을 것이다. 그러므로 대방리는 '북쪽에 있는 마을'을 뜻하겠다. 南山里의 북쪽에 위치하기 때문에 그와 같은 이름이 형성되었을 것이다.

대범리의 '大'는 대방리의 '대'와 마찬가지로 북을 뜻하는 '들~드르'의 변이형태 '대'를 표기하기 위한 차자일 것이다. 그리고 '帆' 또한 대방리의 '舫' 또는 '方'과 마찬가지로 '大'로 차자표기된 '대'라는 음가를 첨기하기 위한 차자일 것으로 생각된다. '帆'의 훈이 '돛'이기 때문에 그와 같이 차자되었을 것이다. 그러므로 대범리는 '북쪽에 있는 마을'을 뜻하겠다. 대방리와 마찬가지로 南山里의 북쪽에 위치하기 때문에 그와 같은 이름이 형성되었을 것이다. 한편 大德里는 대범리의 '帆'을 '돛'으로 읽게 되면서 '돛'이 '덕'으로 변이되고 이를 '德'으로 차자표기함으로써 파생된 표기일 것으로 생각된다.

④ 남산동

南山洞은 『嶺南邑誌』에 南山里란 이름으로 처음 등장한다. 당시 南面道上二運에 속해 있었다. 1914년 행정구역개편 때 立石里 三丁子里一部를 병합하였다. 立石里는 南山洞과 함께 『舊韓國地方行政區域名稱一覽』에 立石洞이라는 이름으로 등장한다. 당시 상남면에 속해 있었다. 立石里는 利川里의 바뀐 이름일 것으로 생각된다. 그러나 어떤 연유로 그와 같이 이름을 바꿨는지는 알 수 없다. 이천리는 『嶺南邑誌』에 처음으로 등장하며, 그 후 문헌에는 이천리 대신에 입석리가 등장한다. 당시 南面道上三運에 속해 있었다.

남산리는 한자말 지명으로 남산에서 연유할 것이다. 그러나 남산이 어떤 산을 지칭하는지는 확실치 않다. 혹 패총이 있는 성산을 지칭하는 것은 아닌지 모르겠다.

立石里의 '立石'은 '선돌'의 차자표기이다. '입'의 훈이 '서다'이고, '석'의 훈이 '돌'이기 때문에 그와 같이 차자되었다. 입석리에 있는 '선돌'에서 연유하는 지명으로 지금은 남산리 '입석'마을이 되었다. 『창원의 지명유래』에 의하면 지금도 대우중공업2공장에 선돌이 남아 있다고 한다.

이천리는 '利川'에서 연유하는 지명으로 생각된다. '利川'의 '利'는 남을 뜻하는 '글~ㄱ ㄹ'를, '川'은 '내'를 표기하기 위한 차자일 것이다. '利'의 옛 훈이 '긿'이고, '川'의 훈이 '내' 이기 때문에 그와 같이 차자되었을 것이다. 그러므로 이천리는 '남쪽에 있는 내 부근에 형성된 마을'을 뜻하겠다. '利川'으로 차자표기된 '남쪽에 있는 내'는 南川일 것이다. 南川 부근에 '立石'마을이 있다.

○ 개월촌: 사파정 마을에 있는 정맥산에서 발원한 작은 내가 동에서 흘러 남천내에 합류하는데 그 상부인 본 마을은 냇가에 접한 곳이다.

○ 남산재: 사파정 마을에 있는 정맥산의 고개 이름이다. 이 고개는 김해시 진례면으로 나가는 길목이다.

○ 동산: 사파정 정면에 있는 들판인데, 남쪽 1.2km 떨어진 곳에 작은 독뫼가 있는데 이 근처에 생긴 마을을 말한다.

○ 구지촌(구석각단): 사파정 마을의 동편을 가리켜 일컫는데, 지세가 약간 둘러꺼진 곳이어서 구석진 마을이다. 일명 구석각단(현 대동APT 일대).

○ 해치산: 사파정 앞 산인데 옛날 동민들이 놀이하던 곳이다(현 사파정동사무소 정문 앞산).

○ 강정지: 시앳들 북쪽에 있는 들, 전에 姜씨의 정자가 있었다 한다(현 사파동사무소 도로건너편 사파 94-12번지).

○ 굴등: 사파정 북쪽에 있는 등성이, 옛날 옹기굴이 있다(현 창원지방법원 청사 뒤편 500m 능선).

○ 굴바우: 나름산 재 서쪽에 있는 광산굴(현 대동APT 부지 뒤편 농장 부근).

○ 김해김씨효자비: 구석각단에 있는 열녀비(현 삼익APT 옆 간선도로 부근).

○ 나름산재(남산재): 사파정 동쪽에 있는 고개. 김해시 진례면으로 간다.

○ 문바우: 나름산 재 남쪽에 있는 바위, 문처럼 생겼다 한다(현 사파동 앞산에서 대방 동으로 연결되는 산).

○ 문동곡지: 문동골에 있는 못(현 성원 영구임대APT 일대).

○ 새새골: 문동골 북쪽에 있는 골짜기(현 우성APT 밑 자연부락).

○ 소산재: 구지촌 서쪽에 있는 소산선생의 서재가 있던 곳(현 수자원공사 일대).

- 옥녀지: 사파정동 북쪽에 있는 못(현 오동동교회 주위).
- 조곡지: 새새골에 있는 못(현 삼익APT 앞산 주위).
- 진선바우: 사파정 동북쪽에 있는 바위.
- 새앳들: 사파정 서쪽에 있는 들(현 사파정동 옆 사거리).

⑤ 동읍

동읍은 창원도호부시대에 지금의 창원시 소답동에 있었던 府城의 동북방에 위치했다고 하여 동면이라고 불리게 되었다. 1895년(고종 32년) 창원군 동면이라 하여 35개 리를 관할하고 있었으며 1910년 일제가 행정구역을 개편하여 동면 전체가 마산부에 편입되어 1914년까지 마산의 일부로 있었다. 1914년까지 일제의 지방행정구역 개편시 다시 환원되었다.

이 개편은 대산면 신전리 일부, 봉산면 하덕리 일부, 김해군 좌곤리 일부를 병합하여 법정리동 24개로 지금의 모습을 갖추었다. 1995년 1월 1일 정부의 도·농통합에 따른 행정구역 정비에 따라 법령 제4774호로 창원시에 편입되었다가 같은해 3월 2일 창원시 조례 150호에 의거하여 읍으로 승격되었다.

ㄱ. 단계리

- 구무샘: 돌고개 남쪽에 있는 샘.
- 기물리숲: 외단계 서쪽에 있는 숲. 포구나무 30~40그루와 괴목 5~6주가 있음.
- 내단계: 단계 안쪽에 있는 마을.
- 단계: 단계리.
- 돌고개: 외단계에서 우동리로 넘어가는 고개. 돌이 많음.
- 모산골: 외단계 서쪽에 있는 골짜기. 앞에 못이 있음.
- 모산골못: 모산골에 있는 못.
- 서매: 외단계.
- 애마난: 단계리에 있는 골짜기.
- 약물등: 구무샘 북쪽에 있는 들.
- 외단계: 단계 바깥쪽에 있는 마을.
- 우곡저수지: 외단계 남쪽에 있는 저수지.

○ 정지나무: 우곡사 북쪽에 있는 느티나무. 둘레 두 아름.
○ 쥐산(서산): 외단계 뒤에 있는 산. 모양이 쥐처럼 생겼다 함.

ㄴ. 송정리

○ 고눌: 송정 동쪽에 있는 들.
○ 동수멀등: 수내 동쪽에 있는 들.
○ 배선터: 수내 북쪽에 있는 나무. 찰방이 있을 때 이곳에 나와 쉬었다 함.
○ 송정: 송정리.
○ 수내: 송정 북쪽에 있는 마을.
○ 큰돌바우: 송정 남쪽에 있는 큰 바위.

ㄷ. 봉산리

○ 널머리들: 봉산 북쪽에 있는 들.
○ 동헌터(찰방터): 봉산 남쪽에 있는 들. 自如驛 察訪이 있었음.
○ 배랑당: 배랑 등에 있는 당. 전에 당제를 지냈음.
○ 배랑등: 봉산 서남쪽에 있는 등성이.
○ 봉산: 봉산리.
○ 봉산: 봉산 서쪽에 있는 산. 모양이 봉황처럼 생겼음.
○ 비룡천저수지: 봉산 서쪽에 있는 저수지. 물이 흘러 내리는 모습이 마치 용이 승천
　　　　　　　하는 것처럼 보임.
○ 유다리: 자여역터 북쪽에 있는 돌다리.
○ 자여숲: 봉산 북쪽 입구에 숲. 괴목, 포구나무 등 100여 그루가 있음.
○ 자여역터: 봉산과 용정리 사이에 있던 역터.
○ 자여장: 종소거리터에 있는 장. 1일과 6일에 열림.
○ 자여제: 봉산 가운데에 있는 못.
○ 장승배기: 봉산 북쪽에 있는 장승이 있던 터.
○ 종소거리터: 동헌터 동쪽에 있는 터.
○ 찬샘: 비룡천저수지 위에 있는 터. 찬물이 나는 샘이 있었음.

⑥ 진례면

김해에 소속된 면의 하나이다. 본래 김해군의 지역으로서 이 곳에 있는 진례성의 이름을 따서 진례면이라 하여 晴川, 詩禮, 松亭, 新塘, 棗田의 5개 리를 관할하였다. 1914년 행정 구역 폐합에 따라 율리면의 고모, 고령, 상우, 개동 담안, 송현, 산본, 관동, 성법의 9개 리와 중북면의 의전리, 죽곡리 일부를 병합하여 고모, 담안, 성법의 9개 리와 중북면의 의전리, 죽곡리 일부를 병합하여 고모, 담안, 송현, 산본, 청천, 시례, 송정, 신월, 조전, 신안의 10개 리로 개편 관할하였다. 동쪽은 주촌면, 남쪽은 장유면과 창원군 상남면, 서쪽은 창원군 상남면, 대산면, 북쪽은 진영읍에 닿는다.

ㄱ. 송정리

본래 김해군 진례면의 지역으로 소나무 정자가 많아 송정 또는 송정자, 송정지, 백송정, 벽송정이라 하였는데, 1914년 행정 구역 폐합에 따라 산월, 창곡, 둔덕을 병합하여 송정리라 한다.

- 대원암: 춘비골 안에 있는 절.
- 도강: 송정 서쪽 골짜기에 있는 마을. 도강재가 있었다 함.
- 도강저수지: 도강 서쪽에 있는 저수지. 1939년에 시설함.
- 도보: 섬보.
- 둔덕: 송정 동쪽에 있는 마을.
- 둔덕교: 둔덕 남쪽에 있는 다리.
- 말골: 송정 동북쪽에 있는 마을.
- 문등골: 청곡 서쪽에 있는 골짜기. 전에 샘이 있었는데 물을 마시면 문둥병이 나았다 함.
- 백송정: 송정리.
- 벽송정: 송정리.
- 북방구: 큰산 너메에 있는 바위. 북처럼 생겼다 함.
- 사당골: 산월 남서쪽에 있는 사당 터.
- 산월: 한골 남쪽에 있는 마을.
- 산월저수지: 산월 서쪽에 있는 저수지. 1942년에 설치함.

○ 산협: 강 서쪽에 있는 마을. 지형이 협소함.
○ 서당터: 둔덕과 송정 사이에 있는 서당 터. 논이 되었음.
○ 섬보: 둔덕 남쪽에 있는 보. 전에는 섬이었음.
○ 송정: 송정리.
○ 송정자: 송정리.
○ 송정저수지: 송정 남쪽에 있는 저수지.
○ 영모재: 송정에 있는 재실.
○ 용추고개: 산협에서 상남면 용동리와 동면 유곡사로 넘어가는 고개.
○ 점모팅이: 청곡에서 시례로 가는 모롱이 점이 있었음.
○ 점터: 점모팅이에 있는 들. 점이 있었음.
○ 점승골: 송정 서쪽에 있는 마을. 전에 정승이 살았음.
○ 진례성터: 토성.
○ 진례장: 송정리에 있는 진례면의 장.
○ 청곡: 말골.
○ 청곡저수지: 청곡 서쪽에 있는 저수지.
○ 춘비곡: 춘비골.
○ 춘비골: 산월 서쪽에 있는 골짜기.
○ 충웅산: 춘비골 안에 있는 산.
○ 충훈사터: 충웅산 남쪽 중복에 있는 절터. 흔적이 남아 있음.
○ 큰산너메: 송정 서쪽에 있는 산.
○ 토성: 산월 남쪽에 있는 토성 터. 흔적이 남아 있음.
○ 포구나무: 둔덕 동쪽에 있는 포구나무. 3~4아름이 됨.
○ 하둔덕: 둔덕 북쪽에 있는 마을.
○ 한곡: 한골.
○ 효자천: 송정 북쪽에 있는 내.

ㄴ. 신월리

본래 김해군 진례면의 지역인데, 1914년 행정 구역 폐합에 따라 신당리, 중리를 병합하여 이곳에 있는 새들의 이름을 따서 신월리라 한다.
- 간장터: 신월리에서 중심이 되는 마을.
- 간장터: 신월리에 있는 장.
- 관동제정: 신월리에 있는 터. 옛날 명절에 처녀들이 그네를 뛰던 곳이라 함.
- 산태보: 중리 남쪽에 있는 보.
- 새들: 신당 앞에 있는 새로 된 들.
- 신당: 간장터.
- 신월교: 신월 중앙에 있는 다리. 길이 20m.
- 신월정제: 신월리에 있는 터. 전에 농부들이 쉬던 곳이라 함.
- 정자나무: 신당 북쪽에 있는 괴목. 둘레 3~4아름.
- 중리: 신월 북쪽에 있는 마을. 평야의 중간에 위치하였음.
- 중보: 중리 북쪽에 있는 보.

ㄷ. 시례리

본래 김해군 진례면의 지역으로서 시례라 하였는데, 1914년 행정 구역 폐합에 따라 서재를 병합하여 시례리라 한다.
- 가장골: 가장골샘이 있는 골짜기.
- 가장골샘: 도갱이 뒤에 있는 샘.
- 노티재: 이슬재.
- 노현: 이슬재.
- 대밑샘: 정자나무 북쪽에 있는 샘.
- 도갱이: 하촌 서남쪽에 있는 산.
- 도방이: 도갱이.
- 모은재: 하촌 동쪽에 있는 재실.
- 배목고개: 상촌에서 진영읍 우동리로 넘어가는 고개.

5) 古地圖

(1)『新增東國輿地勝覽』

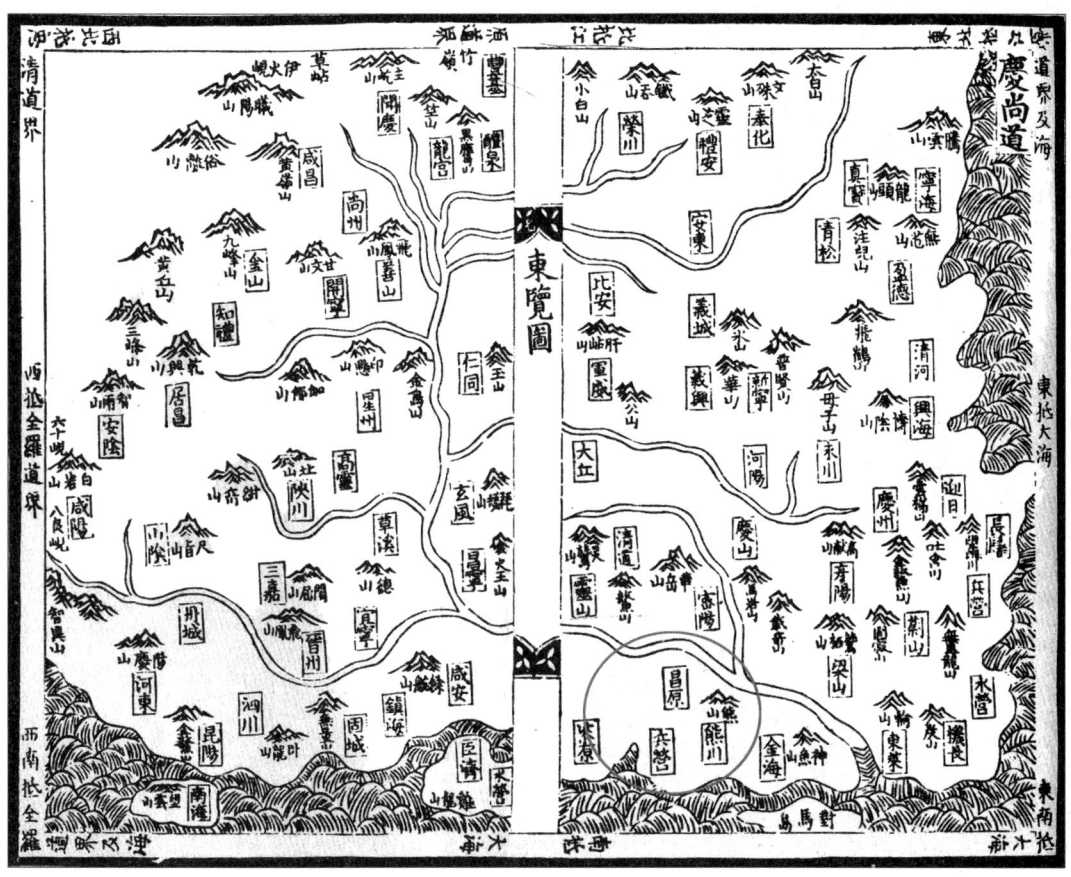

〈고지도 1〉『新增東國輿地勝覽』에 나타난 창원·김해

경상도 부분의 앞에 수록된 慶尙道 地圖이다. 아래쪽의 원형 부분에 창원과 김해가 있다.

(2) 『八道地圖帖』

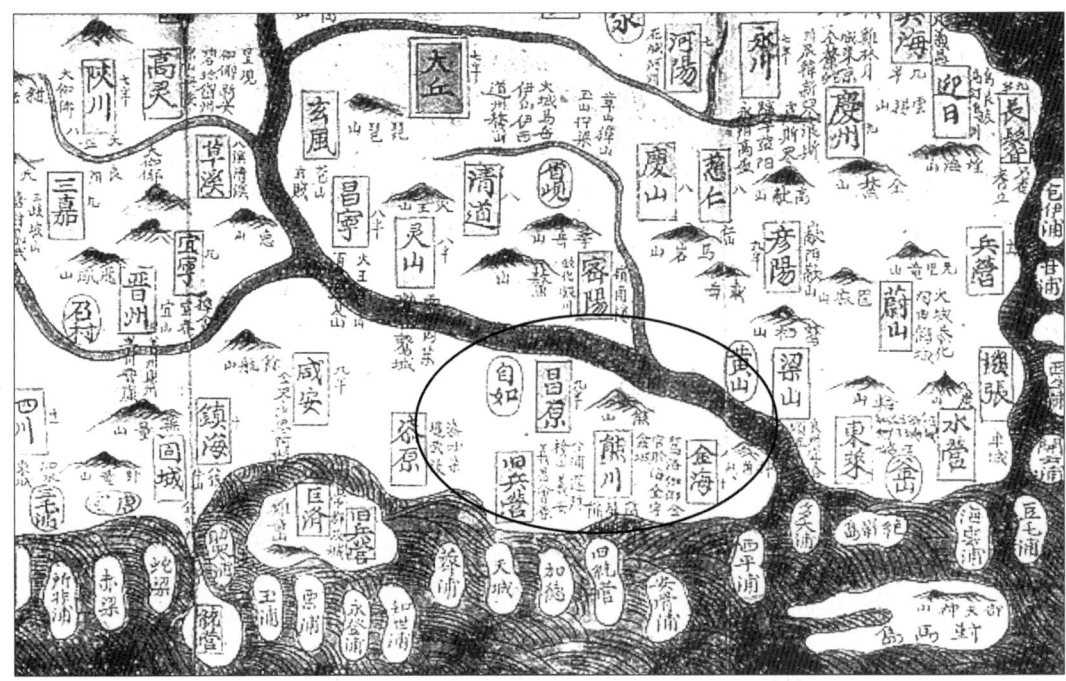

〈고지도 2〉 『八道地圖帖』에 나타난 창원·김해

17세기 초반 『八道地圖帖』(호암미술관소장 소장)에 나타난 창원·김해. 아래쪽의 원형 부분에 창원과 김해가 있다.

(3) 『東國輿地之圖』

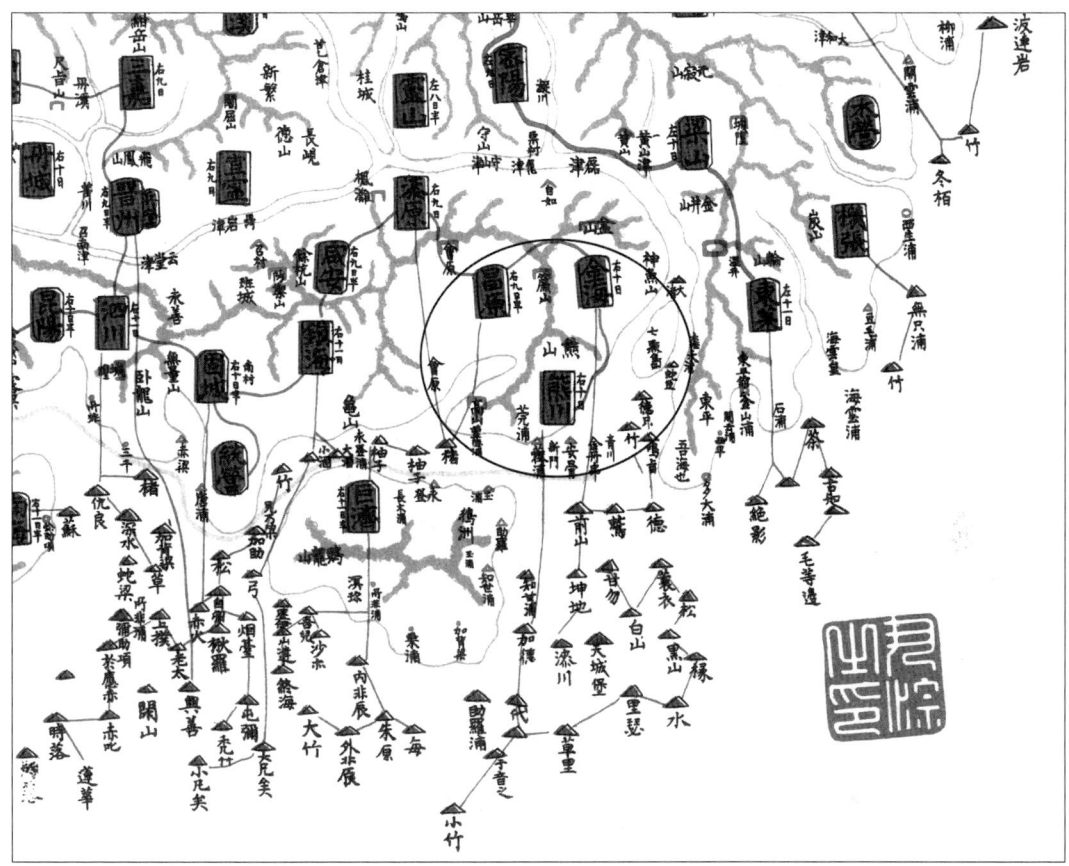

〈고지도 3〉『東國輿地之圖』에 나타난 창원·김해

17세기 초반 『東國輿地之圖』(윤형식, 전남 해남)에 나타난 창원·김해. 아래쪽의 원형 부분에 창원과 김해가 있다.

(4) 『東輿備攷』

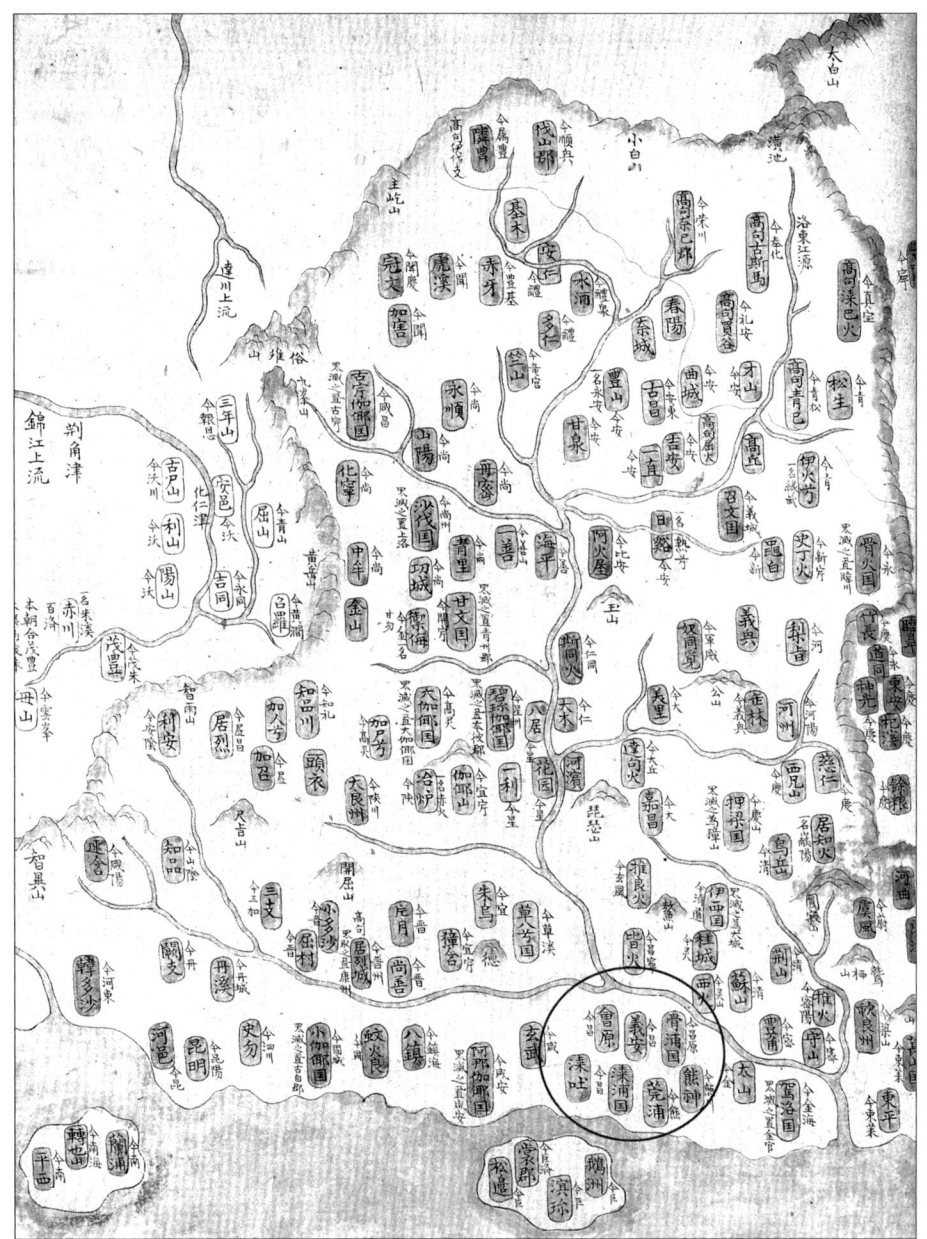

〈고지도 4〉『東輿備攷』에 나타난 창원·김해

1682년(숙종 8) 제작된 것으로 추정되는『東輿備攷』(영인본 1998년 경북대학교출판부 발행). 창원의 옛 지명과 가야시대 국명이 자세하게 나타나 있다.

(5) 『輿地圖帖』

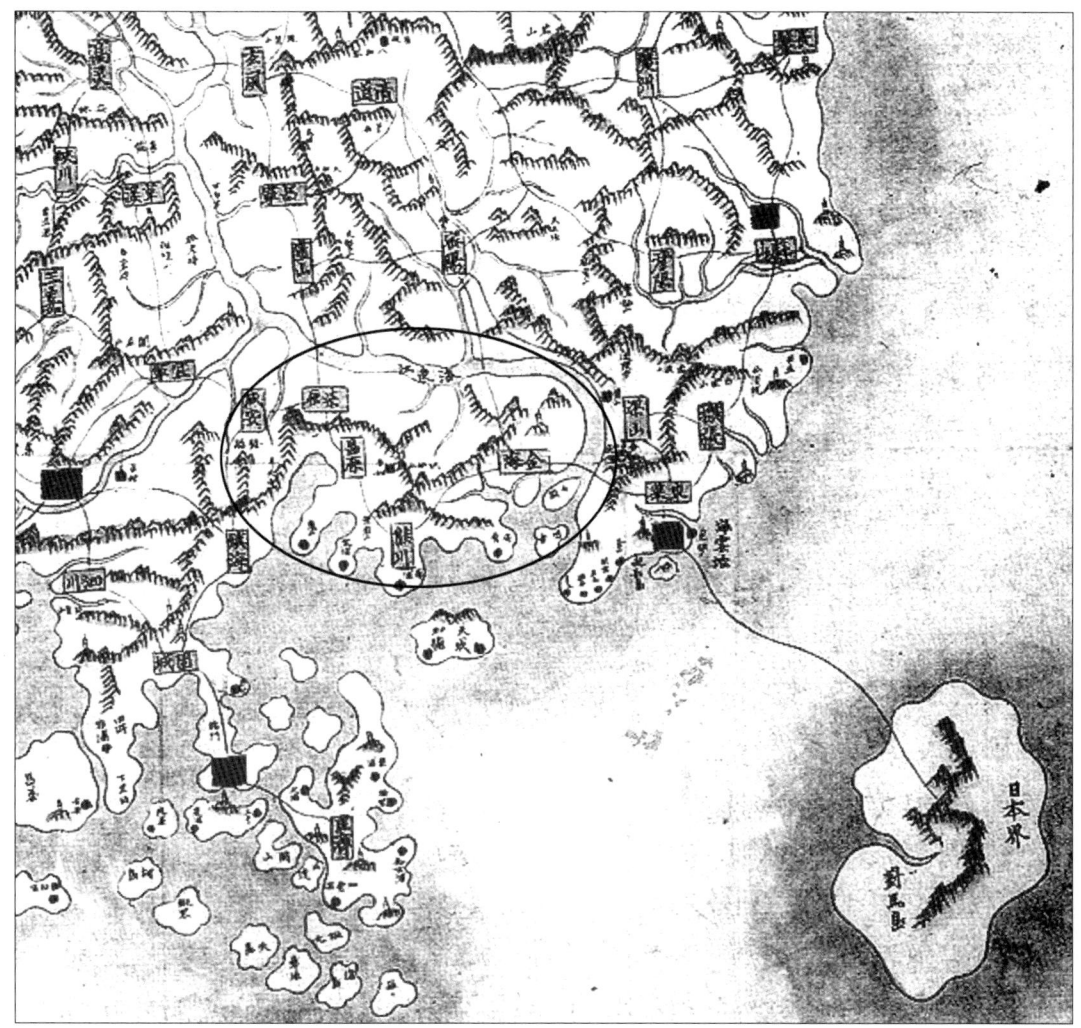

〈고지도 5〉『輿地圖帖』에 나타난 창원·김해

18세기 후반 『輿地圖帖』(호암미술관소장 소장)에 나타난 창원·김해. 아래쪽의 원형 부분에 창원과 김해가 있다.

(6) 『靑丘圖』

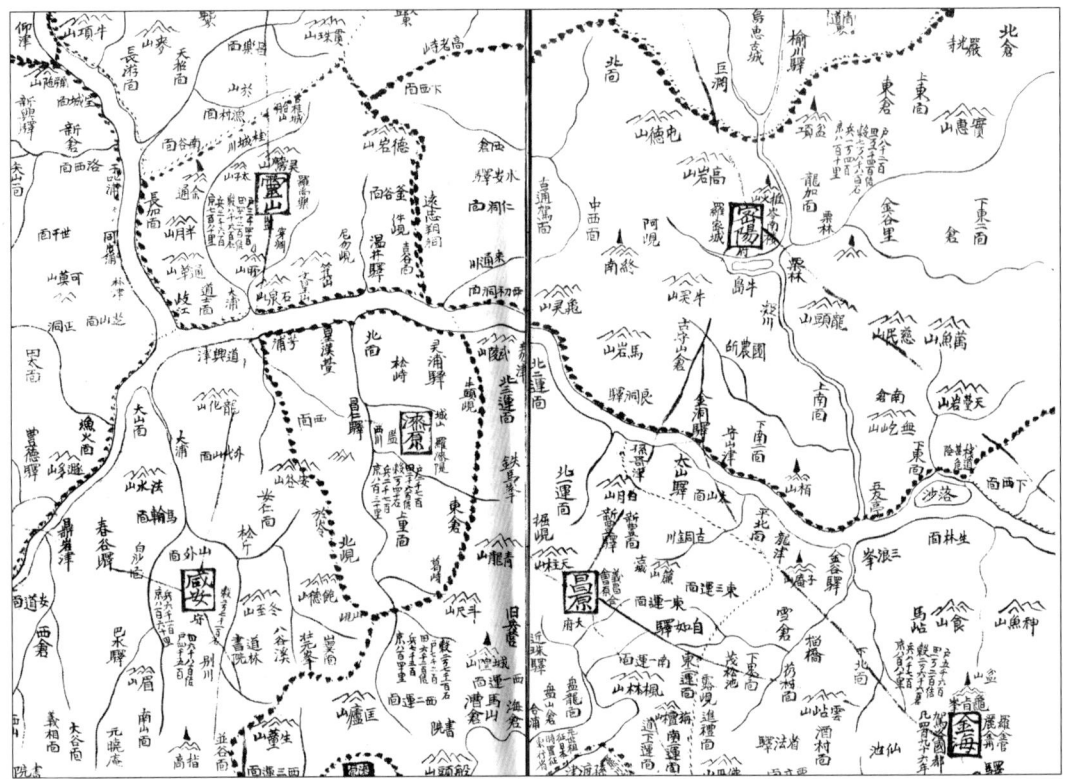

〈고지도 6〉『靑丘圖』에 나타난 창원·김해

18세기 『靑丘圖』(민족문화추진회, 1971)에 타나난 창원·김해. 오른쪽 부분의 아래에 창원과 김해가 보인다.

(7) 『大東輿地圖』

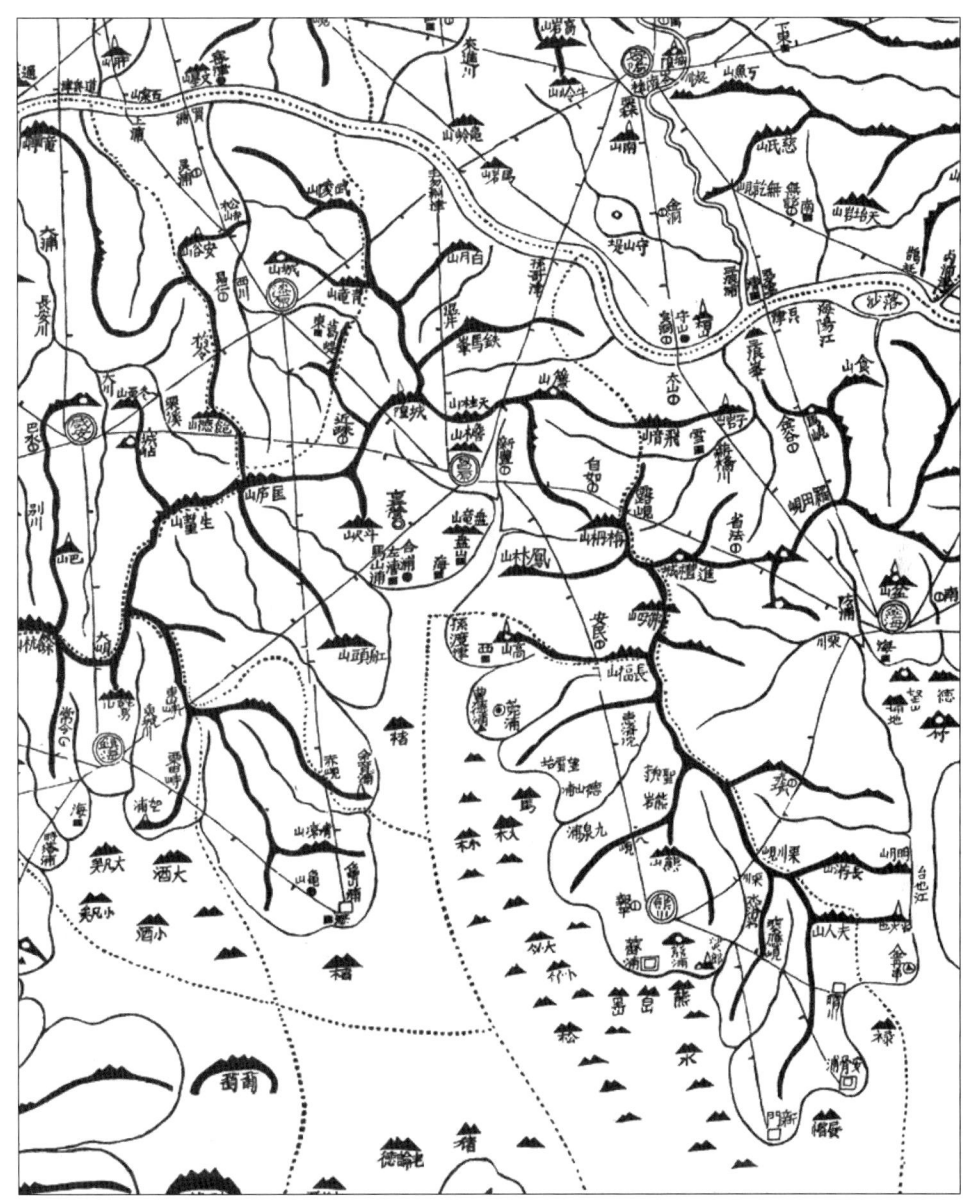

〈고지도 7〉『大東輿地圖』에 나타난 창원·김해

　18세기『大東輿地圖』에 나타난 창원·김해. 중앙에 창원이 있고, 오른쪽 아래 부분에 김해가 있다. 여기에 나타난 창원의 지명을 현재의 위치와 비교하면 비음산과 봉림산의 위치가 잘못 표기되었음을 알 수 있다.

(8) 『八道地圖』

〈고지도 8〉 18세기 후반 『八道地圖』(국립중앙도서관 소장)에 나타난 창원·김해

(9) 『海東地圖』

〈고지도 9〉 18세기 『海東地圖』(서울대 규장각 소장)에 나타난 창원·김해

(10) 『東輿圖』

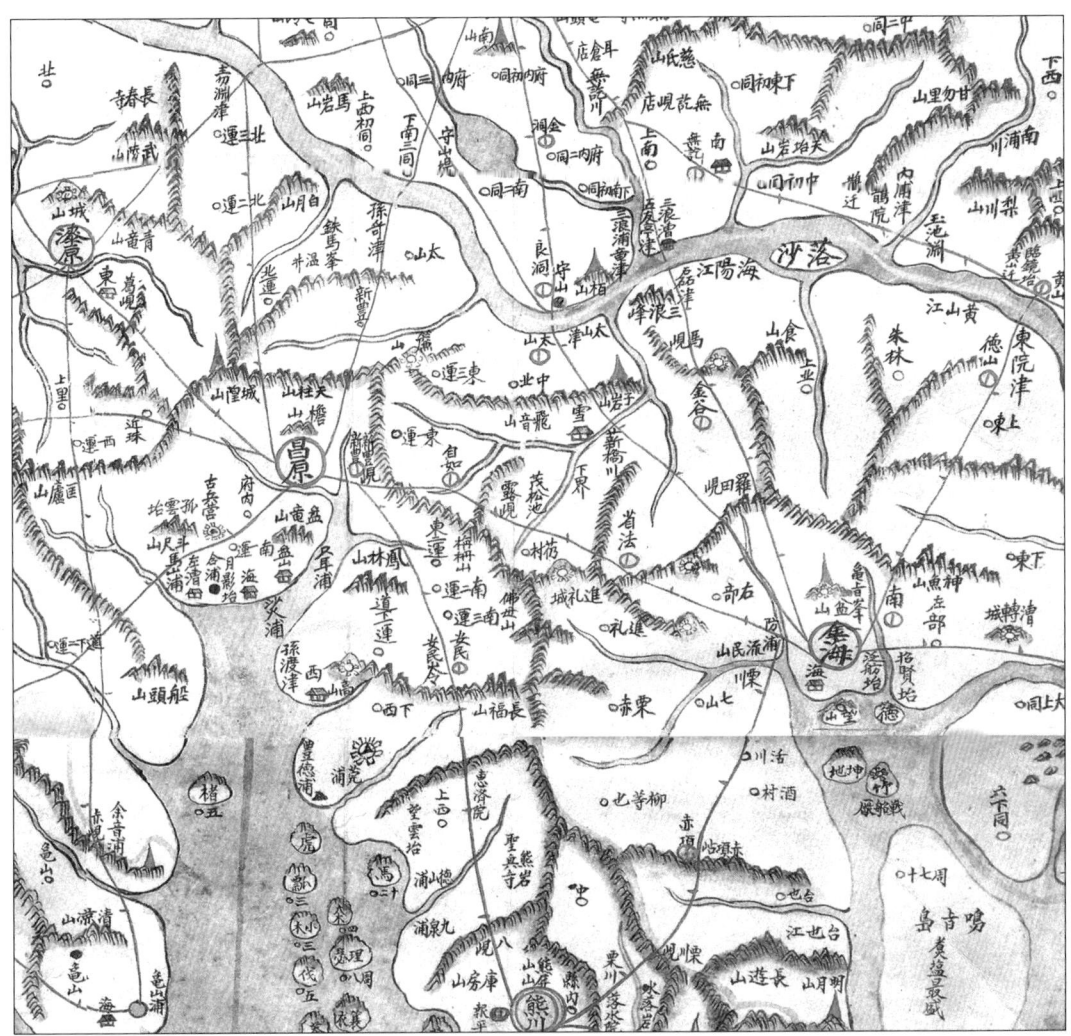

〈고지도 10〉『東輿圖』에 나타난 창원·김해

19세기『東輿圖』(서울역사박물관 소장)에 나타난 창원·김해. 중앙에 창원이 있고, 오른쪽 아래 부분에 김해가 있다. 여기에 나타난 창원의 지명을 현재의 위치와 비교하면 비음산과 봉림산의 위치가 잘못 표기되었음을 알 수 있다.

(11)『廣輿圖』

〈고지도 11〉 19세기 『廣輿圖』(서울대 규장각 소장)에 나타난 창원

(12) 『昌原府邑誌』

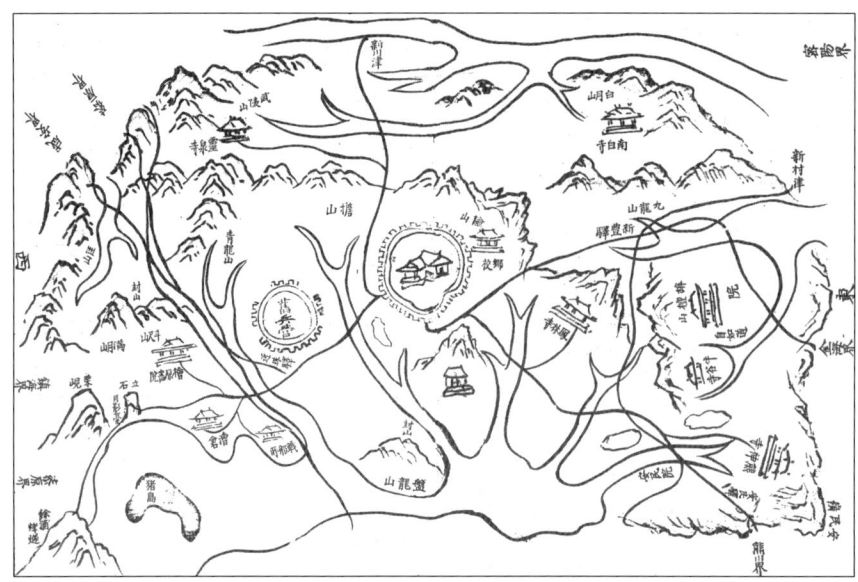

〈고지도 12〉 『昌原府邑誌』(서울대학교 규장각 소장)에 나타난 창원

(13) 『金海府邑誌』

〈고지도 13〉 『金海府邑誌』(서울대학교 규장각 소장)에 나타난 김해

(14) 『朝鮮後期地圖』

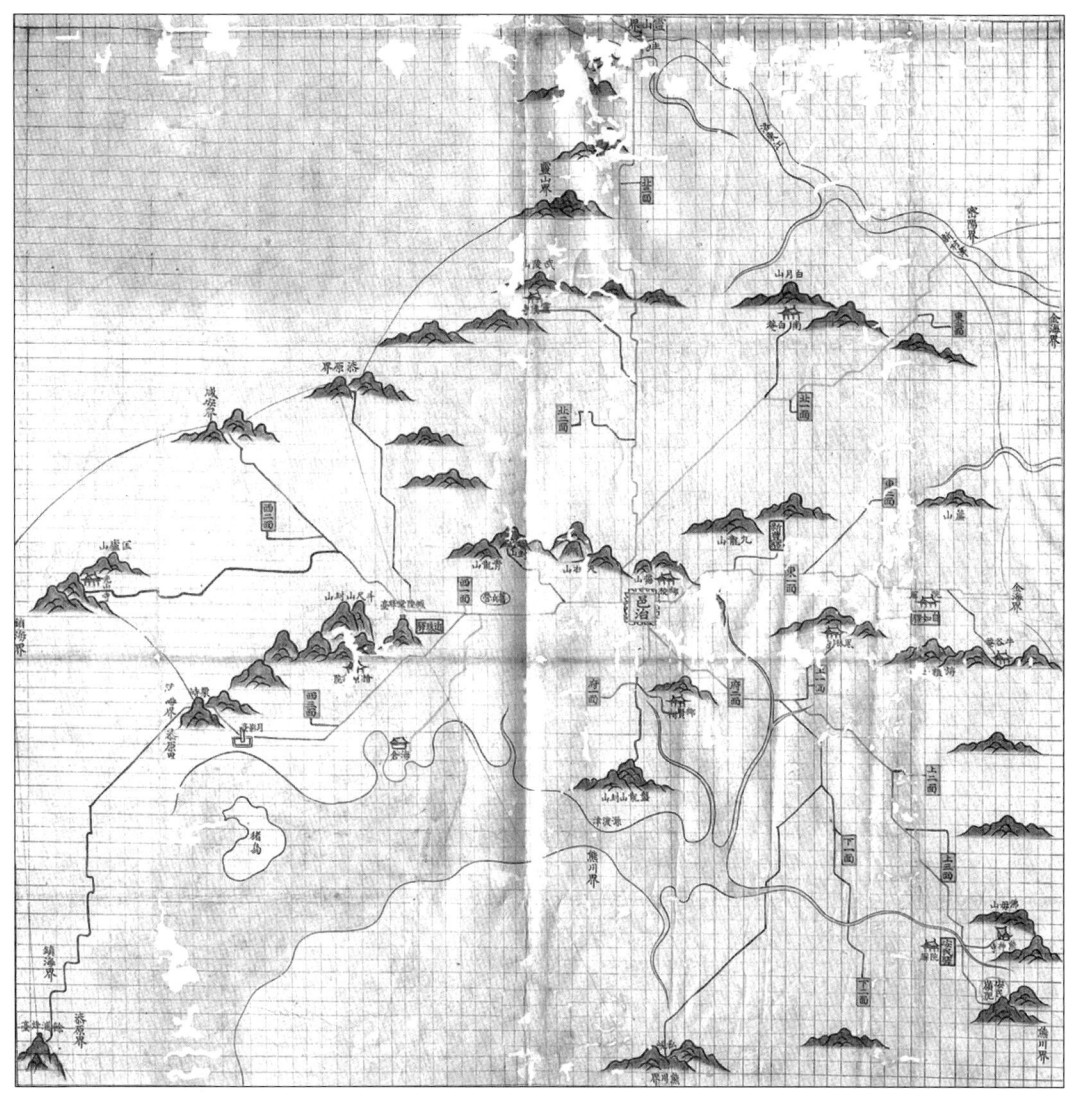

〈고지도 14〉『朝鮮後期地圖』(서울대 규장각 소장)에 나타난 창원

2. 고고학 방면의 현황 및 유물·유적[25]

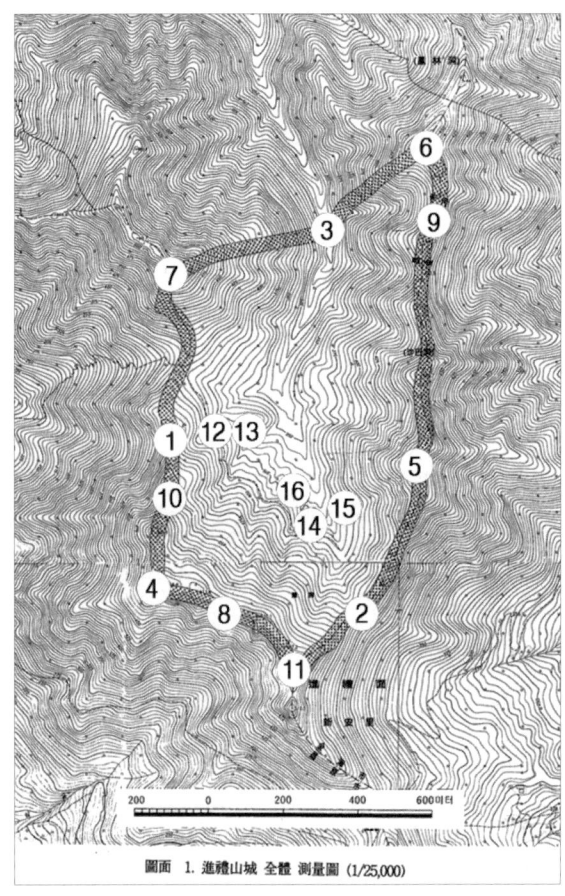

진례산성 시굴조사시 확인된 遺構	
1. 서문지(西門址)	9. 성벽 Ⅱ
2. 남문지(南門址)	10. 성벽 Ⅲ
3. 추정(推定)관문지(官門址)	11. 치 Ⅰ
4. 추정장대지 Ⅰ	12. 건물지
5. 추정장대지 Ⅱ	13. 추정건물지
6. 추정장대지 Ⅲ	14. 추정건물지
7. 추정장대지 Ⅳ	15. 추정건물지
8. 성벽 Ⅰ	16. 현대건물지

〈도면 1〉 진례산성 전체 측량도

---

[25] 이 부분은 慶南文化財研究院,『昌原 進禮山城』, 昌原市, 2003에 의거하여 서술하였다. 이 책에서 실은 사진은 慶南文化財研究院에서 제공하였고, 안성현 선생님의 도움을 많이 받았다. (재)경남문화재연구원의 호의에 감사드린다.

1) 전체 현황

창원 진례산성은 창원시와 김해 진례면의 경계를 이루는 飛音山(해발 518.8m)의 정선부를 따라 형성된 包谷式 石築山城이다. 성 내부에는 비음산에서 발원하여 북류하는 계곡이 성밖으로 흘러나가고 있다.

산성은 북쪽으로는 창원시 동읍, 남쪽으로는 진해만, 동쪽으로는 김해시 진례면과 부산 사상 일대, 그리고 서쪽으로는 창원과 마산만을 조망할 수 있는 천혜의 요지에 있다. 조사 결과 산성의 둘레는 약 4.7km 정도 되는 대형의 포곡식 산성이고, 평면 형태는 동쪽이 넓은 모습이다. 현재 성벽은 대부분 붕괴되어 형태의 골격만을 알 수 있는 정도이나, 성의 남쪽 부분은 잔존 상태가 비교적 양호하다.

그리고 體城은 자연지세를 최대한 이용하여 축조하였는데, 내외의 경사도가 큰 곳에서는 편축으로, 경사도가 작은 곳은 협축으로 축조하였으며, 잔존 상태가 가장 양호한 남쪽 성벽의 경우 높이 100㎝ 내외의 女墻을 두었다. 또한 關門의 동쪽에 위치한 체성은 계곡과 평행하게 축조함으로써 城門의 방어력을 높였고, 체성의 폭은 180~320㎝ 정도이다.

현재 확인되는 성의 부속시설로는 관문으로 추정되는 北門址를 비롯하여 서쪽과 남쪽의 등 3개소의 門址가 남아있는데 그 중 南門址는 잔존 상태가 양호하여 성문의 축조 수법을 잘 보여주고 있다. 雉는 남서쪽 모서리 부분에서 1개소가 확인된다. 將臺址는 성의 남서쪽 모서리, 동쪽 중간 부분, 북동쪽 모서리, 북서쪽 모서리 등 4개소가 확인되는데 별다른 시설없이 주변을 조망하기 유리한 지역에 조성되었다.

또한 성 내부에서는 건물지 1개소와 추정 건물지 3개소를 확인할 수 있었는데, 서문지에서 동쪽(성 내부)으로 이어지는 능선에 건물지 및 추정 건물지 1개소, 그리고 이 능선의 반대편 능선에 건물지 1개소를 확인하였다. 그리고 서문지에서 동쪽(성 내부)으로 이어지는 능선은 경사도가 완만하여 당시 조사에서 확인하지 못한 건물지가 있었을 가능성이 높은 것으로 파악되었다.

진례산성의 동서 단면은 완만한 V자 형태를 이루고 있어, 성곽의 규모에 비해 그 내부에 건물지가 들어서기에 적합한 곳은 많지 않다.

〈사진 1〉 창원 진례산성(경상남도 기념물 제128호)

〈사진 2〉 진례산성 추정 관문지 전경

2) 西門址

서문지는 서쪽의 창원시 사파동에서 산성을 올라가는 등산로를 따라 40분쯤 올라가다 보면, 돌들이 무질서하게 흩어져 있는 곳이 보인다. 이곳은 등산객들이 쉬었다가는 곳으로 진례산성의 서문지에 해당한다.[26]

서문이 위치하는 곳의 지형은 서북쪽 치에서 급경사를 이루던 능선이 완만한 곡부를 형성한 뒤 다시 비음산 정상(남쪽)으로 경사를 지며 올라가는 중앙부에 위치하는 곳으로 자연적인 계곡을 이루고 있어 사람이 통행하기에 유리한 지형을 이룬다.

조사 당시의 西門은 門址의 基壇 부분만 잔존한 상태였고, 문의 남쪽 體城 바깥쪽으로 방형의 석축이 남아 있었다. 또한 서문의 안쪽에는 석재들이 무질서하게 널려져 있었고 북서쪽으로는 원형의 석렬이 확인되었다. 西門址에 대한 조사는 먼저 문지 주변을 정리한 다음 후대에 교란된 것으로 보이는 석재를 제거한 뒤, 트렌치를 설치하여 성문의 축조 방법 및 규모를 확인하였다. 트렌치만으로 정확한 축조 양상을 파악하기 힘든 경우에는 확장을 실시하였다.

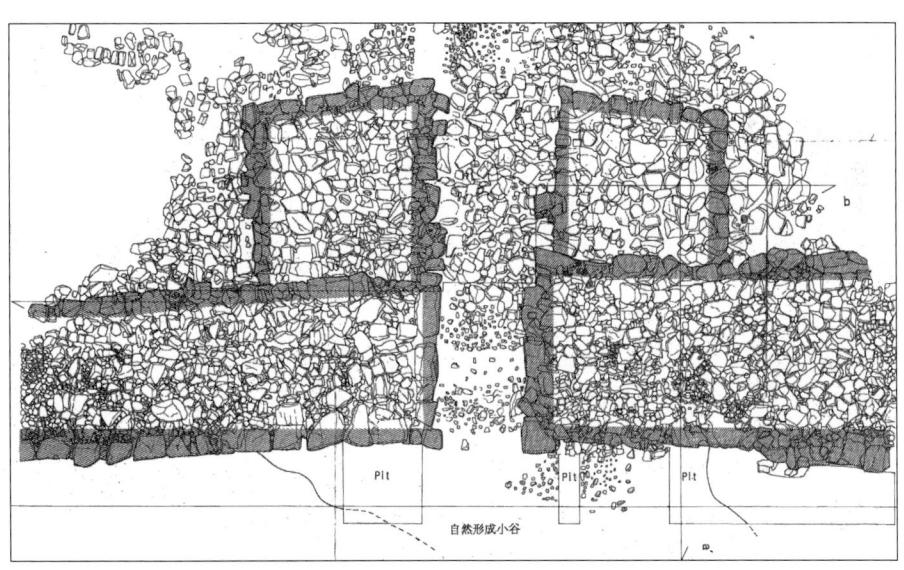

〈도면 2〉 서문지 평면도

---

[26] 慶南文化財研究院, 『昌原 進禮山城』, 昌原市, 2003에서는 東門址로 파악했으나, 진례산성의 내부에서 보았을 때 서쪽에 위치한다는 점에서, 이 책에서는 西門址로 명명한다.

(1) 體城

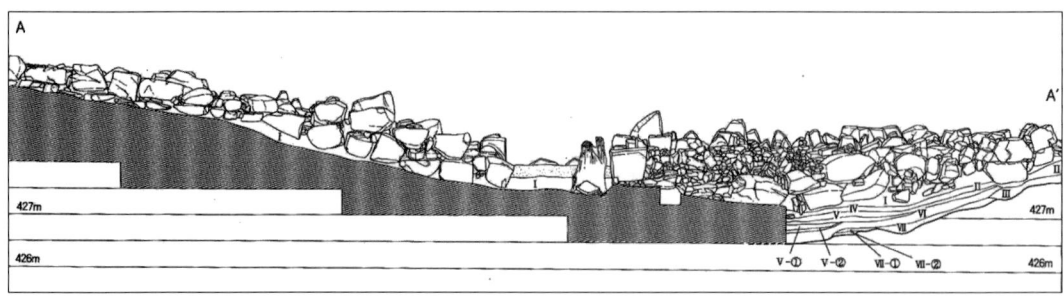

Ⅰ. 暗褐色砂質粘土.
　　사질성 강하며 細石(2~10㎝)과 腐植土를 혼합하여 다짐.
Ⅱ. 暗褐色砂質粘土.
　　Ⅰ층보다 색조가 짙고 점성이 강함. 1~2㎝ 내외의 礫石을 포함.
Ⅲ. 褐色砂質粘土. 생토와 부식토가 섞여져 있으며, Ⅰ,Ⅱ층보다 사질성 강함.
Ⅳ. 暗褐色砂質粘土. Ⅱ층과 유사하나 색조가 짙고 점성 강함.
Ⅴ. 暗褐色砂質粘土.
　　Ⅳ층과 유사하나 점성이 강하고 입자가 부드러움. 일부분 木炭 관찰됨.
Ⅴ-①. 暗褐色砂質粘土. 부분적으로 목탄이 발견되어 사질성 강함.
Ⅴ-②. 暗褐色砂質粘土. Ⅲ층과 유사하나 사질성 강하고 색조가 짙음.
Ⅵ. 暗褐色砂質粘土.
　　다량의 목탄이 발견됨.
　　암반과 부식토 그리고 목탄을 혼합하여 다짐처리 한 것으로 추정됨.
Ⅶ. 褐色砂質粘土. Ⅲ층과 유사하나 사질성 강하고 색조가 짙음.
Ⅶ-①. 褐色砂質粘土.
　　　Ⅶ층과 유사한 퇴적 양상을 보이나 점성이 강하고 색조가 짙음.
Ⅶ-② 褐色砂質粘土. Ⅶ-①층보다 색조가 옅고 사질성 강함.

〈도면 3〉 서문지 A-A' 입면도

　내벽은 구지표를 일정한 깊이까지 굴착하여 정지한 다음 10㎝ 내외의 할석과 부식토를 혼합하여 10~20㎝ 정도 다진 후 20~80×10~50×20~40㎝ 내외의 치석되지 않은 부정형 할석을 이용하여 난적쌓기를 하였고, 수평줄눈을 맞추지 않았다. 축성에 있어 체성 상부에 있는 석재가 하부의 석재보다 큰 경우도 확인된다.

외벽의 축조는 내벽과 같이 할석과 부식토를 이용하여 10~20㎝ 정도 다진 후 20~120× 10~70×20~50㎝ 내외의 치석되지 않은 부정형 할석을 이용하여 난적쌓기를 하였다. 외벽은 내벽보다 비교적 대형의 할석을 이용하여 쌓았고, 빈틈은 소형의 할석을 끼워 견고성을 높였다. 현재 잔존하는 체성은 2단 100㎝ 내외이다. 성벽의 폭은 430㎝ 정도이고 그 사이는 10~30㎝ 정도의 할석을 이용하여 적심을 채웠다.

그리고 통로의 북쪽 측벽에서 북쪽으로 600㎝ 정도에서 외벽 최하단석을 판석형 석재를 이용하여 한 단 깔은 듯한 형태를 띠고 있다.[27] 판석형 석재를 깐 부분은 경사가 완만한 지형이고, 경사가 급한 부분은 대형의 부정형 할석을 기단석으로 사용하였다.

체성 바깥쪽으로는 트렌치를 설치하여 외벽의 기단부에 대한 조사를 실시하였다. 서문을 축조하기 이전에 이곳에는 소규모의 계곡이 형성되어 있었으며, 성문은 작은 계곡에 목탄과 부식토를 혼합하여 다졌다. 이러한 다짐 처리를 한 소계곡이 인공적으로 조성된 것인지를 확인하기 위하여 성벽과 평행하게 트렌치를 설치하였다. 그 결과 소계곡은 완만한 U자 형태를 띠고 있었고 성 외부로 계속 이어지는 것을 확인하였으나 이 소계곡에 인공이 가해진 흔적은 확인할 수 없었다.

(2) 通路 및 石築部

조사 당시에는 무너진 석재들로 인하여 서문의 정확한 축조양상을 파악하기 힘든 상태였다. 무너진 석재를 제거하자 양 체성 사이에 폭 210㎝ 규모의 출입구 시설을 확인하였다. 출입구 부분은 남쪽 체성과 동일하게 소계곡을 메우고 그 위로 와편과 할석을 혼합하여 다진 층이 확인되었는데, 다짐층의 두께는 20㎝ 정도였다. 그리고 다짐층 위로는 별다른 시설을 확인할 수 없었다.

서문 남쪽 측벽과 평행하게 트렌치를 설치하여 다짐층을 걷어내자 내벽의 뒤쪽에서 60×70×20㎝ 정도의 확돌을 확인하였는데, 80㎝ 정도의 수혈을 파고 점토와 소형의 할석을 메운 위에 놓여져 있었다. 확돌의 상면에는 지름 20㎝의 둔테 구멍이 중앙에 위치하고 지름 15㎝의 보조 구멍이 남쪽에 거의 연접하여 있고, 방형의 보조 구멍이 확돌의 서쪽과 동쪽에서 확인되는데 서쪽의 것은 통로와 평행하고, 동쪽의 것은 통로와 직교한 상

---

[27] 지대석과 유사한 판석형 석재는 읍성에서 사용되는 것과는 달리 치석한 흔적은 보이지 않고, 면을 맞추지 않았으며, 빈틈은 소형의 할석과 부식토로 메웠다.

태였다. 그리고 내벽의 남쪽 측벽에서 30㎝ 정도에서 통로부와 평행한 석렬이 성 내부 쪽으로 계속 이어지는 것을 확인하였고, 내벽에서 외벽 쪽으로 100㎝ 정도에서 통로와 직교하는 수혈이 확인되어 이 층까지 제토 작업을 실시하였다.

그 결과 현재 확인되는 확돌에서 반대편(북쪽)으로 130㎝ 정도에서 85×60×15㎝ 정도의 부정형 석재를 이용한 확돌이 확인되었는데, 반대편 확돌과는 달리 문둔테와 장방형의 보조 구멍 1개가 파여져 있었다. 주둔테 사이의 거리는 180㎝이다.

내벽의 남쪽 내벽과 연접한 석렬은 체성에서 30㎝ 정도 들여서 동쪽(성 내부)으로 이어지는 석렬이 노출되었다. 이 석렬이 확인됨으로써 내벽 주위에 어지럽게 널려져 있던 석재들이 성문의 부속시설이었을 가능성이 높다는 판단 하에 내벽 주위의 석재들을 일부 들어내자 통로부 트렌치에서 확인된 석렬은 서문의 남쪽과 북쪽 내벽의 안쪽에서 확인되었다. 확인된 석조의 축조는 20~50×20~40×20~30㎝ 내외의 치석되지 않은 부정형 할석을 이용하여 축조하였는데, 통로 남쪽에서 확인된 석축의 규모는 410×400㎝, 북쪽에서 확인되는 석렬은 400×370㎝ 정도, 현재 잔존하는 석렬은 1~2단, 높이는 20~50㎝ 정도이지만 진례산성이 축조되었을 당시에는 이보다 높았을 것으로 판단된다.

서문의 통로 및 석축 주변으로 많은 양의 와편들이 깔려져 있는 상태로 노출되었다. 와편이 노출되는 양상이 정형성을 띠지 않고 있어 문루가 무너지면서 퇴적된 것이 아니라 통행의 편리를 위하여 깐 것으로 추정된다.

통로에 설치한 트렌치에서 확인된 수혈은 외벽 바깥쪽에서 확인되는 소곡을 메운 시점으로 추정하고 트렌치를 설치하여 토층 단면을 파악하였다. 이 부분의 토층은 크게 3층으로 나누어지는데, 세분하면 5층이 된다. 와편과 세석을 혼합하여 다진 층, 그 아래로 암반(석비례토)을 이용하여 다졌고, 그 아래는 점질토를 이용하여 다졌고 최하층은 목탄과 점질토를 혼합하여 다졌다. 그리고 수혈은 완만한 경사도를 가지며 성문 바깥쪽으로 갈수록 깊어졌으며, 체성 외벽 선에서의 깊이는 약 90㎝ 정도였다.

(3) 左右 側壁

서문의 통로를 이루는 남쪽과 북쪽의 측벽은 내외 협축으로 축조하였는데, 소계곡을 메우고 축조하였으며, 장방형의 지대석을 깔고 그 위에 성석을 쌓는 동일한 축조 양상을 보인다. 다만 남쪽 측벽의 경우는 지대석 위에 방형 및 부정형의 석재를 이용하여 한 단을 더 둔 것이 다른데 레벨이 낮은 남쪽 측벽에 한단을 더 둠으로써 레벨을 맞추기 위한 것으로 보인다.

통로의 측벽은 남쪽의 경우는 정연하게 남아 있으나, 북쪽 측벽은 훼손이 일부 이루어진 상태이다. 이는 상대적으로 레벨이 높은 북쪽의 측벽은 성벽 자체의 하중이 문쪽을 향하고 있으며, 이 때문에 하중을 이기지 못하고, 남쪽 측벽보다 잔존상태가 불량하게 되었다.

성벽의 축조 양상은 소곡을 메우고 어느 정도 레벨을 맞춘 후 30~60×30~50㎝ 정도의 할석을 이용하여 한단을 두고 그 위로 대형의 성석을 쌓았다.

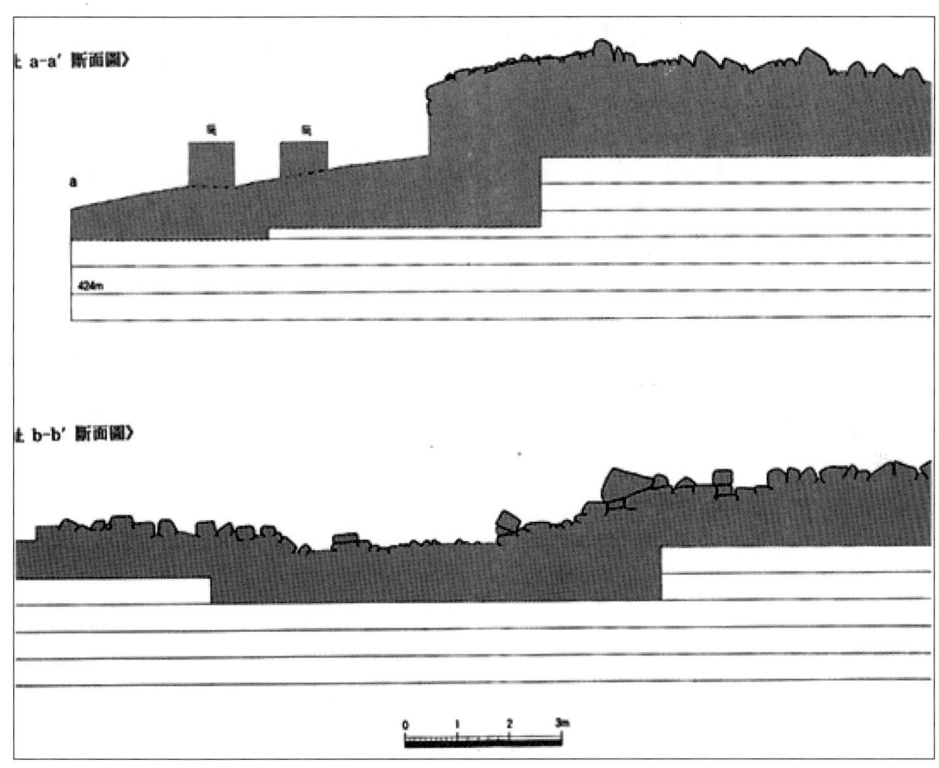

〈도면 4〉 서문지 A-A'·B-B' 단면도

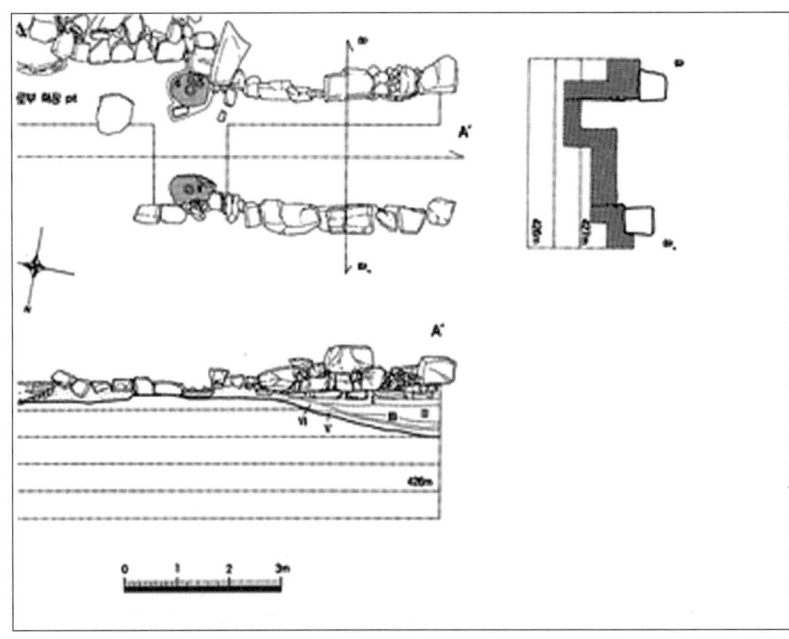

Ⅰ. 暗褐色砂質粘土, 細石으로 다진 층.
Ⅱ. 黃色砂質粘土, 석비례토 혼입, 砂質성 강함.
Ⅲ. 暗褐色砂質粘土, 粘成 강하며 木炭 포함.
Ⅳ. 褐色砂質粘土, 粘性 강하며, Ⅲ층보다 色調가 옅음.
Ⅴ. 흑갈색사질점토, 粘性 강하고, 木炭 포함.

〈도면 5〉 서문지 통로부 평면

〈사진 3〉 서문지 원경

〈사진 4〉 서문지 조사 전 광경

〈사진 5〉 서문지 노출 후 광경

〈사진 6〉 서문지 최후 노출 후 광경(성외→성내)

3) 南門址

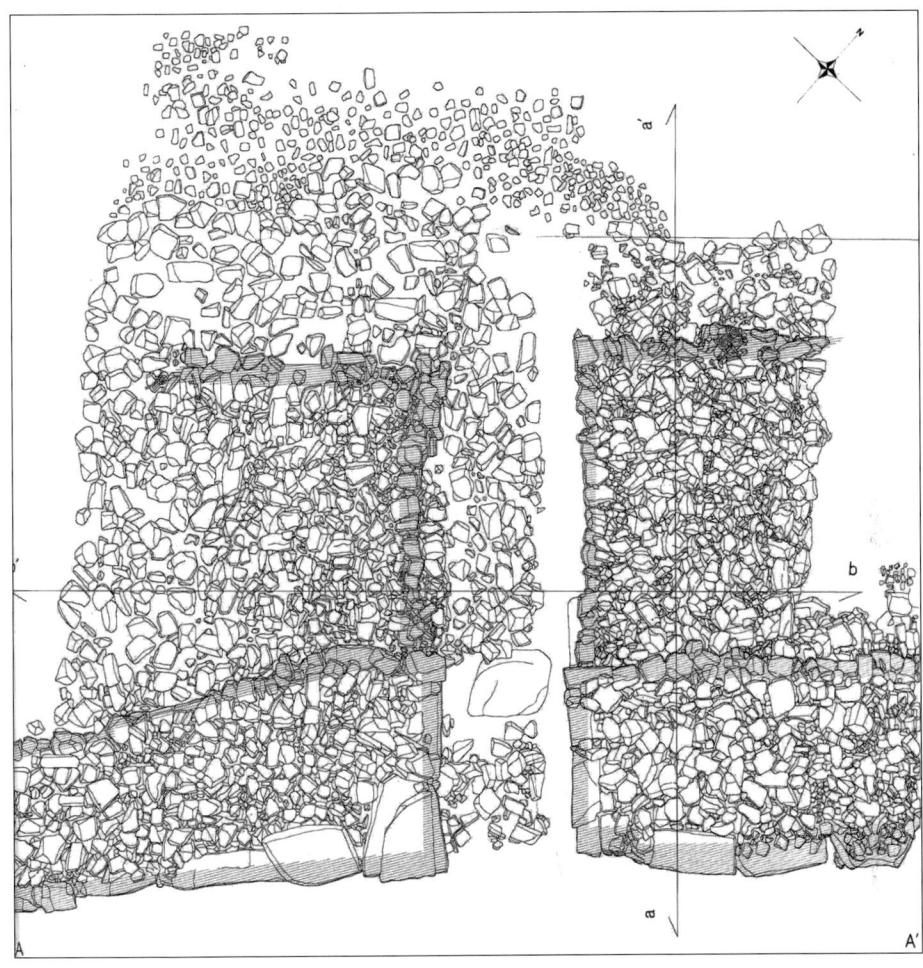

〈도면 6〉 남문지 평면도

　남문지는 진례산성의 남동쪽 모서리 부분에서 동북쪽으로 250m가량 떨어진 곳에 위치한다. 남문지가 들어서는 지형은 남동쪽 모서리에서 급경사를 이루던 능선이 완만한 곡부를 형성한 뒤 다시 북동쪽으로 경사를 지며 올라가는 중앙부에 위치한다.
　또한 남문지에서 남쪽으로 400m 정도 떨어진 곳은 진례에서 창원쪽으로 향하는 고개가 위치하며, 요즘도 이 고개를 이용하여 창원 상남시장으로 장을 보러 간다고 한다. 남문지의 축조 수법은 서문과 유사한 양상을 보이고 있어 동시기에 축조되었던 것으로 생각되며, 잔존상태가 서문보다 양호한 편이다.

(1) 體城

내벽은 구지표를 일정한 깊이까지 굴착하여 정지한 다음 10㎝ 내외의 할석과 부식토를 혼합하여 20~40㎝ 정도 다진 후 20~40×30×20~30㎝ 정도의 치석되지 않은 석재를 이용하여 난적쌓기를 하였다. 현재 잔존하는 내벽은 6단 120㎝ 정도이다.

외벽의 축조는 80~200×40~80×60~180㎝ 정도의 치석되지 않은 대형의 석재를 이용하여 종쌓기와 횡쌓기를 교대로 하여 축조하였는데, 그 사이 빈틈은 할석을 끼워 견고성을 높였다. 특히 남문 서쪽의 체성의 잔존 높이는 3단 180㎝ 정도이다. 성벽의 폭은 남문 동쪽 성벽이 330㎝, 서쪽 성벽은 350㎝ 정도로 서문보다는 좁고, 내벽과 외벽 사이는 20~40㎝ 정도의 할석을 이용하여 채웠다.

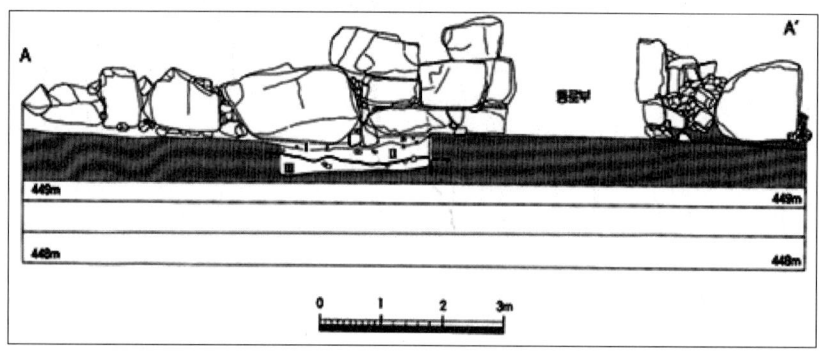

Ⅰ. 暗褐色泥質土, 細石과 소량의 燒土 포함.
Ⅱ. 明褐色泥質土, 細石 포함.
Ⅲ. 風化巖盤層

〈도면 7〉 남문지 A-A' 입면도

(2) 通路 및 石築部

남문은 외벽의 잔존 상태가 양호하여 외벽을 기준으로 하여 무너진 성석을 제거하였다. 성석을 제거하고 나자 양 체성 사이에 폭 210㎝ 규모의 출입구 시설을 확인하였다. 통로부에 T자형 트렌치를 설치하여 바닥을 확인하였는데, 남문의 중앙부분에 120㎝ 정도의 장대석이 놓인 것을 확인하였다. 확돌은 서문과 유사하게 체성의 내벽에 연접하여 확인되었다.

한편 남문에서도 서문에서 확인된 석축을 확인하였는데, 남문 동쪽 석축의 잔존 상태가 양호한 편이다. 남문의 서쪽에서 확인되는 석축의 서쪽 단면은 확인할 수 없었다. 석축의 규모는 450×400㎝ 정도 되는 것으로 추정되며, 남문의 동쪽 석축은 500×370㎝ 정도이다. 석축 부분은 20~50×20~30×20~30㎝ 정도의 치석되지 않은 부정형 할석을 이용하여 성벽에 덧대어 축조하였다. 잔존 상태가 가장 양호한 부분은 남문 동쪽 석축으로 잔존 높이는 4~5단, 90㎝ 정도이다. 또한 통로부를 제외한 석축 주위는 와편들이 깔려져 노출되었다.

(3) 左右 側壁

남문의 통로를 이루는 서쪽과 동쪽의 측벽은 내외 협축으로 축조하였으며, 남문의 중앙선을 기준으로 하여 축조 양상에 있어 차이를 보이고 있다. 즉 남문 서쪽의 측벽은 대형의 할석을 이용하여 가로쌓기와 세로쌓기를 교대로 하고 있는데 반해 동쪽의 측벽은 대형의 할석으로 세로쌓기를 하고 적심은 할석으로 채웠는데, 대형의 할석을 사용하였지만 성벽 자체의 하중을 받기 힘들었을 것으로 생각된다. 이러한 축조양상을 보았을 때 성벽 위에 문루가 존재하였을 가능성은 낮다고 판단된다.

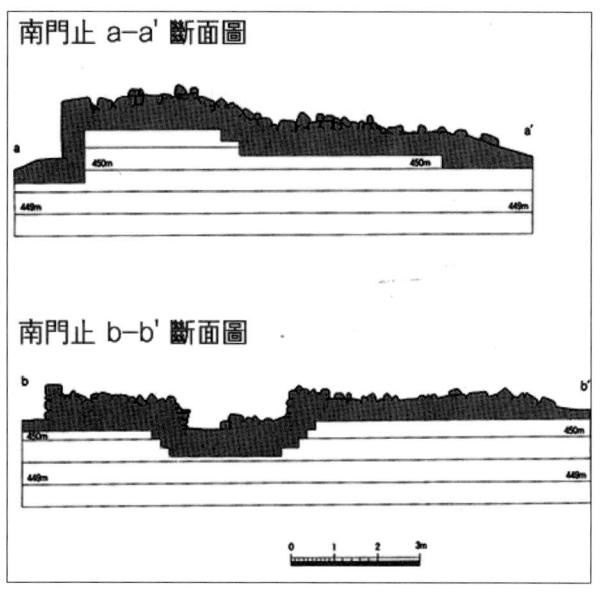

〈도면 8〉 남문지 a-a'·b-b' 단면도

〈사진 7〉 남문지 조사 전 광경

〈사진 8〉 남문지 통로 노출 후 광경

〈사진 9〉 남문지 내부 출토 후 모습

〈사진 10〉 남문지 노출 후 광경

Ⅲ. 진례산성의 현황 및 유물·유적 조사

(4) 城壁

 진례산성의 성벽은 전체적인 잔존 상태가 불량한 편이지만 남쪽 성벽은 양호한 편이다. 또한 서쪽과 동쪽 체성에서 부분적으로나마 토성의 흔적을 확인하였다. 이러한 양상을 파악하기 위하여 잔존상태가 가장 양호한 남쪽성벽에 900×300㎝ 정도의 Pit를 설치하여 노출을 실시하였으며, 토성으로 추정되는 산성의 동쪽과 서쪽 체성에 각각 1개소의 트렌치를 설치하여 토성 축조 여부를 파악하였다.

 4) 石築 城壁

〈도면 9〉 성벽 Ⅰ 평면 및 입면도

 이 부분은 비음산 정상에서 동쪽으로 250m 정도 떨어진 곳에 위치한다. 성벽의 바깥쪽은 급경사를 이루고 있는데 체성의 Pit 동쪽은 자연암반에 덧대어 쌓았는데 이것은 성벽 축조를 위한 노력은 줄임과 동시에 자연지형을 최대한 이용하여 방어의 효과를 높이기 위한 방법으로 판단된다.

체성의 정확한 축조시법을 파악하기 위해 성 내부에 1개소, 외부에 2개소의 트렌치를 설치하여 성벽의 축조기법을 파악한 후 확장을 실시하였다. 표토와 무너진 성돌을 제거하고 나자 체성이 정연하게 나타났다.

내벽은 표토를 걷어내자 바로 확인되었는데 성벽은 암반까지 굴착하여 정지한 다음 10㎝ 내외의 할석과 부식토를 혼합하여 30㎝ 정도 다진 다음 할석을 이용하여 어느 정도 수평을 맞춘 후 20~50㎝ 정도의 부정형 활석을 이용하여 1~2단 정도 쌓았던 것으로 추정되고, 높이는 30~50㎝ 내외였을 것으로 추정된다. 그 위로 폭 70~110㎝, 높이 50~100㎝ 정도로 협축된 성벽이 확인되었다. 이 부분은 체성벽이라기보다는 여장으로 보는 것이 타당하다.

외벽은 별다른 시설 없이 암반 위에 축조하였다. 축성은 30~50×20~40㎝ 정도의 부정형 할석을 이용하여 난적쌓기를 하였기 때문에 벽석 사이에 빈틈이 많이 생기는데, 이 빈틈에는 잔돌은 끼워 견고성을 높였다. 현재 잔존하는 성벽은 9~12단, 높이는 160~180㎝ 정도이다. 성벽의 폭은 여장을 포함하여 200㎝ 내외이다.

노출부 최하단석에서 50×15㎝ 정도의 장방형 할석을 이용하여 수평을 맞춘 듯한 구조가 확인된다. 이러한 구조는 조선시대 읍성의 축조에서 지대석과 같은 역할을 하지 않았나 생각된다.

그리고 진례산성이 삼국시대 이래의 성이라면 토성으로 축조되었을 가능성이 높을 것으로 판단하고, 진례산성의 성벽 가운데 다른 구간에서는 비록 확인되지 않았으나 초축 당시에는 토성으로 축조되었을 것으로 보이는 동벽의 중앙 부분과 서쪽 성벽에서 서문지와 추정 장대지 사이에 트렌치를 설치하여 토성의 유무와 축조 양상을 파악하였다. 그 결과 토성으로 추정한 부분은 원래 토성벽이 아닌 석석으로 축조되었음을 알 수 있었다. 이 구간의 성벽 역시 석축 성벽의 축조와 동일하게 10㎝ 내외의 할석과 사질점토를 혼합하여 20~30㎝ 정도 다져 어느 정도 수평을 맞춘 후 20~40㎝ 정도의 부정형 할석을 이용하여 축조하였으며, 성벽의 폭은 180㎝ 정도이다. 현재 확인되는 성벽의 높이는 1~2단, 20~50㎝ 정도이다.

이상의 내용을 정리해보면 진례산성 성벽에 대한 조사에서 수축 및 개축의 흔적을 확인할 수 없었고, 초축 당시의 모습을 간직하고 있는 것으로 파악되었다. 성벽의 축조는 부정형할석을 이용하여 난적쌓기를 하였으며, 수법도 조잡하여 급조한 듯하다. 이러한 양상을 보면 성벽의 축조시기가 조선시대 이전으로 소급될 수 없음을 알 수 있다.

〈사진 11〉 석축 성벽 출토 후 모습

〈사진 12〉 석축 성벽 외벽 축조상태

(1) 推定 將臺址

당시 조사에서 주변을 조망하기 유리한 4개소를 將臺址로 추정하였다. 비음산 정상부, 그리고 남문지에서 북쪽으로 300m 정도에 위치하는 봉우리와 산성의 북동쪽 모서리와 북서쪽 모서리 부분이 장대지로 추정되며, 장대지는 별다른 시설을 하지 않고 이용하였음을 확인하였다. 4개소의 장대지 중 이번 조사에서는 비음산 정상부에 트렌치를 설치하여 장대지의 축조양상을 파악하였다.

비음산 정상은 진례산성에서 해발고도가 가장 높은 곳으로 성벽이 축조된 모든 봉우리를 조방할 수 있으며, 서쪽으로 진해 앞 바다와 창원만, 그리고 창원 시내를 한눈에 조망할 수 있는 요지이기 때문에 비음산 정상부에 장대나 이와 관련된 시설물이 설치되었을 가능성이 높은 곳이다.

비음산 정상부는 등산객들이 쉬어가는 곳으로서 체성의 붕괴가 심해, 성벽의 흔적만 확인할 수 있을 정도였고 군데군데 암반도 노두되어 있는 상태였다. 건물지를 확인하기 위하여 남-북 방향으로 3개소의 트렌치를 3m 간격으로 설치하였다.

그 결과 현 지표에서 20㎝ 정도에서 암반이 노출되었으나, 목주를 세웠던 흔적은 찾을 수 없었다. 그리고 서쪽에서 설치한 트렌치에서는 세석과 부식토를 혼합하여 다짐층을 확인하였다. 이 다짐층의 두께는 30~50㎝ 정도인데 다짐층이 존재하는 곳은 비음산 정상부에서도 상대적으로 낮은 곳에 해당하므로 레벨을 맞추기 위하여 다진 것으로 추정된다.

남서쪽 모서리 부분에도 트렌치를 설치하여 설치여부에 대해서도 조사를 실시하였다. 그 결과 치로 보이는 시설은 확인하였으나, 성벽의 폭이 320㎝ 정도로 다른 부분보다 폭이 넓은 이유는 성벽이 꺾이는 부분으로 성벽을 더 견고하게 축조하기 위한 것으로 추정된다.

〈사진 13〉 추정 장대지(비음산 정상) 광경

〈사진 14〉 추정 장대지 트렌치 설치 후 광경

(2) 建物址

서문에서 등산로를 따라 동(성내부)쪽으로 120m 정도 내려가다 보면, 등산로 왼쪽에 평탄한 대지에 건물의 礎石과 石列이 확인되었다. 건물지의 장축방향은 남-북으로 동향이었을 것으로 추정된다.

한편 건물지의 정확한 축조양상을 파악하기 위하여 장축방향으로 1개소, 단축방향으로 3개소의 트렌치를 설치한 결과 건물의 규모는 정면 6칸(16.5m), 측면 2칸(7m) 정도이다. 건물지 내부에서 확인되는 초석은 치석하지 않은 자연석을 이용하여 설치하였는데 초석은 50~60㎝ 이상되는 석재를 사용하였고, 북쪽으로 갈수록 1m에 가까운 대형 석재를 사용하였다.

초석의 간격은 장축 방향이 270㎝ 내외이며, 단축 방향은 310~340㎝ 정도 되는데, 중간열의 석재와 서쪽에 위치하는 석재의 간격이 100~210㎝ 정도로 나타나고 있다. 그리고 와편 등의 유물이 출토되지 않고 있어 건물지로 단언하기에는 어려움이 있다. 건물지 내부에서는 황갈색 소토 덩어리가 확인되고 있으며, 바닥에서도 소토, 목탄 및 사질점토를 혼합하여 다진 흔적이 확인된다.

건물지의 동쪽으로 이 건물을 축조할 당시 레벨을 맞추기 위하여 석축을 쌓이 것을 확인된다. 석축의 축조는 암반까지 굴착한 후 점토를 이용하여 20~40㎝ 정도 다진 후 20~80×20~50×20~70㎝ 정도의 치석되지 않은 할석을 이용하여 난적쌓기를 하였다. 석축은 북쪽으로 갈수록 높이가 낮아지는데, 건물의 레벨을 맞추기 위한 것으로 생각된다. 석축 아래 다짐층과 외부에서 물에 의하여 퇴적된 것으로 보이는 흑갈색점질토가 확인된다. 그러므로 건물지가 축조되기 이전 이곳은 물이 흘렀을 가능성이 높고 건물지 내부에서 확인되는 목탄과 소토혼합층은 방수를 위하여 다진 것으로 판단된다.

건물지가 입지한 능선은 진례산성 내부로 향하는 능선 중에서 경사도가 가장 완만한 곳으로 건물지가 입지하기에 적당한 곳이며, 이번 조사에서 확인된 건물지 주변에서 건물지의 초석으로 보이는 할석이 확인되고 있어 차후 조사가 이루어지면 더 많은 건물지를 확인할 수 있을 것으로 예상된다.

〈사진 15〉 건물지 노출 후 광경

〈사진 16〉 건물지 출토 광경

〈사진 17〉 주거지 서쪽 초석 출토 후 광경

〈사진 18〉 발굴 작업 광경

〈사진 19〉 서문지 석축 외부 유물 출토상태(1)

〈사진 20〉 서문지 석축 외부 유물 출토상태(2)

5) 고고학적 성격

진례산성은 조사 결과 자연지세를 최대한 활용하여 축조함으로써, 적의 공격력을 줄이고 방어력을 높이는 데 중점을 두었음이 확인되었다. 수축이나 개축의 흔적은 확인할 수 없었다. 진례산성의 문지는 3개소가 확인되는데, 북문은 현재 흔적을 찾을 수 없는 상태여서, 서문과 남문에 대한 조사를 실시하였다.

서문의 축조는 옛 지형을 일정 깊이까지 굴착하고, 할석과 부식토를 혼합하여 대형의 석재를 이용하여 쌓았는데, 경사가 완만한 구간은 지대석과 같은 장대석을 한 벌 깔고 그 위로 축성하였다. 통로의 경우는 지대석을 1~2단 정도 놓고 그 위로 축성이 이루어졌다. 문의 내벽에 덧대어 석축을 쌓았는데, 축조 기법은 조잡하다.

그 규모는 400~500×370~400cm 정도이다. 체성의 폭은 400cm 정도로 다른 곳보다는 넓은 편이다. 남문의 축성 역시 서문과 유사하지만 출입구 좌우로 100cm가 넘는 대형의 석재를 사용하여 축조하였다.

서문과 남문의 축조 형태의 특징은 아래와 같다.

첫째, 방어와 통행이 유리한 곳에 성문을 설치하였다는 점이다. 이곳은 진례산성에서 교통이 가장 편리한 곳에 해당한다. 하지만 서문의 경우는 외벽에서 10m 정도부터 급경사를 이루고 있어 적군이 공격하기에 힘들다. 또한 남문의 경우도 사람들이 통행하는 고개에서 남문으로 오려면 남문의 급경사를 이루고 있는 봉우리를 돌아서 와야 하기 때문에 통행하기에는 유리한 곳이지만 적군이 공격하기에는 불리한 지역이다.

둘째, 문의 축조에 있어 지대석을 깔고 그 위로 대형의 할석을 이용하여 축조하였다. 특히 남문 외벽은 지대석을 깔지는 않았지만, 대형의 석재를 이용하여 가로쌓기와 세로쌓기를 하고 있어 조선시대 읍성의 축조양식과 유사하다.

셋째, 문지 내벽에 덧대어 400×400cm 정도의 석축을 쌓았다. 이 석축은 문지를 보강하기 위하여 축조했을 것이다.

체성의 축조는 외벽과 내벽이 조금 다른 양상을 보이고 있다. 내벽은 암반을 굴착하여 어느 정도 수평을 맞춘 후 20~50cm 정도의 부정형 할석을 이용하여 1~2단 정도 쌓고 그 위로 폭 70~110cm, 높이 50~110cm 정도의 여장을 두었다. 외벽은 별다른 시설 없이 암반 위에 축조하였는데, 축성은 30~50×20~40cm 정도의 부정형 할석을 이용하여 난적쌓기를 하였고, 빈틈에는 잔돌을 끼워 견고성을 높였다. 체성의 폭은 210cm 내외이다. 이러한 축조양상은 의령 벽화산성의 조선시대 성벽, 함양 황석산성, 그리고 밀양 추화산성의 조선시대 성벽 등에서 확인된다. 특히 의령 벽화산성 성벽 Ⅱ 부분과 함양 황석산성 동문지 부근의 체성 축조 기법은 진례산성의 축조기법과 상당히 유사한 구조이다. 특히 의령 벽화산성과 함양 황석산성은 임진왜란 당시 왜군들과 격전을 벌였던 곳으로 진례산성의 축조연대를 파악하는 데 좋은 자료라고 생각된다.

건물지와 추정 장대지에 대한 조사는 일부 구간에 트렌치를 설치한 것으로 건물지의 정확한 축조목적은 파악하지 못하였고, 건물지 내부에 와편들이 출토되지 않았다. 출토유물은 토기편과 자기편이 있으며, 통일신라시대까지 소급될 만한 유물은 전혀 출토되지 않았다. 또한 추정 장대지는 지형적인 조건으로 보아 장대지로 사용되었다고 할 수 있는 유구나 유물은 확인하지 못하였다.

진례산성에서 출토된 유물은 토기편, 옹기류, 자기류, 와당류로 크게 나누어진다. 이 중 와편이 많은 양을 차지하고 있으며, 토기와 자기류는 소량 출토되고 있다. 와편들도 건물지 주변이 아닌 문지의 석축 주변에 흩어져 있는 것이 대부분이므로, 진례산성의 축조 연대와 직접 연결시키기에는 무리가 있다. 와편에 타날된 문양 중 주류는 창해파문과 어골문, 삼각집선문 등인데, 창해파문은 조선시대에 유행하는 문양으로 재론의 여지가 없다. 어골문의 경우는 지선이 곡선화가 되어 있으므로 14세기 초반 이후의 것들로 보이고, 삼각집선문도 곡선화가 나타나므로 조선시대의 건물지가 있었던 것은 분명하다. 일부 기와편들은 두께가 비교적 얇고 집선문이 시문된 것이 있어 고려시대로 편년되는 것들도 적지 않고 다양한 기와가 출토되고 있다. 이는 진례산성이 축조될 당시에 여러 건물지에서 기와를 가져다 사용하였음을 보여준다. 말하자면 지금까지 발굴 조사된 유물이나 축조 수법만으로 본다면 진례산성은 급조한 느낌을 받게 한다는 것이다. 이것은 진례산성이 총연장이 4㎞가 넘는 대규모의 성이면서 기록에는 전혀 남아 있지 않다는 사실과 더불어 축조 목적과 시기를 추정하기가 대단히 어렵게 되어버린 결과와 무관하지 않다.

한편 명문와가 석축 외부에서 출토되었는데 명문은 '年鳳林寺', '鳳林', '林寺', '丙寅'이다. '年鳳林寺'의 명문와는 봉림사 출토 유물과 유사한 양상을 보이는데, 이 봉림사명 기와는 창원문화재연구소에서 조사한 봉림사지 출토의 봉림사명 기와와 동일한 것으로 보인다. 이 봉림사명 기와편은 봉림사가 폐사된 이후 봉림사 불우에 사용하였던 기와를 가져와서 진례산성 축조에 다시 사용한 것으로 보이므로, 현존 진례산성이 임진왜란 이후에 축조되었을 가능성을 증명해주고 있는 것이라 할 수 있다.

  출토된 분청사기나 백자는 편으로 출토되어 뚜렷한 사용 시기를 알 수 없으나, 임진왜란을 전후한 시기로 보아도 무방할 것으로 판단되고, 또한 常平通寶는 조선 숙종 이후에 사용되었으므로 현존 진례산성의 축조 시기와 부합한다.

3. 주변의 자연환경과 관련 유적

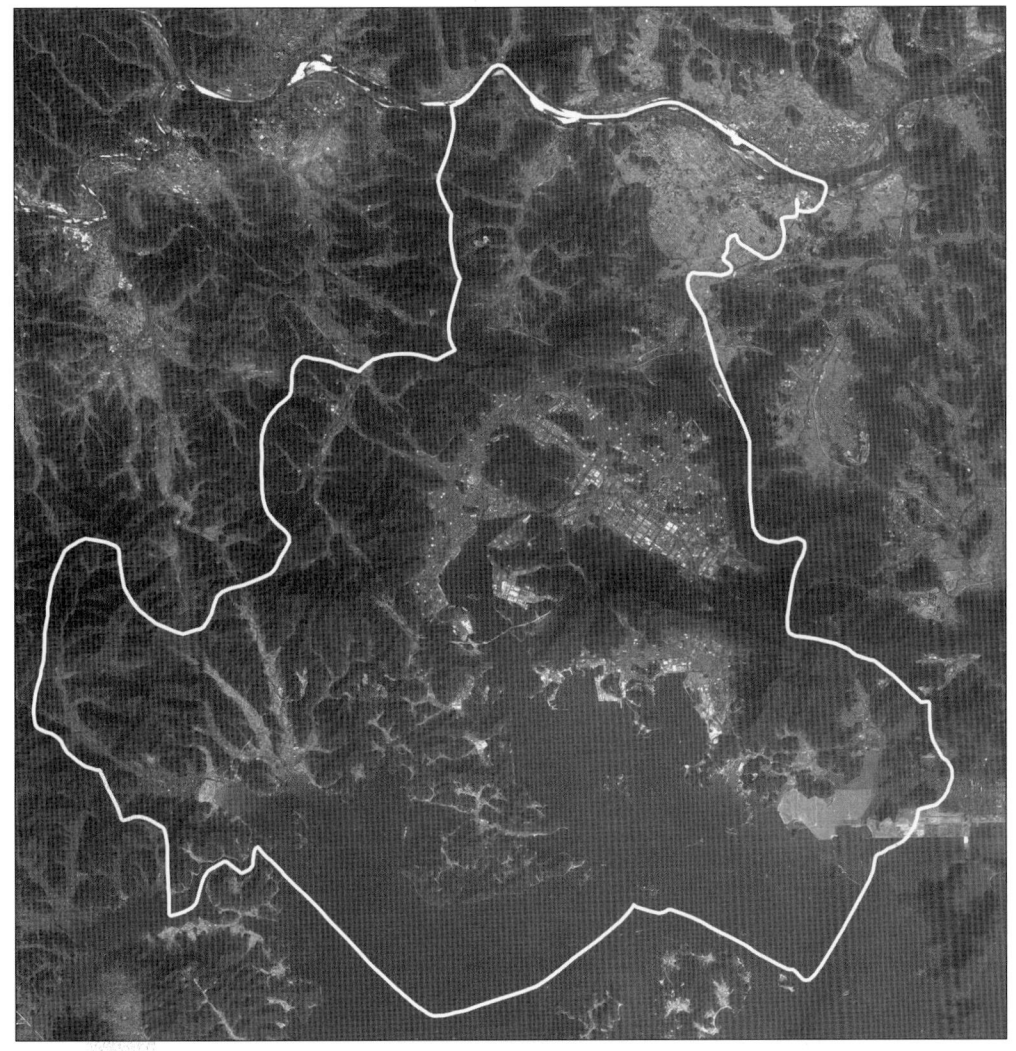

〈위성사진 1〉 위성사진으로 본 창원 일대(통합창원시 출범 이후)

1) 자연·지리적 환경[28]

　창원시는 남해안의 바닷가에서 낙동강변의 내륙으로 가장 쉽게 진출할 수 있는 지형적 입지를 가진 곳이며, 경상남도청이 자리잡고 있으므로 행정적으로도 중요한 지역이다.
　김해시, 부산광역시와 함께 한반도의 동남단에 위치하고 있는 창원시는 지형적으로 서북쪽의 첨산(현 천주산, 656m)과 동쪽의 전단산(현 정병산 567m), 남동쪽의 불모산(802m), 남쪽의 장복산(566m)과 반용산(현 팔용산, 328m)으로 둘러싸여 있으며, 해안선은 12.6km로서 마산만과 접하고 있다. 내면은 높이 100m 이내의 나지막한 산이 산재하고 있는 국방상 매우 중요한 전략적인 요새이다. 소계동에서 남산동으로 연결된 13.5km의 직선 도로인 창원대로를 중심으로 남쪽은 공업단지, 북쪽은 신도시 지역으로 크게 구분되어 있으며, 1995년 1월에 3개 면 지역과 통합되어 대산면 지역의 넓은 평야도 확보하고 있다. 토지이용 현황은 총 292.72km², 주거용지 31.751km², 상업용지 3.250km², 공업용지 22.683km², 녹지 236.517km², 미지정지 2.251km² 로 구성되어 있다. 하천은 담산(천주산)을 기점으로 한 5.20km의 내동천과 전단산(정병산)을 기점으로 한 7.5km의 창원천, 불모산과 장복산을 기점으로 한 9.5km의 남천이 각각 마산만을 향하여 흐르고 있다.
　경상남도의 지질 형태는 대부분 중생대 말기인 백악기에 형성된 경상계지층에 속하는데, 경상계지층은 낙동통을 기저로 하여 신라통과 불국사통으로 크게 구분된다. 낙동통은 경남 서부의 긴 지층을 형성하며, 신라통은 경남 동부에서 시작하여 경남의 대부분을 광범위하게 덮고 있는 지질구조이다. 창원시를 중심으로 한 인근지역의 지질구조는 신라통 중부에 해당되는 지역이다. 그러므로 이곳 지질은 자색·회색·암회색 등의 니암, 사암, 빈암 및 자색 응회류암이고 서색층이 기저가 되어 있다.[29] 중심을 이루는 지층은 신라통 하부에서 응회류암 및 화산퇴적물을 기반으로 하여 신라통 상부의 점이지대에 해당하는 지역이다.
　창원시는 위도상 35도의 북반구 중위도에 있고 유라시아대륙의 동안에 위치하므로 4계절의 변화가 뚜렷하고 온대기후지역으로 대륙지방보다 비교적 한서의 차가 작고 계절풍의 영향을 많이 받는다. 한반도의 남단에 위치하고 있어 인간이 활동하기에 좋은 기후조건을 갖고 있으며, 1980년 이후 10년간 연평균 쾌청일 수는 116일(일 년의 32%) 정도이고,

---
[28] 이 부분은 통합창원시가 출범하기 이전의 창원시 자연·지리적 환경만을 언급하였다.
[29] 昌原市史編纂委員會, 『昌原市史』(上), 1997.

1990년 이후 10년간은 135일(37%)이다. 1992~2001년 연평균 기온은 15도, 연평균 강수량은 1,395㎜이며 1년 최소 강수량은 1994년 718㎜, 1년 최고 강수량은 1991년 2,046㎜, 2001년 강수량은 1,033㎜이다.

조사지역은 창원분지의 남동쪽 불모산에서 동쪽의 정병산에 이르는 비교적 험한 기복의 산지가 이어지는 비음산 자락을 배후로 하는 남서 사면 말단부에 위치하고 있다. 조사지역은 산지와 평행하게 발달하는 완경사의 산록완사면에 해당한다.

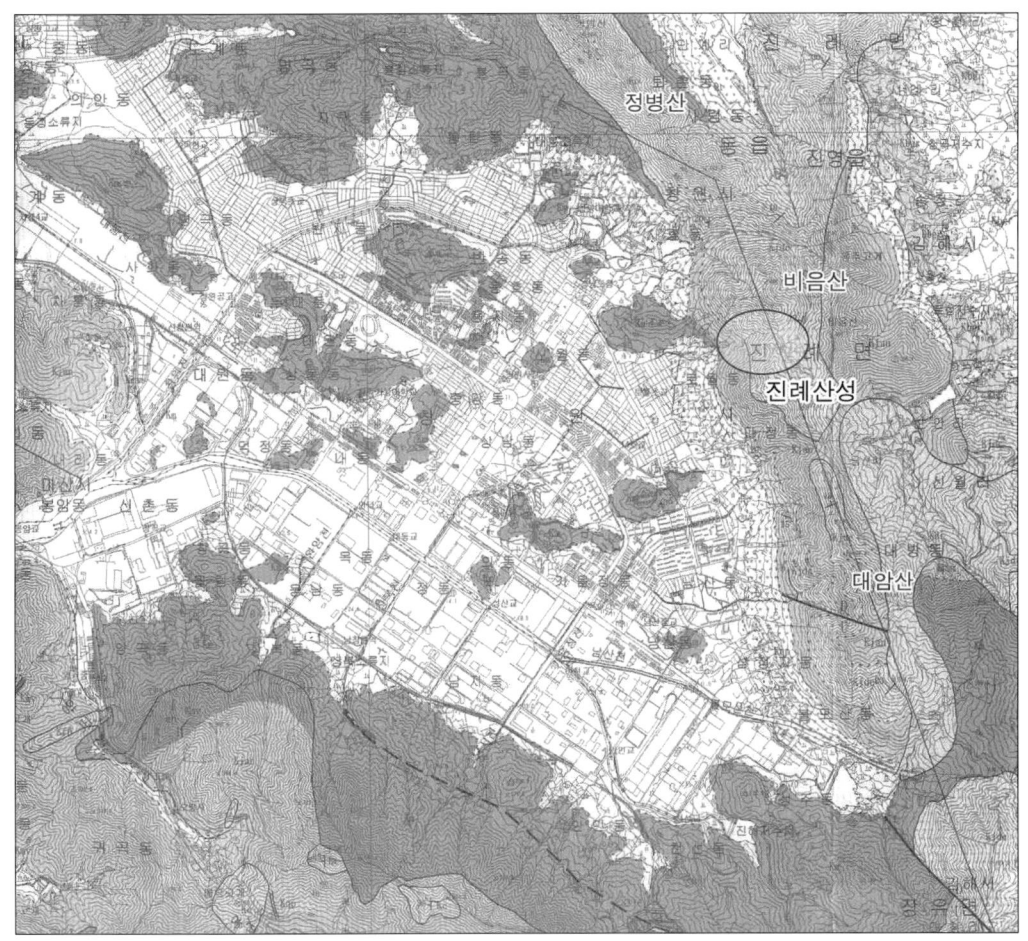

〈도면 10〉 지질도로 본 창원시와 진례산성

최근 각 지방 자치단체에서는 그 지역만이 갖고 있는 독특한 역사문화를 널리 알려 지역의 이미지를 쇄신시킬 뿐 아니라 이를 관광 및 문화상품으로 연계 지역발전 및 지역주민의 삶의 질 향상에 큰 몫을 하고 있다. 이런 추세에 발맞추어 창원시에서도 진례산성 및 여러 문화상품을 개발하여 지역 주민 모두가 참여할 수 있는 구체적인 활용 방안을 개발하고 이를 적극적으로 추진하여야 될 것이다.

2) 주변 유적의 전체 현황

일반적으로 산성은 다른 문화재에 비해 일반인에게 친숙함이 떨어지고, 재방문을 유도하기 어려운 특성이 있다. 진례산성은 수원 화성이나 남한산성과 같이 규모가 크지 않고, 성곽 시설물도 다양하지 못하여 체류형 관광자원으로서는 한계를 지니고 있다.

반면 진례산성은 규모가 작아 오히려 전체를 둘러보는 데 오랜 시간이 걸리지 않는 이점을 가지고 있으며, 주변에 다양한 문화재가 분포하고 있으므로 이와 연계하여 문화 체험의 다양성을 확보한다면 실제적인 역사교육의 장을 제공할 수 있는 장점이 있다.

〈위성사진 2〉 위성사진으로 본 진례산성 주변 문화유적

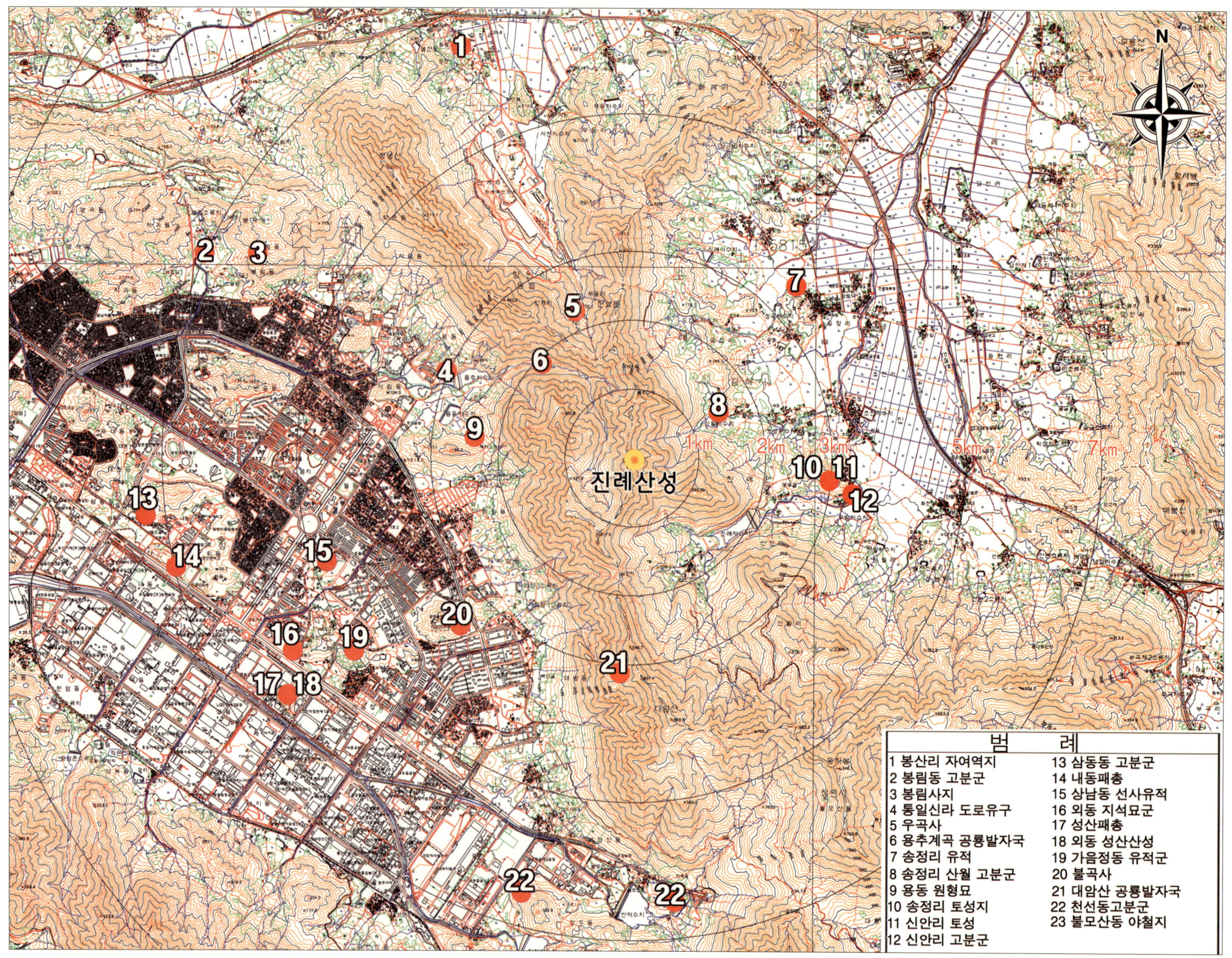

〈도면 11〉 지형도로 본 진례산성 주변 문화유적

3) 주변의 문화재들[30]

(1) 창원 불곡사 석조비로자나불좌상(보물 제436호)

〈사진 21〉 불곡사 석조비로자나불좌상

신라 통일기의 전형적인 毘盧遮那佛의 모습을 보여주는 불상이다. 850년에서 900년 사이에 집중적으로 만들어진 비로자나불 중의 하나로 사실적인 특징을 보여주고 있다.

머리카락은 소라 모양의 나발이고 상투 모양의 육계는 크고 펑퍼짐하다. 달걀형 얼굴에 눈, 코, 입 등이 알맞은 크기와 모습으로 배치되었다. 귀는 짧고 목에 있는 세 줄의 三度가 분명하게 표현되었다. 양 어깨에서 걸쳐 내린 法衣는 다리까지 덮었고, 주름은 부드러운 곡선으로 새겨졌다. 손은 왼손 검지를 오른손으로 감싸 쥔 智拳印으로 매우 사실적으로 묘사하였다. 불상이 앉아 있는 臺座는 팔각형으로 연꽃무늬와 보살상 등이 조각되어 있다.

원래 반쯤 땅에 묻혀 있었던 불상을 1940년에 雨潭스님이 발견하여 毘盧殿을 짓고 이곳에 모셨다고 한다.

(2) 창원 불곡사 일주문(유형문화재 제133호)

〈사진 22〉 창원 불곡사 일주문

一柱門은 두 개의 기둥을 일렬로 세워 만든 절 입구의 문으로 속세를 떠나 불도에 들어서는 出世間의 자리에 위치하는 문이다. 부처를 향한 마음을 가지고 수도하고 교화하라는 뜻에서 절 입구에 세운다. 그런데 불곡사 일주문은 원래 공무를 수행중인 관료나 외국 사신이 머무는 장소로

---

[30] 특별한 근거를 밝히지 않은 경우에 이 부분은 모두 창원대학교박물관,『문화유적분포지도-창원시』, 2005에 의거하여 서술하였다.

쓰이던 昌原 客舍의 출입문으로 사용되었던 것이다. 어떤 이유에서인지알 수 없으나 1882년에 熊川鄕校로 이전되었다가 1943년에 현재의 불곡사를 중창한 雨潭 스님에 의해 이곳으로 옮겨졌다고 한다. 현재의 모습은 일반적인 객사의 출입문과는 사뭇 다른 모습인데, 이는 향교로 이전할 때 적지 않은 변화가 있었음을 짐작하게 한다.

 이 일주문은 겹처마 맞배지붕의 다포계양식 건물로 일반적인 일주문 형식을 취하고 있다. 기둥 간격은 중앙이 2.4m이고 좌우 양쪽은 2.2m로 큰 편에 속한다. 지붕 높이에 비해 기둥이 낮고 지붕이 높아 전체적으로는 다소 무겁게 느껴지는 모습이다. 이 일주문의 가장 두드러진 특징은 기둥 위의 장식이다. 기둥 양식은 多包系 건물의 일반적 형태이지만 기둥 위의 사실적인 동물 모양 장식은 보기 드문 사례이다. 그것도 각 기둥마다 호랑이·黃龍·靑龍·거북 등 각기 다른 동물을 장식하고 있다. 그 밖에도 공포에는 연꽃·구름·물고기·연잎 무늬 등이 생동감 있게 조각되어 조화 속에 밀도 있게 장식되었다. 동물 장식은 해학적으로 묘사되었는데, 위압적이지 않고 세련되면서도 친근한 분위기를 잘 연출하고 있다.

(3) 창원 사파동 고산당목

〈사진 23〉 사파동 고산당목

昌原 黃氏 재실인 고산정 앞 쪽 택지지구 내에 위치한 노거수이다. 이 나무는 예전 택지정리가 이루어지기 전 고산마을의 당목으로 현재 나무 주위로 철구조물이 둘러져 있다. 나무의 수종은 포구나무이며 수령은 60년 정도 되었다. 100여 년 전에는 다른 나무가 있었으나 고사하였으며 당시 주민들이 다시 심은 나무가 현재의 것이다. 수고는 10m이고 둘레는 1.5m이다.

(4) 창원 사파동 신덕당목

창원 토월초등학교 뒤쪽에 위치한 신덕마을의 당목이다. 수령은 150년 정도 되었고,

수고는 12m, 둘레는 2.5m이다. 이 지역은 1994년 개발되기 이전에 신덕마을이 위치하던 곳이다. 이 당목의 앞에는 신덕마을 유적비가 있는데, "이 지역은 신덕마을이 있었습니다. 창원신도시가 건설됨에 따라 1994년도에 마을이 개발되었습니다. 마을 앞 실개천가에 있던 정자나무를 철거하지 않고 옛 추억의 상징물로 남겨 두어 쉼터를 만들었습니다. 여기 모여서 농사지으며

〈사진 24〉 사파동 신덕당목

살던 아름다웠던 날들의 이야기를 소담스럽게 나누어 봅시다"라는 글귀가 새겨져 있다. 이 비석은 2001년 1월 31일 신덕마을 동민들이 세운 것이다.

(5) 창원 축구센터 건립부지 내 유적[31]

유적은 대암산(해발 669m)에서 서쪽으로 길게 뻗어 내린 능선의 저평한 사면에 해당하는 곳으로 현재 창원 축구센터로 이용되고 있다. 이곳은 창원축구센터 건립을 위해 (재)동서문화재연구원에서 2007년 1월 3일부터 5월 26일까지 발굴조사를 실시하였다.

조사결과 중앙 구릉 상부에서는 조선시대 수혈과 주혈군이 확인되었고 서쪽 구릉 말단부에는 조선시대 민묘가 확인되었다. 세부적으로 살펴보면, 조선시대 주거지 8기와 구상유구 2기, 수혈 5기, 집석노지 1기 등 16기의 유구가 확인되었고, 조선시대 민묘 8기가 확인 유구가 확인되었다. 이 유적은 최근 들어 급증하고 있는 조선시대 관련 주거지와 민묘 사례의 하나로서, 조선시대 이후 창원지역의 생활상을 보여주는 좋은 자료들이다.

(6) 창원 불곡사

1929년 雨潭和尙이 廢寺址에 드러나 있던 毘盧遮那佛像을 수습하여 중창하였다. 주변 촌로들의 증언에 의하면, 중창되기 전 이곳은 加音丁·大方洞·沙巴丁을 왕래하는 길목이었다고 하며, 길가에 佛像과 瓦片이 무수히 흩어져 있어 일명 '부처골'이라 불리었

---

[31] 이 부분은 동서문화재연구원, 『창원 축구센터 건립부지내 유적 문화재 발굴조사 약보고』, 2007에 의거하여 서술했다.

다고 한다. 폐사지 주변에는 이밖에도 많은 石物이 있었다고 전해지나, 주변 사람들에 의해 대부분 반출되어 현재로는 발견되지 않는다. 불곡사라는 절 이름도 이전 지명인 '부처골'을 漢譯化하여 지어진 것이라 한다. 현재 불곡사에는 毘盧殿, 觀音殿, 冥府殿을 비롯하여 1947년 이건한 一柱門과 塔材, 光背片, 移建碑, 1936년에 세워진 南無阿彌陀佛碑 등이 있다.

〈사진 25〉 창원 불곡사

(7) 경전선 삼랑진~진주 제3공구간(진영~창원간)의 유적[32]

〈사진 26〉 경전선 삼랑진~진주 제3공구 간 유적

---

[32] 이 부분의 서술은 다음 자료를 참조하였다. 경남발전연구원 역사문화센터, 『慶全線 進永－咸安間 複線 電鐵 文化財地表調査報告書』, 鐵道廳, 2006 ; 경남발전연구원 역사문화센터, 『慶全線 三浪津~晋州 第3工區 內 遺蹟 發掘調査報告書(進永~昌原間)』, 2007 ; 창원대학교박물관, 『文化遺蹟分布地圖－昌原市』, 2005.

〈사진 27〉 경전선 삼랑진~진주 제3공구 간 유적의 통일신라 도로유구

 이 유적은 진례산성과 연접해 있는 창원시 사림동 148번지 일원에 있으며, 용추저수지의 동쪽, 비음산(해발 510m)의 산록완사면에 입지해 있다. 유적은 철도청에서 추진 중인 경전선 진영~함안간 복선전철 구간에 대한 지표조사 및 시굴조사 결과 수혈과 주거지 등이 확인되었으며, 이를 근거로 경남발전연구원 역사문화센터에서 발굴조사를 실시하였다.
 조사 결과 도로유구 1기, 수혈 11기, 구상유구 6기, 주거지 1동이 확인되었다. 도로유구는 정상부에 위치한 진례산성과 연계해서 이용되었을 관련성도 추정해 볼 수 있을 것으로 판단된다. 수혈의 평면 형태는 다양하며, 대부분 내부에서 자기편이 출토되어 조선시대 이후에 조성된 것으로 판단된다. 구상유구는 6호를 제외한 나머지 것은 도로유구와 나란하게 조성되어 있다. 또한 3호, 4호, 5호 구상유구는 도로유구와 선후관계를 보인다. 이들은 출토 유물로 보아 도로유구의 매몰 후 조성되었으며, 그 시기는 통일신라시대로 판단된다. 주거지의 평면형태는 장타원형으로 수혈의 축조로 인해 북동쪽 벽의 대부분이 파괴되었다. 내부에서 부뚜막 시설과 와질소성의 평저호 1점이 확인되었다. 내부에서 출토된 유물로 보아 주거지의 조성 시기는 삼국시대인 것으로 판단된다.

(8) 창원 용추계곡 공룡발자국[33]

〈사진 28〉 용추계곡 공룡발자국 모습

창원의 공룡발자국은 2008년 10월에 정병산의 용추계곡과 남동쪽으로 약 10㎞ 떨어진 대암산 등산로 주변에서 처음 발견되었다. 화석 산출 지점인 두 곳 중에 정병산의 용추계곡은 계곡이 발달되면서 지층의 노두가 드러남으로써 화석이 발견되었다. 한편 대암산의 화석은 계곡과 직접적인 관련이 없이 생긴 등산로 바닥에서 바로 발견되었다.

공룡발자국이 발견된 용추계곡 일원의 지질은 경상누층군 진동층 정병산층으로 마산시 진동면을 비롯해 고성군 하이면, 함안, 하동 등 남해안 일대에 넓게 분포하고 있다. 공룡발자국은 보존 상태가 양호해 발의 구조, 크기, 보폭, 보행 방향 등을 알 수 있으며, 발자국 대부분은 둥근 모양을 하고 있어 초식공룡인 용각류로 추정된다. 또 부분적으로 삼지창 모양의 발자국도 있는 것으로 보아 육식공룡인 수각류도 있었던 것으로 확인됐다. 발자국 크기는 길이 40~50㎝, 폭 35~40㎝, 길이 7~10㎝ 정도이며, 좌우 보폭은 약 45㎝, 상하 보폭은 50㎝ 정도다.

창원에서 발견되는 많은 화석은 학술적 가치가 충분히 인정된다. 공룡의 서식 당시의

---

[33] 이 부분은 창원대학교박물관, 『창원지역 공룡발자국 화석산지 조사·연구』, 2009에 의거하여 서술하였다.

내륙분포, 퇴적환경, 생태환경 연구에 중요한 자료로서, 학술적·경관적으로 보존할 가치가 매우 높은 소중한 자연유산이다.

(9) 단계리 우곡사

〈사진 29〉 우곡사

봉산리에 있는 남해고속도로 입체교차로에서 동남쪽으로 계곡을 따라 3km쯤 가면 우곡사가 나온다. 新羅 興德王 7년(832)에 無染國師에 의해 창건되었다고 전해진다.『文化遺蹟總覽』과『義昌誌』등에 의하면, 사찰 주변에서 古瓦片과 塔材 등이 더러 보이기도 하였다고 하나 지금은 찾아볼 수 없다.

(10) 단계리 우곡사 노거수

牛谷寺 주차장 앞에는 우곡사의 역사를 말해주는 거대한 銀杏나무가 한 그루 있다. 나무는 둘레가 무려 6m, 높이는 10m 정도에 이르며, 벼락을 맞았다는 전설처럼 속이 비어있는 줄기를 중심으로 잔가지가 하늘위로 뻗어 있는데 보기에도 靈驗이 있어 보인다.

〈사진 30〉 우곡사 노거수

(11) 봉림동 봉림사지[34]

봉림산(해발 293.8m)의 北西谷에 위치한다. 봉림동 원봉림마을의 북동쪽 골짜기를 따라 600m 정도 오르면 골짜기가 둘로 갈라지는 곳에 형성된 꽤 넓은 경작지를 만날 수 있다. 절터는 이 두 골짜기의 주 계곡으로 이어지는 동쪽 골짜기에 자리한다. 절터가 들어선 골은 완만한 경사를 이루고 있는데, 골의 입구쪽으로 능선이 죄어들고 있어 밖에서는 보이지 않는 '주머니 꼴' 지형을 이루고 있다. 골 안의 구릉의 흐름을 따라 남북 축선으로 지형을 개간하여 경작지로 이용하고 있어 절터의 자취로 짐작된다.

봉림사는 신라 말 九山禪門 가운데 하나로 알려져 있는 鳳林山門의 중심 사원 터이다. 이 절은 원래 소규모의 사원이 殘破되어 있던 것을 眞鏡 審希가 주변 豪族들의 후원을 받아 중창하였으며, 이전 사원의 규모나 이름에 대해서는 알려져 있지 않다.

진경 심희(855~923)는 김해 출신으로 원주 慧目山 高達寺의 圓鑑 玄昱에게 출가해 그의 法을 계승한 제자 嗣法弟子로, 오늘날의 光州, 雪岳, 溟州 등지를 巡遊한 후 이 곳에 '福林'이 있다는 소식을 듣고 절을 중창한 것으로 알려진다. 중창을 후원한 재지세력은 進禮城諸軍事 金仁匡, 金律熙 등으로 기록에 나타나며, 이들은 당시 金海와 진례산성을 지배한 豪族으로 알려진다. 이 절이 중창될 당시는 후삼국시대로서 지방사회가 호족의 지배하에 있었는데, 왕실에서는 918년(景明王 2년) 심희를 불러 자문을 구하고, 그에게 法膺大師라는 존호를 내리기도 하였다. 이 시기를 전후해 심희의 법을 전해 받은 제자가 景質禪師 등 500여 명에 이르렀는데, 이는 당시 봉림사의 寺勢를 반영하는 것으로 보여진다.

1995~1998년에 걸쳐 국립창원문화재연구소에 의해 4차례 발굴조사가 실시되어 일부의 건물지와 塔址가 확인되었으며, '鳳林寺' 銘文의 瓦片 등 다수의 유물이 수습되었다.

현재 잡초가 무성하여 가람의 배치상은 알기 어렵다. 다만 경작지 개간이 구릉의 흐름을 따른 남-북 축으로 이루어져서 절터에 의지한 소극적 개간이었던 것으로 추정된다. 그렇다면 당시의 절터 또한 남북축선을 가로 걸터앉은 서향 건축이었을 것으로 추정된다. 이는 塔碑移建標石 앞으로 10m 정도 떨어져 있는 須彌山이라 전해지는 造山의 위치로도 추정할 수 있다. 이 造山은 寺址內 조경물로서 길이 18m에 이르는 남북축의 인공 연못 한 가운데에 섬처럼 만들어졌다.

관련 유물로는 眞鏡大師寶月凌空塔(보물 제362호, 현재 국립중앙박물관 소재)과 眞鏡

---

[34] 이 부분은 國立昌原文化財研究所,『昌原 鳳林寺址』, 2000에 의거하여 서술하였다.

大師寶月凌空塔碑(보물 제363호, 현재 국립중앙박물관 소재) 및 鳳林寺三層石塔(경남 유형문화재 제26호, 현재 상북초등학교 소재) 등이 있다.

(12) 봉림동 봉림사지 진경대사보월릉공탑

眞鏡大師寶月凌空塔과 함께 봉림사지에 자리하였던 유물이나 1919년 3월 朝鮮總督府에 의해 현재의 국립중앙박물관에 移安되었다.

진경대사보월능공탑은 신라하대 九山禪門의 하나인 鳳林山門의 중심 사원인 鳳林寺의 중창주 眞鏡 審希(855~923)의 浮屠塔이다. 중창주인 심희는 圓鑑 玄昱의 心印을 받아 法을 계승한 제자嗣法弟子로, 오늘날의 光州, 雪岳, 溟州 등지를 巡遊한 후 金仁匡의 후원으로 절을 중창한 것으로 알려진다. 봉림사가 중창될 당시는 新羅末로 分國의 형세를 보일 만큼 지방사회가 들썩이고 있었는데 景明王 2년(918) 왕의 초빙으로 왕궁에 들어가 '백성들을 편안하게 다스리는 방법'을 설하자 국왕은 그에게 法膺大師라는 존호를 내리기도 하였다.

碑文의 내용은 審希가 入寂한 후 제자들이 작성한 行狀에 의해 왕이 직접 지었으며, 門下僧 幸期가 글씨를, 篆額은 崔仁渷(훗날 崔彦撝)이 썼다. 글자를 새긴 사람은 문하승 性林이다. 비문의 본문 내용은 총 33행으로, 왕이 직접 撰하는 형식의 도입부, 본론에 해당하는 23행에 걸치는 주인공의 일대기, 마지막으로 왕이 그의 入寂 소식을 듣고 諡號를 追贈하고 塔銘을 내리는 내용을 담았다.

비의 형태는 귀부, 비신, 규액, 이수를 다 갖추었으며 비신의 밑면은 탈락·결실이 있으나, 다행히 비의 전문은 『海東金石苑』에 실려 있어 전체 내용의 파악이 가능하게 되었다. 귀부의 용두는 앞으로 수평되게 내밀고 있으며 목은 짧고 입에는 여의주를 물었다. 귀갑은 3종의 육각문으로 새겼고 외연으로는 점점이 흩어진 운문을 나타내었다. 四足은 모두 五爪를 표현하였다. 귀부 중앙의 탑좌는 일체식으로 모각하였고 네 측면에는 圈雲紋을 부조하였다. 비좌의 윗면은 複瓣의 伏蓮을 새겼으며, 그 위로는 2단의 탑신받침을 몰딩하였다. 碑身은 장방형의 板狀이며 양 측면에는 雲龍紋을 얕게 浮彫한 것이 특징이다. 이수에는 여의주를 다투는 蟠龍이 대칭적으로 양각되어 있고 외연으로는 圈雲紋을 새겼다. 圭額은 여의주 바로 밑에 방형의 공간을 마련하여 刻字하였다. 이수의 받침은 3단이고 그 위로는 複瓣의 仰蓮을 새겼다. 전체적인 조각기법은 대체로 천부조와 규격화된 느낌이어서 9세기 석비 조각에서 보여지는 화려함과 섬세함은 나타나지 않는다. 전체 높이 337㎝, 비신 높이 183㎝, 너비 101㎝이며, 현재 국립중앙박물관에 移安되어 있다.

(13) 창원 용동 용추계곡

창원시 용동에는 약 2㎞나 되는 아주 깊고 사계절 맑은 물이 흐르는 계곡이 있다. 사람들이 이 계곡을 용추골이라 부르고 있는데, 그 이유는 지금의 용동마을에 살던 어느 농부가 한여름에 논에서 일을 하고 있을 때 천년 묵은 용이 하늘로 승천했다고 하여 용추골이라 한 것이며, 용이 하늘로 올라가기 위해 나온 샘을 용추샘이라 불렀다. 용추샘은 깊이가 아주 깊어 명

〈사진 31〉 용동 용추계곡

주실 한 타래를 다 풀어 넣어도 모자랄 정도였다고 하며, 역대 고을 원들은 이 지방에 심한 가뭄이 있을 때 용추샘에서 기우제를 지냈다고 한다.

(14) 송정리 토성지

가락국 수로왕이 태자를 진례성주로 삼아 이 토성을 쌓고 왕궁, 첨성대를 설치하였다고 전하고 있다. 현재 토성의 흔적은 ⊃형으로 남아있다. 이 성의 長邊은 송정리 토성마을 중앙부를 지나고 있으며 그 양 끝이 진례산성 쪽인 서남쪽으로 꺾여 산 하단부에 연결된다. 이 토성은 평지와 구릉 지대 일부에 걸쳐 축조되었는데, 평지 쪽의 성벽은 완전히 흙으로 쌓았다. 현재 비교적 잘 남아 있는 부분의 성벽은 폭 약 5m, 높이는 0.5~1m 정도지만 대부분 흔적만 남아 있다. 성 내부에서는 유물이 채집되지 않고, 토성의 남동단부에 해당하는 낮은 구릉 서쪽 사면에서 繩席文壺形土器片 1점과 통일신라시대의 토기편 몇 점이 채집되었다.

(15) 신안리 토성

이 토성은 包谷式 성곽으로서 마을 주민의 말에 의하면, 마을 동쪽 끝에서부터 시작하여 서쪽 구릉으로 이어지는 U자상의 형태를 띠고 있었다고 한다. 그러나 뒷날 이곳에 민가와 공장이 들어서면서 대부분 파괴되어 현재는 구릉부에만 성곽이 일부 남아 있어 그 원형을 알아볼 수 없는 실정이다. 현재 남아 있는 토성의 높이는 1~1.5m 정도이고, 폭은 하단부가 약 5m, 상단부 1m 정도이다. 토성 주위에서 유물은 채집되지 않았다.

(16) 신안리 고분군

유적은 신안리 토성이 있는 구릉의 남서사면에 있으며, 분포 범위는 그리 크지 않다. 유구는 수혈식석곽으로 추정되지만, 대부분 경작과 도굴로 파괴되어 정확한 유구의 성격은 알 수 없다. 주민들의 말에 의하면, 최근까지도 도굴이 행해졌으며, 도굴갱이 곳곳에서 보이고 있다. 채집되는 유물은 회청색경질토기가 대부분이며, 기형을 알 수 없는 유물로는 화로형 토기가 1점 있다.

(17) 신안리 첨성대[35]

龍蹄峰의 지맥이 서북으로 뻗어 狗谷山에서 멈추었다가 다시 동남방의 野中으로 뻗은 나즈막한 구릉의 정상(약 150m)에 駕洛國 초기에 축조한 瞻星台址가 있다.

첨성대는 方圓으로 된 약 3평의 넓이에, 서쪽은 자연암석이고 동남방은 解放 初까지는 자연석으로 築壇한 흔적이 남아 있었는데, 해방 후 인근에 마구 들어선 墓地의 축대석으로 사용한 몰지각한 사람들에 의하여 石築物은 뜯겨져 지금은 남아 있지 않다.

첨성태의 遺址를 주민들은 비비당이라고 부르는데, 이로 미루어 첨성대는 24절기의 별들을 측정하여 국가의 吉凶을 점치고 하늘에 제사를 지내던 곳으로 추정되고, 그 산 이름이 瞻星山이다.

『金海邑誌』의 古蹟篇에 在府三十里 世傳 駕洛王 封太子 爲進禮城主 有土城 瞻星台 遺址在焉이라 하였으니 가락국의 首露王이 太子를 進禮城主로 封하여 新安에 土城과 첨성대를 쌓았으니 유지가 아직도 남아 있다고 했다. 경주시 仁旺洞의 경주 첨성대는 善

---

[35] 이 부분은 崔長潤,「新安里 周邊의 遺蹟遺物에 對한 考察」,『慶南鄕土史論叢』2, 경남향토사연구협의회, 1993에 의거하여 서술하였다.

德女王(632~647)때 건립된 것이지만, 이 기록이 사실이라면 新安의 첨성대는 이보다는 무려 300여 년 전에 축조된 것이다.

(18) 진례면 송정리 출토 十二支像 石棺

〈사진 32〉 진례면 송정리 출토 십이지상석관 전체(좌), 십이지상(우)(『경북대학교박물관도록』, 1988)

경남 김해 진례면 송정리에서 출토된 통일신라시대 石棺이다. 송정리에서 거주하는 주민이 발견하여 1967년에 경북대학교 박물관에 수장되었다. 석관의 재료는 화강암이며, 전체적으로 집 모양을 만들어졌으며 뚜껑은 맞배지붕 형태이다. 몸체의 크기는 68.3(장변)×43(단변)×32cm(높이)이며, 뚜껑의 크기는 72(장변)×46(측면)×12cm(측면 한 가운데 높이)이다. 몸체 아래쪽 둘레에 반쯤 앉은 모양의 十二支像이 조각되어 있다. 석관의 4면에는 1면에 3상씩 모두 12지상이 새겨져 있다. 새겨진 12지상의 형상은 일반적인 立像이나 坐像이 아닌 飛躍象으로 분석되었다.36) 이 家形석관은 매우 드문 편으로 강원 原州 興法寺址 眞空大師 부도의 아래, 전남 光陽의 玉龍寺址에서 道詵國師 부도전으로 추정되는 유적 아래에서도 출토된 예가 있으나, 이 두 사례에서는 십이지상이 새겨지지는 않았다.

이 석관이 출토된 곳은 당시 김해군 진례면 송정리 산 70번지로서 현존 진례산성의 북

---

36) 金英夏, 「金海 進禮 출토의 十二支像이 새겨진 石棺」, 『古文化』 37, 1987.

동쪽이다. 처음에 이 석관이 진례성에서 출토되었다고 보았으나, 이 지역은 송정리 토성이 있었던 곳이다. 신라 말에 송정리 토성이 군사적 기능을 발휘했다면, 송정리 토성은 김해와 진례성을 지배한 호족의 영향하에 놓였다고 보아야 할 것이다.[37] 석관에 새겨진 12지상의 상징성과 그 상징성을 누릴 수 있는 신분층의 존재로 보아 김인광이 신라 왕족의 후예일 가능성이 큰 것으로 보고 있다.

---

[37] 구산우, 「신라 말 고려 초 김해 창원지역의 호족과 鳳林山門」, 『한국중세사연구』 25, 2008.

IV. 진례산성의 복원 타당성과 관광자원화 방안

1. 복원의 타당성

1) 문화재의 개념

사전적 의미의 문화재란 '인간의 문화활동의 소산으로서 예술·종교·법률·민속·생활양식 등에서 문화적 가치를 지니고 있는 것'을 말한다. 그런데 이러한 정의에서 문화활동이라는 것이 문화적·정신적·물질적 가치 등 무엇을 의미하는지는 여러 가지로 해석이 가능하므로, 문화재의 개념이 일률적으로 정의될 수는 없는 것이다. 이 보고서에서는 문화재 또는 문화유산이라는 용어를 함께 사용하기도 한다.

영어로 문화재는 Cultural Properties, 문화유산은 Cultural Heritages로 표현된다. 이는 문화적 가치를 지닌 산물이나 보존할 가치가 있다고 판단되는 것으로서, 산업혁명 이후 영국에서 천연자원의 개발이 활기를 띠게 됨에 따라 자연의 파괴와 역사적 문화유산의 손상, 파괴 및 소멸을 우려한 데서 일어난 민간의 자연 보호와 문화재 보호운동의 과정에서 '문화재'라는 용어가 성립되었다고 한다.

따라서 문화재란 인류문화의 보존·보호를 위한 정책적이고 근대적인 개념이라고 볼 수 있으며, 근대 이전은 문화재라는 개념 자체가 존재하지 않았다. 우리나라에서 '문화재'라는 용어는 1950년대부터 사용되기 시작했으며, 그 이전에는 보물·고적·천연기념물 또는 유물·유적이라는 표현이 주로 사용되었다. 공식적으로 이 용어가 사용된 것은 1961년에 문화재관리국 직제가 공포되고 1962년 문화재보호법이 제정되면서부터이다.

문화재의 정의는 문화재보호법 제2조에서 법적 개념으로 정의하고 있으나, 1970년 국제연합교육문화기구(UNESCO)에서 제정한 '문화재 불법 반출 및 소유권 양도의 금지와 예방수단에 관한 협약' 등에서 정의한 문화유산과 자연유산을 포함하는 포괄적인 의미의 문화재 개념 등 점차 새로운 문화재 개념으로 확대되고 있는데 그 내용은 다음과 같다.

(1) 문화재보호법상의 정의

1962년에 제정된 우리나라 문화재보호법 제2조 1항에 의하면 "문화재라 함은 인위적·자연적으로 형성된 국가적·민족적·세계적 유산으로서 역사적·예술적 또는 학술적·경관적 가치가 큰 것을 말한다"라고 정의하고 있다.

문화재는 인류역사의 시작과 함께 부족단위 등 공동체적 생활을 영위하여 오는 과정에서 인위적 또는 자연적으로 교류되고 형성된 국가적·민족적·세계적 산물로 역사성과 예술성, 학술성 또는 경관적인 면에서 보존할 만한 가치가 큰 것을 말한다.

여기에서 말하는 역사성이란 문화재가 어떤 역사적인 의미와 기록성을 담고 있는가 하는 점이며, 과거 사회의 변천과 발전의 과정에서 중요한 역할을 담당하고 있는 경우 그 문화재는 역사성에 의한 가치를 인정받는다. 예술성이란 문화재의 예술적인 가치가 얼마나 큰 것인가 하는 측면이며, 일반적으로 제작자가 가지고 있는 내면의 생각을 밖으로 표현하여 형상화시킨 회화·공예·건축·조각 중에서 매우 정교하고 균형잡힌 것을 예술성이 뛰어나다고 할 수 있을 것이다. 학술성이란 문화재의 학술적인 가치를 말하는 것이며, 과거 문화를 복원할 수 있는 이론과 체계, 정보 등이 많은 문화재는 학술적인 가치가 높다고 볼 수 있다. 경관성은 자연의 경이성 등을 고려한 내용을 말한다. 또한, 문화재는 성격에 따라 유형문화재·무형문화재·기념물·민속자료로 분류할 수 있으며 분류에 따른 정의는 〈표 1〉과 같다.

〈표 1〉 문화재 분류에 따른 정의

기준	명칭	정의	비고
유형무형	유형문화재	-건조물·전적·서적·고문서·회화·조각·공예품등 유형의 문화적 소산으로서 역사적·예술적·또는 학술적 가치가 큰 것과 이에 준하는 고고자료	문화재보호법 제2조①항1호
	무형문화재	-연극·음악·무용·공예기술 등 무형의 문화적 소산으로서 역사적·예술적 또는 학술적 가치가 큰 것	문화재보호법 제2조①항2호
	기념물	-사지·고분·패총·성지·궁지·요지·유물 포함층 등의 사적지와 특별히 기념이 될 만한 시설물로서 역사적·학술적 가치가 큰 것	문화재보호법 제2조①항3호

		−경승지로서 예술적·경관적 가치가 큰 명승지 −동물의 서식지, 번식지, 도래지와 그 자생지를 포함한 식물·광물·동국·지질·생물학적 생성물 및 특별한 자연현상으로 역사적·경관적 또는 학술적 가치가 큰 것	
	민속자료	−의식주·생업·신앙·연중행사 등에 관한 풍속·습관과 이에 사용되는 의복·기구·가옥 등을 국민생활의 추이를 이행함에 불가결한 것	문화재보호법 제2조①항4호
지정 주체	국가지정 문화재	−문화재청장이 제4조 내지 제7조의 규정에 의하여 지정한 문화재	문화재보호법 제2조②항1호
	시·도 지정문화재	−특별시장·광역시장 또는 도지사가 제55조 제1항의 규정에 의하여 지정한 문화재	문화재보호법 제2조②항2호
	문화재자료	−제1호 또는 제2호에 의하여 지정되지 아니한 문화재 중 시·도지사가 제55조 제2항의 규정에 의하여 지정한 문화재	문화재보호법 제2조②항3호
	등록문화재	−문화재청장이 아닌 제2조 제2항의 규정에 의한 지정문화재가 아닌 문화재 중에서 보존 및 활용을 위해 조치가 특별히 필요한 것	문화재보호법 제2조②항4호

(2) 국제연합 교육과학 문화기구(UNESCO)의 정의

UNESCO(United Nation Education & Sience, Cultural Organization)에서는 1970년 46개국이 가입한 '문화재의 불법 반출입 및 소유권 양도의 금지와 예방수단에 관한 협약'에서 문화재에 대한 폭넓은 개념을 제시한 바 있다. 즉 이 협약에서 정의한 문화재란 "고고학·선사학·역사학·문학·예술 또는 과학적으로 중요하면서 다음 범주에 속하는 것으로서 각 국가가 종교적 또는 세속적인 근거에 따라 특별히 지정한 재산을 의미한다"라고 밝히고 있다.

유네스코의 기준을 자세히 살펴보면 ① 진귀한 수집품과 동물군·식물군·해부체의 표본 및 고고학적으로 중요한 물체. ② 과학·기술 및 공업의 역사와 관련되는 재산, 또는 민족적 지도자와 사상가·과학자·예술가들의 생애와 국가적으로 중대한 사건과 관련된 재산. ③ 정규적 또는 비밀리에 행해진 고고학적 발굴 및 발견의 산물. ④ 해체된 예술적 또는 역사적 기념물의 일부분 및 고고학적 유적. ⑤ 비문·화폐·인장 같은 것으로 100년 이상 묵은 골동품. ⑥ 인종학적 관심의 물체. ⑦ 미술 관련 재산으로 다음의 4가지에 관한 것으로, 첫째, 자료를 불문하고 전적으로 손으로 제작된 회화·유화·도화(단, 공업의장과 손으로 장식한 공산품은 제외), 둘째, 재료 여하를 불문하고 조각 및 조각기술의 원작품들, 셋째, 목판화·동판화·석판화의 원작들, 넷째, 재료를 불문한 미술적인 조립품 및 몽타주(합성화). ⑧ 단일물체 또는 집합체의 여부에 관계없이 우표·수입인지 같은 형태의 인지물, 녹음·사진·영화로 된 기록물, 100년 이상 된 가구와 오래된 악기 등이다.

이상의 UNESCO 협약 중에는 몇 가지 특징적인 사항이 있다. 첫째, 인류의 문화유산과 더불어 동물군·식물군과 같은 자연유산도 중요한 문화재로서 취급했다는 점이다. UNESCO는 이미 1964년 제13차 총회에서 문화재의 범위를 자연유산에까지 넓혔으며, 이후에도 지속적으로 인류의 자연유산을 국제적인 차원에서 보호할 수 있는 제반 방안들을 제시하고 있다. 둘째, '과학 및 공업의 역사와 관련된 재산', '녹음·사진·영화로 된 기록물' 등과 같은 현대의 과학문명과 관련된 것들을 적극적으로 문화재의 범주 속에 포함시키고 있다는 점이다. 이는 문화재란 곧 오래된 것이며 비현대적인 것이라는 우리의 고정관념을 탈피한 것으로서 주목할 만한 일이다.

우리나라의 경우 100년이 경과하지 않은 문화재라도 보존 및 활용을 위한 조치가 특별히 필요한 것은 등록할 수 있도록 문화재보호법 제42조에 근거법령을 마련(2001. 3. 28 개정)하여 시행되고 있다. 문화재보호법시행규칙 제35조의 2에서 '등록문화재'의 등록기준은 50년 이상이 경과한 것으로 가능하도록 하고 있으며, 긴급한 보호조치가 필요하다고 인정되는 경우에는 50년 이상이 경과하지 않은 것이라도 등록할 수 있도록 규정하고 있다. 또 하나의 특징은, 우리나라나 일본에서는 당시에도 무형문화재 역시 유형문화재와 함께 문화재의 범주에 포함시키고 있는 데 반해 UNESCO에서는 제외되어 있었다.

무형의 형태를 문화재로 규정하는 데는 각 나라별 차이 및 주관적 개념이 현저하게 나타날 것으로 예상되기는 하지만 이런 상황으로 볼 때 UNESCO의 정의는 현대의 과학기술 문명이나 인간의 생태계에까지 그 시야를 넓히는 등 광범위하고도 과감한 측면은 있으나, 유형의 물질을 중심으로 설정되었다는 점에서는 그 한계가 있을 수밖에 없었다고 할 수 있다. 그 후 유네스코에서는 1998년 제154차, 155차 집행이사회에서 가치있고 독창적인 구전 및 무형유산을 선정하여 정부와 각종 단체, 지역공동체로 하여금 이러한 구전 및 무형유산을 선정하여 정부와 각종 단체, 지역공동체로 하여금 이러한 구전 및 무형유산을 확인·보호·증진하도록 장려하기 위한 '인류구적 및 무형유산 걸작(Masterpieces of the Oral Intangible Heritage of Humanity)'제도를 확정·시행하고 있다.

유네스코 제17차 총회(1972. 11. 16)에서는 '세계문화 및 자연유산의 보호에 관한 협약(Convention Concerning the Protection of the World Cultural and National Heritage)'을 채택

하여 세계문화 및 자연유산에 대한 국제적 보호운동을 시작하였으며, 그 후 복합유산이 추가되고 내용도 변경되었으며, 현재는 〈표 2〉와 같이 정의하고 있다.

〈표 2〉 문화유산과 자연유산의 내용

구분		내용
문화유산	유적	역사와 예술, 과학적인 관점에서 세계적인 가치를 지닌 비명(碑銘), 동굴생활의 흔적, 고고학적 특징을 지닌 건축물, 조각, 그림이나 이들의 복합물
	건축	건축술이나 그 동질성, 주변경관으로 역사, 과학, 예술적 관점에서 세계적 가치를 지닌 독립적 건물이나 연속된 건물
	장소	인간 작업의 소산물이나 인간과 자연의 공동 노력의 소산물, 역사적, 심미적, 민족적, 인류학적 관점에서 세계적 가치를 지닌 고고학적 장소를 포함한 지역
자연유산		무기적 또는 생물학적 생성물로 이루어진 자연의 형태이거나 그러한 생성물의 일군으로 이루어진 미적 또는 과학적 관점에서 탁월한 가치를 지닌 것
		과학적 보존의 관점에서 탁월한 세계적 가치를 지닌 지질학적, 지문학 생성물과 멸종위기에 처한 동식물의 서식지
		과학, 보존 또는 자연미의 관점에서 탁월한 세계적 가치를 지닌 지점이나 구체적으로 지어진 자연 지역
복합유산		문화유산과 자연유산의 특징을 동시에 충족하는 유산

2) 문화재의 분류

문화재의 분류는 문화재보호법 제2조에서 명시된 바와 같이 문화재청장 이동법 제4조 내지 제7조에서 규정한 '지정문화재'와 문화재보호법 또는 시·도의 조례에 의하여 지정되지 아니한 문화재 가운데 보존할 만한 가치가 있는 문화재, 즉 '비지정문화재'로 대별할 수 있으며, 지정 주체에 따라서 국가에서 지정하는 '국가지정문화재'와 광역지방자치단체인 시·도에서 지정하는 '시·도 지정문화재'로 분류할 수 있다. 형태에 따라서는 유형문화재, 무형문화재, 기념물, 민속자료, 문화재자료로 분류할 수 있으며, 기념물은 다시 사적, 명승, 사적 및 명승, 천연기념물로 분류된다. 문화재를 지정권자별·유형별로 구분하면 〈표 3〉과 같다.

〈표 3〉 문화재 지정권자별·유형별 분류

지정권자별 \ 유형별	유형문화재		민속자료	기념물				무형문화재
국가지정 문화재	국보	보물	중요 민속자료	사적	명승	사적 및 명승	천연 기념물	중요무형 문화재
시·도지정 문화재	지방유형 문화재		지방 민속자료	지방기념물				지방무형 문화재
문화재 자료								
등록 문화재								

 국어사전에 따르면 '보호'는 돌보아서 잘 지킴, '보존'은 잘 지니어 잃지 않도록 함, 원형대로 유지함으로 되어 있다. 이를 보더라도 보호가 현재 지향적인데 비해 보존은 보호하여 남아 있도록 한다는 의미에서 미래 지향적이며 보다 적극적이라는 차이가 있음을 알 수 있다. 유적 보호는 유적이 파괴되지 않도록 사전에 지킨다는 의미가 강하고 일반적으로 발굴된 유적에 관련해서는 적용되지 않는다. 그에 반해 유적 보존은 발굴 여부를 불문하고 모든 유적에 적용될 수 있는 개념이다. 한편, 일단 보호가 되어야 보존이 가능하지만 보호가 곧 보존으로 직결되지는 않는다. 그래서 앞으로 '유적을 지킨다'는 문제를 유적 보존이라는 보다 적극적이고 장기적인 관점에서 접근해야 할 필요가 있다 하겠다. 그렇지 않고서는 보호 자체가 심각한 위협을 받을 것이 틀림없기 때문이다.

 문화재 관리의 근간이 되는 문화재보호법을 보면 문화재는 "국민의 문화적 향상뿐만 아니라 인류 문화의 발전에 기여할 수 있는 것"으로 이해하여 문화재를 문화 발전의 도구로서 강조하고 있고, 또 문화재 범위를 유형·무형의 문화재, 광물, 식물, 동물, 민속에 이르기까지 광범위하게 적용하고 있어 오늘날 문화재의 개념이 물질문화적인 측면에서, 정신문화는 물론 자연유산으로까지 포함하고 있음을 보여주고 있다.

 오늘날 문화재에 대한 인식은 몇몇 유물에 대해서는 좋은 이미지를 갖고 있지만 국가도, 행정당국도, 일반 시민들도 문화재 혹은 문화유적이라면 현재의 삶에 아무런 도움이 되지 않고 오히려 지극히 장애가 되는 귀찮은 존재로만 인식하고 있는 실정이다. 이것이 오늘날 우리의 문화재 혹은 문화유적에 대한 보편적인 수준이다. 문화재란 두말할 나위도 없이 우리 민족과 국가의 귀중한 공동유산으로 조상의 온갖 지혜가 함축되어 있는,

그 자체가 우리의 역사이자 긍지인 것이다.

문화재의 경우, 책과 같이 증판이나 복간도 할 수 없고 그 자체가 유일무이한 것이어서 한번 파괴되면 영원히 없어지는 것이다. 역사는 흘러간 과거의 잔재가 아니라 미래를 창조하는 것임을 명심해야 할 필요가 있다.

우리의 선조들이 물려준 귀중한 문화유산을 파괴한다는 것은 바로 자신을 파괴하고 우리의 공동체를 부정하는 결과를 낳는다. 우리는 문화와 문화유산을 보존·발굴하고 또 우리의 진지한 가치관을 더하여 후손들에게 가장 값진 유산으로 물려 줄 필요가 있다. 이는 후손들에게 강한 긍지와 자신감을 물려주는 것이다. 이를 효과적으로 실행하기 위해서는 공허한 구호보다 실천이 필요하다. 문화재 보존의 의의는 역사 및 역사교육의 기초가 되는 사료보존운동이고 지역문화재를 통해 지역사를 공부하여 역사의식을 키워가는 국민적 학습운동이며 주민의 생활환경과 지역문화를 지키는 국민운동임을 이해하여야 할 것이다.

3) 복원의 구상

(1) 진례산성 복원계획은 '성곽 자체 복원계획', '성곽내 시설물 복원계획', '주변 정비계획'으로 구분하여 부문별 기본계획 방향을 설정한다.
   ① '성곽 자체 복원계획'은 복원의 실효성과 상징성을 고려하여 대구역과 소구역으로 구분하여 체성 중심으로 복원·정비계획을 수립한다.
   ② '성곽내 시설물 복원계획'은 복원 사업의 일환으로 성곽의 복원과 더불어 진례산성을 이용하는 등산객의 편의 제공과 산성의 보존이 서로 조화가 될 수 있도록 기본계획 방향을 설정한다.
   ③ '주변 정비계획'은 가시적 성과를 고려하여 성곽 복원에 맞추어 주차장 등 주변시설 정비를 계획한다.

(2) 진례산성 복원 실효성을 확보하기 위하여 '단기계획', '중기계획', '장기계획'으로 구분하여 다음과 같이 기본계획 방향을 설정한다.
   ① '단기계획'은 진례산성 중 지속적으로 보수정화사업이 수행되는 사업구간을 중심으로 진행하며, 가시권의 상징적 의미에서의 복원 계획을 최우선적으로 수립한다.

② '중기계획'은 진례산성 내에서 단기계획에 이어 가시권에 들어오는 곳을 중심으로 하고, 또한 잔존 유구가 많이 훼손되어 지속적으로 훼손의 정도가 심할 것으로 판단되는 구간을 중심으로 복원·정비한다.

③ '장기계획'은 단기, 중기계획에서 제외된 진례산성의 나머지 구역과 주변 지역에 대한 城址정화에 중심을 두고 정비계획을 수립하여 진례산성의 옛 모습을 되찾을 수 있도록 한다.

(3) 진례산성은 토지 이용 계획, 교통 동선 계획, 시설물 배치 계획 등 다음과 같은 내용으로 계획을 수립한다.

① 대구역과 소구역별로 복원 계획을 수립하여 장·중·단기 계획에 따라 점진적이고 효율적으로 토지 이용이 될 수 있도록 토지 이용 계획을 수립한다.

② 체성의 복원과 함께 기존 등산로를 정비하여 이용객이 복원된 각 성곽 부분으로 접근이 용이하도록 하면서, 성곽을 보호할 수 있는 교통 동선 계획을 수립한다.

③ 시설물 배치 계획은 구역별 복원·정비계획에 따라 성곽에 복원될 시설과 상호 조화롭게 배치되도록 설정한다. 또한 진례산성의 성곽 복원 이외에 성곽 내 시설물도 복원 계획 수립한다.

④ 조경 계획은 성곽의 주변 정화를 위하여 성곽 내·외곽에 보호사면을 위한 잔디 포장, 등산로 개설 등을 수립하고 교통 동선 계획에 따라 안내표지판, 벤치, 의자, 가로등 등의 설치를 계획한다.

⑤ 기반 시설 계획은 성곽 복원·정비 계획과 맞물려 성곽의 보호사면과 성상로와 보호사면 중심의 등산로, 기타 도입될 시설의 특성을 고려하여 포장 계획 및 정지작업 등을 기본방향으로 설정한다.

(4) 이와 같이 진례산성의 면모를 갖추고 이용객들의 역사 체험과 정서 함양 등이 될 수 있도록 후대에도 지속적으로 복원·정비가 될 수 있는 토대를 마련한다.

4) 복원의 방향

(1) 진례산성의 복원·정비는 현재 남아 있는 유구의 분포 특성 및 성격을 고려하여 연

차별 정비계획이 원활히 진행될 수 있도록 계획을 수립하되, 차후에는 복원 정비를 위한 지표조사, 시굴 및 발굴조사의 방향을 제시할 수 있도록 성곽 복원 이외에 기타 정비 내용은 최대한 억제하는 계획을 수립한다.

(2) 따라서 복원·정비계획은 다음과 같은 사항을 고려하여 계획을 수립한다.
　① 복원·정비는 기존 성곽, 주변 여건 등을 고려하여 우선순위를 정하여 가시권이 우수하고 실현 가능한 곳부터 실시하여 순차적으로 유적을 복원 정비한다. 또한 體城의 안과 밖에 보호사면을 조성하여 성곽의 보존 및 이용이 서로 충돌 없이 합당한 공간이 되도록 정비 계획을 수립한다.
　② 각 구역마다의 성곽의 특징을 세밀히 분석하여 옛 모습 그대로 복원될 수 있도록 하며, 또한 보수정비한 구역이라도 전체적인 관점에서 복원에 오류가 있으면, 다시 복원할 수 있도록 한다. 그리고 체성부와 체성부 내 외곽 등 2개 영역으로 구분하여 보존과 이용이 각 영역간의 상호 관계성을 고려하여 합당한 토지 이용이 될 수 있도록 정비계획을 수립한다.

(3) 진례산성의 복원·정비 계획은 역사 사적지로서의 보전만을 위한 단일 목적을 지양하고 진례산성을 찾는 관광객 및 지역주민들의 여가 선용, 역사교육, 그리고 역사관광자원으로 활용될 수 있도록 지역단체와 상호 연계하여 통합적으로 복원·계획을 수립한다.

(4) 복원·정비될 성곽시설 이외에 최소한의 부대시설을 도입하여 이용객에게 편리를 제공하고, 성곽과 상호 연관성을 가지고 이용할 수 있도록 하며, 이는 환경친화형으로 수립한다.

5) 관련 계획의 사례 검토

성곽은 三國시대 이전부터 축조되기 시작하여 朝鮮시대에 이르기까지 전 근대의 모든 시기에 거의 전국에 걸쳐 일일이 헤아리기 어려울 정도로 많이 축조되었다. 이 가운데 조선시대에 조성된 많은 邑城들은 근대에 들어와 도시화 과정에서 거의 대부분이 파괴되어 일부만이 남아있다. 반면 산 속에 위치한 山城들은 비록 많은 부분들이 붕괴되었지만 대부분 본래의 위치에서 그 형태를 간직하고 있다. 산성 가운데 특히 역사적인 가치가 크고 성곽의 구조적인 가치가 큰 것에 대해서 문화재로 지정해 보호하고 있다.

근래 공휴일 및 개인의 휴가 계획에 맞춰 가족 단위의 문화유적 탐방이 많아지고 문화유적의 가치를 재인식하여 각종 문화유적 탐방객이 기하급수적으로 늘어나고 있다. 이에 따라 지방자치단체에서는 관광자원 확보의 일환으로 성곽의 보수·복원에 관심을 나타내고 있으나, 종합적이고 체계적인 계획을 수립하지 않고 이루어진 보수·복원은 오히려 훼손을 초래할 수 있다.

다른 지역의 성곽 복원 사례를 검토하여 진례산성의 복원 방향을 살펴보고자 한다.

(1) 금정산성(사적 제215호)[1]

〈위성사진 3〉 위성사진으로 본 금정산성 위치

---

[1] 부산광역시 금정구청, 『금정산성 종합정비계획』, 2006.
　금정산 〈http://www.kumjungsan.co.kr〉
　금정산성 〈http://www.kumjungsansung.com/〉

① 개요
- 위치: 부산시 금정구 금성동 산 1-1번지 일원
- 축성 시기: 조선 숙종 29년(1703)
- 축성 재료: 석축
- 성곽 둘레: 17,337m
- 높이: 수개축 시기 및 지형에 따라 차이(약 1.5~6m)
- 면적: 830,274㎡

② 시설
- 입지: 포곡식 석축산성
- 현존 시설: 성벽 4㎞, 망루 4개소
- 성문, 암문, 수문: 동·서·남·북문, 암문, 수구문
- 우물, 못: 약수터 습지 등이 있으며, 대천(화명천)이 남쪽에서 발원하여 북쪽으로 흐르다가 다시 서쪽으로 흐름
- 성의 기능: 군사적 기능

③ 금정산성 복원계획
- 5개 대구역과 13개 소구역으로 구분하여 성곽 복원·정비계획.
- 체성과 맞물려 있는 문지, 수구, 망루지, 장대지, 제1건문지, 태풍 루사에 의하여 멸실된 제1망루 등을 복원·정비계획.
- 금정진 복원·정비 계획.
- 성곽 자체 복원이외에 체성 안팎에 보호사면을 조성하고, 성상로와 등산로가 상호연계 될 수 있도록 하며 그 주변 관련 부대시설을 정비계획.

〈사진 33〉 금정산성(사적 제215호)

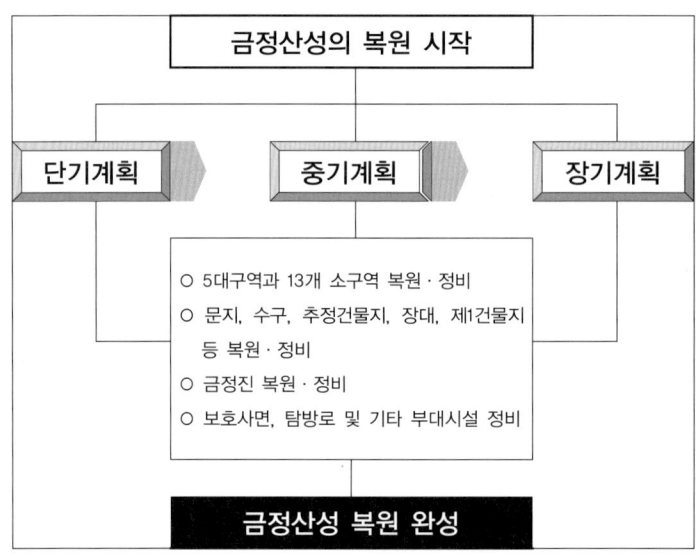

〈도면 12〉 금정산성 복원계획

④ 복원 방향

　금정산성의 복원 정비방향은 금정산성과 관련된 학술조사 내용, 기존 계획대상 부지의 시굴조사 내용, 그리고 72년 이후 복원, 수리공사 내용을 충분히 검토하여 계획이 실현 가능하도록 한다.

　금정산성의 복원·정비는 현재 남아 있는 유구의 분포특성 및 성격을 고려하여 연차별 정비계획이 원활이 진행될 수 있도록 계획을 수립하되, 차후에는 복원 정비를 위한 지표조사, 시굴 및 발굴조사의 방향을 제시할 수 있도록 성곽 복원 이외에 기타 정비내용은 최대한 억제하여 복원계획을 수립한다.

　따라서 복원·정비계획은 다음과 같은 사항을 고려하여 계획을 수립한다.

　복원계획은 동문지 성벽, 북문지 성벽, 중성, 남문지 성벽, 서문지 성벽 순으로 현황 및 실측조사내용을 토대로, 기 복원된 부분과 미 복원된 부분 등의 조사내용을 충분히 검토하여 복원계획을 수립하고, 그밖에 조사구역 내에서 찾아낸 암문지, 수구, 망루지, 장대지, 제1건문지 등의 복원 계획을 수립한다.

　복원·정비는 기존 성곽, 주변 여건 등을 고려하여 우선순위를 정하여 가시권이 우수하고, 실현 가능한 곳부터 실시하여 원만히 복원 정비할 수 있게 하고, 또한 체성의 안밖에 보호사면을 조성하여 보존 및 이용이 상호 충돌 없이 합당한 공간으로 정비계획을 수립한다.

　금정산성은 제1구역(동문에서 북문), 제2구역(북문에서 서문), 제3구역(서문에서 남문), 제4구역(남문에서 동문), 제5구역(중성) 등 5개 대구역과 13개 소구역으로 구분하고, 각 구역마다의 성곽의 특징을 세밀히 분석하여 옛 모습 그대로 복원 될 수 있도록 한다. 또한 보수·정비한 구역이라도 전체적인 관점에서 복원 오류가 있을 시, 다시 복원할 수 있도록 한다. 그리고 체성부와 체성부 내 외곽 등 2개 영역으로 구분하여 보존과 이용이 각 영역간의 상호 관계성을 고려하여 합당한 토지이용이 될 수 있도록 정비계획을 수립한다.

　금정산성의 복원·정비는 역사 사적지로서의 보전만을 위한 단일 목적을 지양하고 금정산성을 찾는 관광객 및 금정구민의 여가선용, 역사교육, 그리고 역사관광자원으로 활용될 수 있도록 금성동 내에 있는 금정진과 체성을 상호 연계하여 통합 복원·계획을 수립한다.

　복원·정비될 성곽시설 이외에 최소한의 부대시설을 도입하여 이용객에게 편리를 제공하고, 성곽과 상호 연관성을 가지고 이용되게 하며, 환경친화형 계획으로 수립한다.

⑤ 복원계획

성벽 잔존유구가 어느 정도 양호하여 완전 복원을 전제로 한다. 복원·정비의 연속성과 시각적 효과를 내기 위하여 기존 복원 정비된 구역에서부터 연속하여 복원하는 것을 우선적으로 검토한다. 그다음으로는 이용개의 가시권과 이용이 빈번한 지역 순으로 복원·정비대상을 설정하여 연차적으로 복원·정비한다. 이 성벽의 전체적으로 편축으로 축성하고, 부분적으로 협축으로 축성되어 있어 현지 조사내용을 따라 13개 소구역별로 복원·정비 계획을 달리한다. 다만, 성벽의 전체적인 조화를 꾀하기 위하여 이미 복원된 구간과 아직 복원되지 않은 구간의 높이는 대체적으로 동일선상에서 연속되게 한다.

성벽의 복원은 잔존유구를 해체하여 복원하는 것을 원칙으로 하며, 이미 복원된 구간은 아직 복원되지 않은 구간의 연결을 위해 해체복원 한다(다만 이미 복원된 구간이라도 성돌의 재질이나, 형식이 차이가 많이 나면, 해체하여 재축하는 것을 원칙으로 함).

성벽의 높이는 잔조유구와 복원 정비된 내용을 바탕으로 2,000~3,000㎜ 내외로 하고, 성폭은 뒷채움석을 포함하여 3,000~3,500㎜ 내외로 하며, 성 안쪽으로는 이용객이 접근하여 성 전체를 둘러 볼 수 있도록 정비 2,500㎜ 내외로 성상로를 조성한다.

여장은 미 복원된 구역과 복원된 구역에서도 차이가 있는데, 미 복원된 구역은 여장 자체가 없는 부분, 미석만이 있는 부분, 여장이 있는 부분 등으로 구분되며, 복원된 구역에서도 여장 자체가 없이 복원된 부분, 미석만을 설치하여 복원한 부분, 여장을 복원한 부분 등으로 구분된다. 잔존 유구 등과 문헌 등을 바탕으로 볼 때, 원래는 여장을 설치하였거나, 설치할 의도가 있었던 것으로 판단되어, 금번 계획에서는 전체 성곽 둘레에 평여장을 복원하는 계획을 수립한다. 여장의 높이는 900~1,200㎜ 내외로 평균 1,050㎜ 내외로 복원·정비하여 미석 위에 설치하고, 개석은 판돌을 여러 겹으로 경사지게 포개어 덮는다. 여장에는 300×300㎜ 정도의 총안을 미석위에 붙여서 3,000㎜ 간격으로 설치한다. 그리고 동문 쪽 여장은 기존 형식에서 벗어나 있어 철거 후 재축하고, 외성은 미석을 설치하여 복원하고, 중성은 미석 없이 여장을 복원토록 한다.

금정산성 체성의 주변정비계획은 체성 복원과 함께 성 밖은 체성의 지대성 끝부분부터 잔목 제거 후 3,000㎜ 내외로 보호사면을 조성하고, 성 안쪽은 성상로 끝부분부터 3,000㎜ 내외로 보호사면을 조성한다. 또한 5,000~15,000㎜ 내외의 깊이 2,500㎜의 내황이 현지조사에 따라 보호사면 조성과 함께 복원 정비한다.

⑥ 금정진 복원 계획

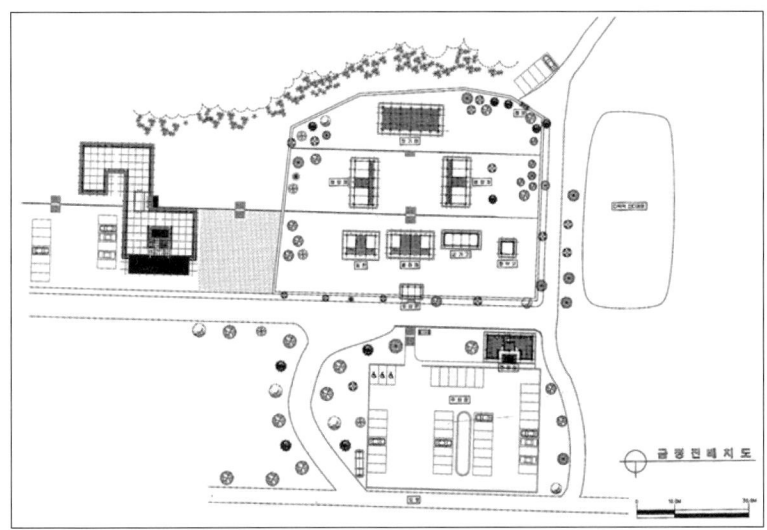

<도면 13> 금정진 복원 배치도

　금정진은 부산광역시 금정구 금성동 384번지 일원에 대하여 2004년 발굴조사에서 밝혀진 추정범위를 계획대상부지로 설정하고, 조선 숙종 33년(1707년) 동래부사 한배하가 금정산성의 중성을 수축하면서 좌기청 6칸, 좌우행랑 각 5칸, 군기고 4칸, 화약고 1칸, 내동헌 3칸, 좌기청 남쪽에 별전청 4칸을 세운 기록을 토대로 금정진 관아를 복원한다. 금정진 복원계획은 금정진 복원구역과 부대시설 설치구역으로 구분하여 배치계획을 수립한다.

　계획대상부지는 3단의 석축으로 된 경사지로 하단, 중단, 상단으로 구분되어 있다. 부지 형상과 노출된 주초석 등을 검토하여 추정 범위 부지의 중심에 우선, 좌기청과 별전청을 동일 축선상에 배치하고, 나머지 좌우행랑과 내동헌, 군기고, 화약고 등을 그 기능에 맞게 배치한다.

　건문의 복원배치는 3단의 석축을 기준으로 최상단에는 정면 6칸, 측면 3칸, 팔작지붕을 한 좌기청을 배치한다. 이건문의 좌향은 부지경계 형상과 북쪽의 진산과 남쪽의 안산에 맞추어 정북에서 서쪽으로 약간 기울어지게 배치하였다. 그리고 중단에는 좌기청을 기준으로 정면 5칸, 측면 2칸 맞배지붕을 한 행랑을 좌우에 각각 배치한다. 하단에는 좌기청과 마주보는 축선 상에 정면 4칸, 측면 2칸 팔작지붕을 한 별전청을 배치한다. 이 별전청을 기준으로 좌측에는 정면 3칸, 측면 2칸 팔작지붕을 한 내동헌을 배치하고, 우측에는 정면 4칸, 측면 1칸 맞배지붕을 한 군기고를 배치한다. 그밖에 정면 1칸, 측면 1칸 맞배지붕의 화약고는 군기고와 같은 기능을 수행하기 때문에 군기고 우측에 배치한다.

그리고 금정진 복원구역의 동선을 고려해서 좌기청과 별전청에 맞추어 하단과 중단 석축에 석계단을 설치한다. 그리고 추정 범위 경계에는 석축과 1.5m 내외의 한식기와 담장을 설치하고, 정면 중앙에 좌기청과 별전청에 맞추어 외삼문을 배치한다. 또한 북쪽에 도로를 고려하여 협문을 배치한다.

부대시설 설치구역은 2개소로 설정하고, 이용객의 편의 제공을 위한 주차장과 화장실 등을 만든다. 그리고 금정진 복원구역의 전면은 단차가 심한 경사지역으로 기존 도로는 도시개발계획을 통하여 선형을 변경하고 도로폭을 확장하고, 그 가운데 공동주차장을 설치한다. 이 공동주차장은 금정진의 외삼문으로 연결될 수 있는 통로와 석계단을 설치하고, 그 주변으로 조경공간을 둔다. 또한 이용객의 편의 제공을 위해 공중화장실, 전체안내판, 사적안내판, 벤치, 휴지통, 음수대 등을 금정진 복원구역과 조화가 될 수 있도록 배치한다.

⑦ 복원 계획 종합

금정산성의 둘레는 18,845m로 조사되었다. 이 산성의 복원은 1972년부터 본격적으로 착수되어 동문, 북문, 서문, 암문, 수구, 망루(제1망루, 제2망루, 제3망루, 제4망루) 등이 복원되어 있으며, 일부 시설은 태풍의 피해로 또다시 망실(제1망루, 수구 등)된 부분도 있다. 또 한 성벽은 주로 동문지와 중성을 중심으로 복원이 진척되어 있는 것으로 확인되었으며, 일부 서문지, 남문지, 북문지등, 문지 복원과 더불어 그 주변부 성벽 일부가 복원되었으며, 복원 구간은 2,856m 정도 된다. 성벽의 복원 내용을 살펴보면, 보수할 당시의 성벽의 형상을 기준으로 여장이 없는 성벽, 미석만 있는 성벽, 여장이 있는 성벽 등으로 구분하여 구간별로 달리 복원되었다. 그밖에 복원구간을 제외한 미복원구간은 15,989m 정도로 전체 18,845m 중 85%가 미복원상태로 남아 있다.

당시 복원 종합계획에서는 보수구간을 포함하여 성 전체를 복원하는 계획을 수립하였으며, 기타 암문, 추정 건물지, 장대지, 제1건물지, 제1망루 등을 포함하였다. 또한 체성의 복원과 연계하여 성곽보호사면과 탐방로를 정비함로써, 성곽의 보호뿐만 아니라, 기존의 등산로와 연계한 역사탐방코스로 조성하여 관광자원화 할 수 있도록 하였다. 그밖에 공중화장실, 벤치와 같은 편익 및 휴게시설, 조명 등과 같은 경관시설을 최소한도로

도입하여 이용객의 편의를 도모하였다.

그리고 당시 계획에서 불명확한 호형치상유구, 고지도나, 문헌에 언급된 미발견 망루, 망대, 기타 건물지에 대해서는 사업 내용에서 제외하였으며, 차후 지표조사 또는 발굴조사를 통하여 규명된 이후 별도 복원 계획을 수립하는 것이 필요한 것으로 판단된다. 그리고 산성고개, 중성 등 성벽을 관통하는 도로 개설로 인하여 절단된 입수부에 대하여, 복원 방향이 재검토되어야 할 것으로 보는데, 이 입수부 성벽은 도로를 살리면서 기존 성벽에 연결하여 복원할 것인지, 아니면 절단면 상태에서 지금과 같은 형상 보존 차원에서 복원할 것인지에 대한 복원 방향이 차후 심도 있게 검토해야 할 것으로 판단된다.

(2) 삼년산성(사적 제235호)[2)]

〈위성사진 4〉 위성사진으로 본 삼년산성 위치

① 개요

-위치: 충북 보은군 보은읍 어암리 산1-1

-축성 시기: 삼국시대(신라 자비왕 13년(470년))

-축성 재료: 석축

-성곽 둘레: 외성 1,680m

-높이: 지형에 따라 차이가 있으나 가장 높은 곳이 20m임

-면적: 229,958㎡

② 시설

-입지: 포곡식 석축산성

---

2) 삼년산성 〈http://www.dcn.or.kr/11045〉

- 현존 시설: 문지 4개소, 곡선 12개소
- 성문, 암문, 수문: 동·서·남·북문, 수구지 1개소, 수문 1개소
- 우물, 못: 연못 1개소, 우물터 5개소
- 성의 기능: 군사적, 행정적 기능

〈사진 34〉 삼년산성 성곽(좌), 삼년산성 성곽(우)

③ 삼년산성 발굴정비 기초설계안

ㄱ. 기본방향

먼저 1단계 조사를 통하여 삼년산성의 정확한 평면, 단면, 입면도를 작성하고, 더불어 삼년산성의 조축 및 수·개축된 부분에 대한 면밀한 검토와 성벽 및 시설물의 정확한 현황을 파악함으로써 삼년산성의 제원을 정확히 규명한다. 그리고 2단계 조사로 성 내외의 시설물에 대한 조사를 단계적으로 추진한다.

1단계 조사에서는 발굴조사와 더불어 3D스캔 영상복원 및 사진촬영을 통하여 현재 삼년산성의 남아 있는 성벽에 대한 현상기록을 철저히 한다.

삼년산성의 제원을 규명하기 위한 1단계 조사에서는 삼년산성 성벽의 제원을 규명하기 위한 발굴조사와 더불어 삼년산성 주변에 대규모로 밀집 분포하고 있는 고분군에 대한 정밀지표조사 및 발굴조사를 실시하며, 이를 바탕으로 고분군을 국가사적으로 지정하여 보존한다.

제원을 파악하기 위한 발굴조사와 더불어 성 내외의 수동조사를 실시하여 잡목을 제거

한다. 특히 외측성벽으로부터 100까지 지형에 따라 잡목을 제거하여 수목에 의한 성벽 붕괴를 최소화하고, 멀리서도 삼년산성의 웅장한 모습이 보일 수 있도록 한다.

  삼년산성은 주변에 대규모의 고분군과 채석장 유적이 인접하여 있는 곳으로 이들을 종합적으로 보여줄 수 있는 방안을 마련한다.

ㄴ. 세부 추진일정

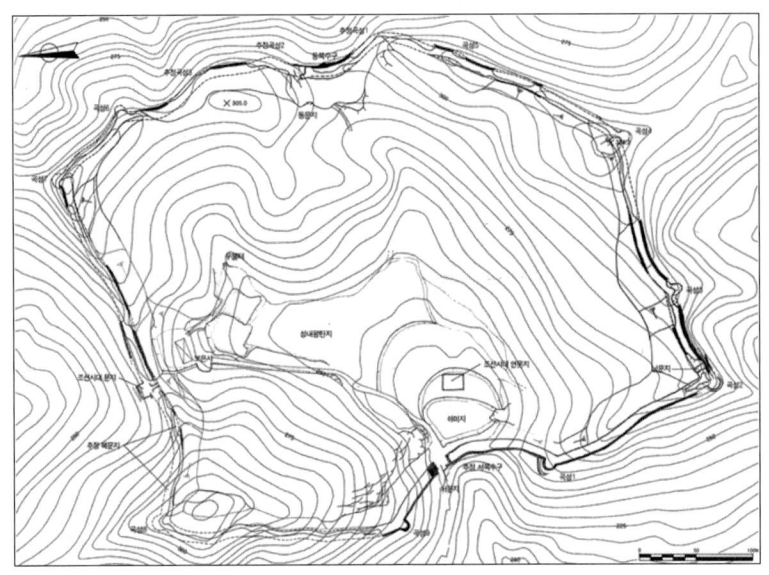

〈도면 14〉 삼년산성 도면

◉ 1단계 발굴조사 세부 추진일정

◎ 1단계 1차년도 조사
▷ 발굴대상지역
내측성벽 붕괴부 조사
삼년산성 주변 고분군 정밀지표조사
▷ 발굴사유
삼년산성 내벽은 복원 구간을 제외하고 약 450m가 잔존하고 있다.
잔존한 내측 성벽은 지속적으로 붕괴가 진행되고 있으며, 잔존하고 있는 성벽 하부의 석재가 탈락하여 붕괴 위험성이 높고, 특히 곡성 4 부근 성벽의 벽면은 최근 급속한 붕괴가 진행되고 있는 실정이다.

따라서 성벽의 하부에 대한 발굴조사를 실시한 후 부분적으로 석재를 보완하여 더 이상의 붕괴를 방지하여야 한다.

◎ 1단계 2차년도 조사
▷ 발굴대상지역
곡성 2 및 3 발굴조사
주변 고분군 1차 발굴조사
▷ 발굴사유
곡성 2와 3은 남문터를 중심으로 동-서로 배치되어 있는 곡성이다.

2004년 남문터에 대한 발굴조사 결과 남문터 외측의 기단보축은 2중으로 구성되어 있음이 확인되었으며, 2중의 보축 중 외측의 보축은 남문터로 통행하는 통행로로 추정된 바 있다. 또한 곡석 2에서 서쪽성벽으로 이어지는 부분은 성벽의 통과선이 일치하지 않는 등 개축의 흔적이 남아 있는 곳이다. 그리고 남문터의 동쪽 측벽은 문구부의 내측으로 심하게 붕괴가 진행되고 있는 상황이다. 따라서 곡성 2를 중심으로 발굴조사를 실시하여 외측 보축성벽의 성격을 명확히 규명하고, 또한 서쪽 성벽과의 연접부에 대한 초축과 개축 성벽의 상황을 규명하여야 할 것이다. 더불어 곡성 3 및 계곡부의 보축 성벽에 대한 탐색 발굴 구덩을 설치하여 그 규모와 성격을 규명하여야 할 것이다.

정비는 발굴조사의 결과에 따라 전문가의 의견을 수렴하여 최소한의 정비를 실시한다. 2차년에는 고분군에 대한 1차년도 정밀지표조사를 바탕으로 발굴대상 지역을 선정하고, 성격을 규명하기 위한 발굴조사를 실시한다.

◎ 1단계 3차년도 조사
▷ 발굴대상지역
추정 행궁지
주변고분군 2차 발굴조사
▷ 발굴사유

삼년산성은 신라가 삼국통일 전쟁을 수행할 때 태종무열왕이 머무르며 전쟁을 총 지휘한 거점이었으며, 당의 사신 왕문도가 이곳에서 조서를 전달한 곳이다. 태종무열왕이 삼년산성에 머물렀을 행궁은 현재 보은사가 자리 잡고 있는 곳으로 추정된다.

따라서 삼년산성의 역사성과 관련이 없는 보은사는 1차년도와 2차년도에 성 밖으로 이전하고 이곳에 대한 발굴조사를 통하여 행궁의 규모를 확인하며, 더불어 향후 행국 복원의 기초자료를 확보한다.

고분군의 성격 규명을 위한 2차년도 발굴조사를 실시한다.

◎ 1단계 4차년도 조사
▷ 발굴대상지역
동쪽 성벽 추정곡성 1, 2, 3
▷ 발굴사유
삼년산성에는 지표상으로 곡성의 존재가 확인되는 곳은 모두 9개소이며, 조사자에 따라 최대 14개소가 있는 것으로 파악되고 있다.

추정곡성 1과 2는 동문터를 중심으로 남북으로 배치되어 있으며, 추정곡성 3은 추정곡성 2에서 북쪽으로 회절하는 성벽 부분이다. 지표상으로 확인되고 있는 삼년산성의 곡성은 모두 능선으로 이어지는 곳에 설치되어 있는 특징을 보이고 있다.

이러한 양상으로 보아 이들 3곳은 현재 지표상으로 곡성의 존재를 확인할 수 없으나, 곡성이 존재할 가능성이 높은 곳으로 판단된다.

따라서 이들 3곳에 대한 발굴조사를 통하여 곡성의 존재를 확인함으로써 삼년산성의 정확한 곡성의 수와 규모를 확인하여야 할 것이다.

◎ 1단계 5차년도 조사
▷ 발굴대상지역
동문터 발굴조사
▷ 발굴사유
4차년도 조사 대상은 삼년산성 동문터이다.
동문터는 2004년 발굴조사 이전 한번 꺾어서 통행하도록 설계된 특이한 성문으로 주목되었으나, 2004년 발굴조사 결과 초축 시의 성문은 내측에 내옹벽을 갖춘 현문식의 성문으로 확인되었으며, 현재 지표상 노출된 문터는 후대 2~3차례에 걸쳐 개축이 이루어진 것으로 확인되었다.

따라서 후대에 개축된 문터 유구에 대한 해체 조사를 통하여 개축된 문터의 규모와 성격 등을 규명하고 최종적으로 추축과 관련된 동문터에 대한 발굴조사를 실시하여 문터의 제원을 확인하여야 할 것이다.

◎ 1단계 6차년도 조사
▷ 발굴대상지역
곡성 4 및 5 발굴조사
▷ 발굴사유

곡성 4는 삼년산성의 동남모서리에 위치하고 있으며, 곡성 5는 곡성 4로부터 동쪽 성벽의 첫 번째 능선으로 이어지는 곳에 위치하고 있다. 곡성 4는 산성의 동남 모서리로 이곳은 남쪽으로 이어지는 능선부에 해당한다. 이곳은 남쪽 능선으로 이어지는 등산로 상에 해당하는 곳으로 붕괴된 곡성부로 등산객의 통행이 지속적으로 이루어지면서 붕괴가 진행되고 있다.

따라서 곡성 4에 대한 발굴조사를 실시하여 곡성의 규모와 성격을 규명한 후 보수 정비와 새로운 등산로를 설치하여야 할 것이다. 더불어 곡성 5는 곡성의 하부만이 희미하게 남아 있는 곳으로 탐색 구덩을 설치하여 곡성의 규모를 확인한다.

◎ 1단계 7차년도 조사
▷ 발굴대상지역
곡성 6 및 7 발굴조사
▷ 발굴사유

곡성 7은 북동쪽 모서리에 위치하고 있는 곡성을 삼년산성의 곡성 중 그 유지를 가장 잘 남기고 있는 성이다. 이 곡성을 통하여 삼년산성의 곡성의 대략을 살필 수 있는 곳이다. 또한 곡성 7은 곡성의 외측벽면에 수축의 흔적이 확인되는 곳이다. 그러나 곡성 7은 북쪽으로 이어지는 능선상에 위치하고 있는 곳으로 곡성의 붕괴 사면을 이용하여 삼년산성의 탐방객과 등산객이 지속적으로 통행하고 있는 곳이며, 잔존하고 있는 곡성부는 수축된 부분이 붕괴가 진행되고 있는 실정이다.

이러한 지속적인 등산로의 이용은 곡성의 붕괴 위험성과 탐방객의 추락 사고를 초래할 가능성이 높다.

따라서 곡성 7에 대한 발굴조사를 통하여 곡성에 대한 제원을 확인한 후 새로운 탐방로의 개설 및 붕괴부에 대한 보수 방안을 검토하여야 할 것이다.

◎ 1단계 8차년도 조사
▷ 발굴대상지역
곡성 8 발굴조사
▷ 발굴사유
곡성 8은 삼년산성의 서북 모서리에 위치하고 있는 곡성이다.

곡성을 중심으로 회절부의 성벽은 현재 모두 붕괴된 상태이며, 곡성 또한 하부만이 희미하게 그 유지를 남기고 있는 상태이다.

이곳 또한 삼년산성 탐방객과 등산객에 의하여 지속적으로 통행로로 이용되고 있는 곳이기도 하다.

따라서 곡성 8에 대한 발굴조사를 실시하여 곡성에 대한 제원을 확인 한 후 새로운 탐방로의 개설 등으로 더 이상의 훼손을 막아야 할 것이다.

더불어 곡성 8의 내측 평탄지로 추정되는 장대지에 대한 발굴조사를 포함한다.

◎ 1단계 9차년도 조사
▷ 발굴대상지역
추정 북문터 발굴조사
▷ 발굴사유
당초 지표조사에서는 삼년산성의 북문터는 보은사 바로 북쪽부분의 단면 U자형으로 함몰된 부분으로 추정되었다.

그러나 2004년 북문터로 추정된 곳에 대한 발굴조사를 실시한 결과 이곳은 삼년산성 초축과 관련된 성문이 있던 곳이 아니라 후대(조선시대)에 붕괴된 성벽을 정리하여 개구부를 마련하고 문 외곽에 치성 또는 포루가 설치된 후대의 문으로 확인되었다.
 따라서 초축과 관련된 북문터를 확인하기 위하여 후대의 북문터와 곡성 8 사이의 성벽이 단면 U자형으로 함몰된 부분에 대한 조사를 통하여 초축과 관련된 삼년산성의 북문터의 유무를 확인하여야 할 것이다.

◎ 1단계 10차년도 조사
▷ 발굴대상지역
서쪽 계곡부의 추정 수구터
▷ 발굴사유
 삼년산성은 남북으로 이어지는 능선에서 다시 서쪽으로 뻗어 내린 가지능선의 정상부와 서쪽 계곡부를 가로막아 쌓은 산성으로 동문터 부근의 일부를 제외하고 산성의 우수는 대부분 서쪽 계곡부를 통하여 배수가 되고 있다.
 이러한 산성의 구조는 이곳에 수구가 반드시 시설되어야 하며, 현재 복원된 성벽의 하부에 수구의 유지가 남아 있을 것으로 추정된다.
 따라서 이곳에 대한 발굴조사를 통하여 수구의 유무를 확인하여 삼년산성의 근본적인 배수 문제를 해결하여야 할 것이다.

● 2단계 추진일정 및 대상

2단계조사는 1단계 조사가 마무리되는 해에 2단계 연차조사 계획을 수립한다.
2단계 조사는 내부시설물에 대한 조사와 성 외부조사를 대상으로 한다.
▷ 아미지(초축과 관련된 연목)
▷ 계곡부 평탄지 등 건물지
▷ 통해로
▷ 시설부지-주차장 부지 등

(3) 상당산성(사적 제212호)[3]

〈위성사진 5〉 위성사진으로 본 상당산성 위치

① 개요

-위치: 충북 청주시 상당구 산성동 28-2번지 일원

-축성 시기: 통일신라시대

-축성 재료: 석축

-성곽 둘레: 4.2km

-높이: 수개축 시기 및 지형에 따라 차이(약 4.73m~약 1m)

-면적: 180,930㎡

② 시설

-입지: 포곡식 석축산성

-현존 시설: 문루 3개소, 포루 15개소

-성문, 암문, 수문: 동·서·남문, 동북·서남암문, 수구 3개소

-우물, 못: 연못 1개소, 우물 2개소

---

[3] 상당산성 〈http://www.dcn.or.kr/e1/29592〉

-성의 기능: 군사적, 행정적 기능

③ 분석 및 시사점
-1982년 지표조사를 시작으로 정비가 시작됨.
-성벽 및 성벽기준 내외부 20m가 문화재보호구역으로 지정되어 있으며, 내부에는 1982~1983년에 조성된 한옥마을이 있으나 대부분 상업시설로 사용되고 있음.
-청주시민들의 여가공간으로서의 역할 수행.
-현재 세계문화유산 등재 추진중.
-청주시에서 2005년 발굴 및 정비계획 수립 후 현재 연차별 사업 진행 중.

〈사진 35〉 상당산성 전경(좌), 상당산성 복원도(우)

(4) 고창읍성(사적 제145호)[4]

〈위성사진 6〉 위성사진으로 본 고창읍성 위치

① 개요

- 위치: 전북 고창군 고창읍 읍내리 126
- 축성 시기: 조선 단종 원년(1453)
- 축성 재료: 석축
- 성곽 둘레: 1,684m
- 높이: 약 4~6m
- 면적: 165,858㎡

② 시설

- 입지: 석축산성
- 현존 시설: 옹성 3개소, 장대지 6개소, 해자, 성안에 동헌, 객사, 내아 등 12동의 관아 건물 복원
- 성문, 암문, 수문: 동·서·북문, 수구문 2곳
- 우물, 못: 연못 2개소, 우물 4개소

---

[4] 고창읍성 〈http://culture.gochang.go.kr/eupsung/〉

-성의 기능: 군사적, 행정적 기능

③ 분석 및 시사점

- 1976년부터 성곽과 건물 14동 복원 정비함.
- 성벽 및 성내 전 지역이 문화재보호구역으로 지정되어 있으며, 성안에는 관아시설만 있음.
- 내부지역에 난립되어 있던 건축물들을 철거·정비한 후에 관아시설들이 복원되어 있어 호평을 받고 있음.
- 답성(성밟기)놀이(음력 9월 9일), 수문장 재현 등 체험프로그램 운영.
- 고창군에서 연차별 관아건물 복원사업 진행 중.

〈사진 36〉 고창읍성 전경(좌), 고창읍성

(5) 정북동토성(사적 제415호)[5]

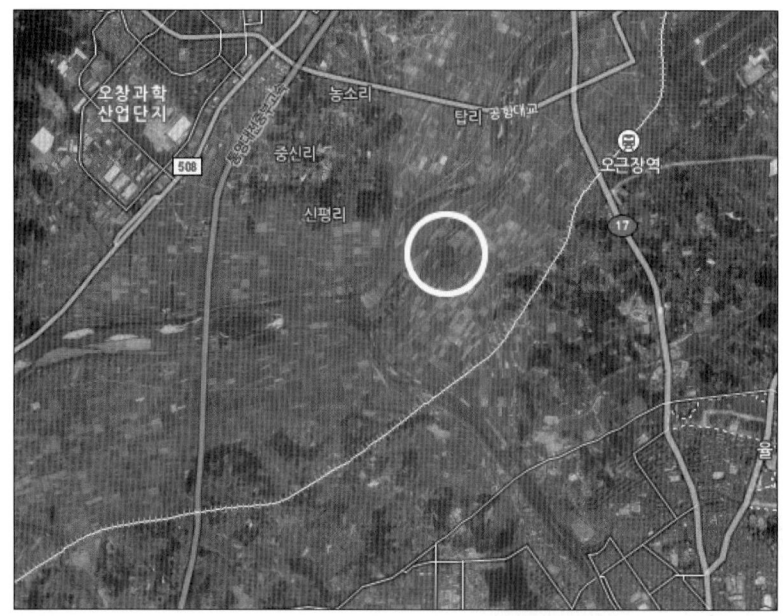

〈위성사진 7〉 위성사진으로 본 정북동토성 위치

① 개요
- 위치: 충북 청주시 상당구 정북동 351-1번지 외
- 축성 시기: 삼국시대
- 축성 재료: 토축
- 성곽 둘레: 1675.5m
- 높이: 약 2.7~4.5m
- 면적: 35,483㎡

② 시설
- 입지: 평지토성
- 현존 시설: 문지 4개소, 치성 12개소
- 성문, 암문, 수문: 동·서·남·북문

---

[5] 충북대학교 중원문화연구소, 『청주 정북동 토성(1) 발굴조사 보고서』, 1997.

-우물, 못: 성벽 외곽으로 해자시설
-성의 기능: 군사적, 행정적 기능

③ 분석 및 시사점

-1996년부터 발굴조사를 시작으로 2008년 성내부의 수목제거 및 잔디식재, 산책로 개설로 성 내부 정비 완료.
-성벽 및 성내 전지역 및 외향은 필지별로 구분하여 문화재보호구역으로 지정되어 있으며, 성안에는 20여 호의 민가가 있었으나 2003년~2006년까지 성내·외부 토지매입 및 지장물 철거, 주민이주 완료.
-국내 유일의 정방형 토성으로 현존 유구의 상태가 완전한 형태를 보여주고 있을 뿐만 아니라, 토성의 구조나 출토 유물 등으로 미루어 한국 초기의 토성 연구에 있어 매우 귀중한 자료로 평가받고 있음.
-각 문지별로 발굴내용에 대한 안내판이 설치되어 있어 방문객 등의 이해를 도움.
-2010년까지 성외부에 파고라, 주차장, 화장실 등 조성하고 진입로를 확장해 청주시민의 휴식공간과 역사문화 교육의 장으로 조성계획.

 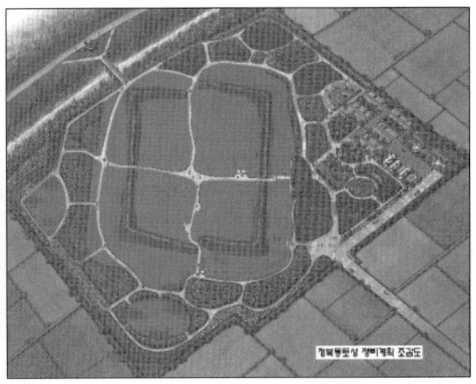

〈사진 37〉 정북동토성 전경(좌), 정북동토성 정비계획 조감도

(6) 금성산성(사적 제353호)[6]

〈위성사진 8〉 위성사진으로 본 금성산성의 위치

① 개요

-위치: 전남 담양군 금성면 금성리, 대성리 일원

-축성 시기: 삼국시대

-축성 재료: 석축

-성곽 둘레: 외성 6,486m, 내성 859m

-높이: 2.7~4.5m

-면적: 1,349,977㎡

② 시설

-입지: 석축산성

-현존 시설: 경작지와 주거지, 사찰지와 기타 건물지 등이 남아 있음.

-성문, 암문, 수문: 동·남·북문

-우물, 못: 우물터

---

[6] 담양향토문화연구회, 『금성산성(金城山城)』, 2000.

-성의 기능: 군사적, 행정적 기능

③ 분석 및 시사점

- 1994년부터 성곽 보원 사업을 착수하여 외남문·내남문·서문·동문을 복원하였으며, 외남문은 補國門, 내남문은 忠勇門이라 명명하였음.
- 천혜의 절벽과 자연의 산세를 이용하여 축조.
- 각 문지별로 발굴내용에 대한 안내판이 설치되어 있어 방문객 등의 이해를 도움.
- 담양군에서 2010년까지 약 7,000m가 넘는 성곽 보수를 비롯해 동헌 등 관아시설, 대장청 등 군사시설, 민속촌 등을 조성하여 금성산성을 호국안보 학습장으로 복원할 계획.

〈사진 38〉 금성산성 전경(좌), 금성산성 보국문(우)

(7) 해미읍성(사적 제116호)[7]

〈위성사진 9〉 위성사진으로 본 해미읍성 위치

① 개요
- 위치: 충남 서산시 해미면 읍내리 16
- 축성 시기: 조선시대
- 축성 재료: 석축
- 성곽 둘레: 외성 1,989m
- 높이: 4.9m
- 면적: 194,102㎡

② 시설
- 입지: 평지성(일부 야산을 끼고 입지)
- 현존 시설: 성곽, 성문3, 동헌, 어사, 교련청, 작청, 사령청, 우물, 옥사
- 성문 수: 4개

---

[7] 해미읍성 〈http://www.haemifest.com/intro.html〉

-우물, 못: 우물 3개
-성의 기능: 군사적, 행정적 기능

③ 분석 및 시사점

-우리나라에 현존하는 읍성으로는 가장 보존이 잘 되어 있으며, 천주교 박해의 성지로 유명함.
-1974년부터 보수·복원공사가 진행되고 있음.
-성내 민가와 학교 등을 이주하고 연차적 보수·복원공사 시행.
-발굴조사시 발견되는 유물과 유구가 적어서 전 지역의 복원은 불가능한 실정임.
-성내 기존 건물을 철거한 후에 대부분의 지역을 잔디로 식재하고 공개하고 있어, 볼거리 제공에 있어서 문제점으로 지적되고 있음.

〈사진 39〉 해미읍성 진남문 전경(좌), 해미읍성 전경(우)

(8) 검토사례 분석

지금까지 우리나라에서 시도한 유적지 정비의 방향은 보존 위주로 진행되었다. 발굴조사 후 수습된 유구를 노출하고, 필요한 경우 일부 유구는 복구하여 정비하되 유구 상면은 복토 후 잔디를 심어 건물지를 표시하였고, 주변 바닥은 배수시설을 설치한 후 마사토를 포장하였다. 이런 방식은 1970년대부터 최근까지 일관되고 있는 정비방법이다.

그런데 정비는 유적 보존을 위한 기술적 조치인 동시에 일반 대중에게 공개하기 위하여 행해지는 것이며, 그 유적의 역사적 가치를 차세대에게 확실하게 전달하는 것이 기본이다. 따라서 개별 유적지가 처해 있는 물리적 환경과 역사적 가치를 충분히 조사·연구한다면, 유적의 표현과 활용 방안이 각 유적지 고유의 특성에 따라 구상될 것이기 때문에 현재와 같이 정비방법이 획일화되지는 않았을 것이다.

성곽과 같이 지형적으로 높은 곳에 위치하고 있는 문화재는 탐방객들이 직접 걸어서 접근하여야 하고, 또한 성곽의 범위가 넓은 곳에서는 탐방객들이 직접 걸어 다니면서 유적을 관람하여야 한다. 따라서 성곽 전체가 보존 공간인 동시에 관람·보행 공간이 된다. 유적지 방문은 대개 관광과 교육의 목적으로 볼거리를 찾게 되는데, 현재와 같은 정비 상태로는 진례산성의 역사적 가치가 탐방객들을 통해 충분히 전달되지 못할 가능성이 높다고 판단된다. 따라서 진례산성의 문화재 가치가 묻혀버릴 것이 아닌가 우려된다.

앞에서 본 유사 사례에서는 다양한 정비방법을 시도하고 있음을 알 수 있다. 탐방객들에게 볼거리를 제공하기 위해 건물지를 복원하거나, 발굴조사 지역에 안내판을 설치하고, 성곽을 보수·복원하며, 편의시설을 설치하는 등 지자체별로 다양한 방식의 유적 정비가 진행되고 있다.

그러나 충분한 고증이 되기 전에 복원하여 학계에 논란이 되고 있는 순천의 검단산성을 진례산성 복원의 타산지석으로 삼아야 할 것이다. 내부에 난립되어 있던 건축물들을 철거·정비한 후에 관아 시설들을 복원하여 호평을 받고 있는 고창읍성, 성내의 기존 건물을 철거한 후에 대부분의 지역을 잔디로 식재하고 공개하여, 볼거리 제공에 있어서 문제점으로 지적되고 있는 해미읍성 등은 진례산성 복원에 있어서 좋은 교훈이 될 것이다.

문화재 정비의 가장 훌륭한 방법은 유적의 원형을 어떻게 보존 및 유지할 수 있는가에 달려 있다. 성벽은 무너진 그 자체도, 건물지는 남아 있는 초석 하나도 그대로 역사적 가치가 있으므로 이를 가감 없이 보여주는 것이 탐방객들에게는 오히려 유적의 가치와 역사적 숨결을 느낄 수 있는 방법이 될 수도 있다.

따라서 진례산성의 경우에도 효과적인 유적의 정비를 위한 방법을 강구해야 할 것이며, 진례산성의 특성과 주변 환경을 고려한 정비 목표를 설정하고, 장기적인 안목과 단계적 정비를 전제로 계획을 수립하여야 할 것으로 생각된다.

2. 문헌 자료의 활용 방안

1) 스토리텔링의 실례

(1) 진례산성의 문화재 가치와 역사적 중요성[8]

진례산성은 창원시 吐月洞의 뒷산인 飛音山에 있는데, 현재 이곳은 창원시 사파동에서 김해시 장유면으로 넘어가는 길목에 해당하며, 이곳의 옛 명칭인 進禮를 사용하여 진례산성이라 부른다. 진례산성은 1993년 12월 27일에 경상남도 기념물 제128호로 지정되었으며, 현재에는 돌로 쌓은 성곽인 石城의 형태로 남아 있다.

진례산성의 지리적 위치는 합천이나 함안 및 창원 등지에서 김해, 부산 방면으로 나아갈 때 중요한 길목에 있는데, 반대로 김해 부산 등의 동부 경남 방면에서 창원이나 함안 및 합천 등의 중부 혹은 서부 경남으로 진출할 때에도 마찬가지로 반드시 거쳐야 하는 교통상의 요지에 있다. 진례산성에 올라가 사방을 둘러보면, 이곳이 김해 창원은 물론이고 진해만, 부산 사상, 창원과 마산만을 조망할 수 있는 천혜의 요지라는 사실을 실감할 수 있다.

진례산성의 중요성이 이처럼 컸으므로, 특히 전쟁이 일어나는 시기에 이곳의 공략을 둘러싸고 큰 사건이 일어나기도 했다. 특히 新羅末 高麗初에 바로 그러한 일이 있었다. 잘 알려져 있듯이, 新羅는 폐쇄적인 사회 운영으로 말미암아 말기에는 전국이 정치 사회적으로 불안정한 상황이 연속되었다. 지방사회에서는 실력자가 나타나 독자 세력을 형성하였으며, 이들을 아우른 정치세력이 독립의 나라를 새로이 만들어 後三國 시대가 열리게 되었다. 후삼국이 내전의 상황으로 치달아 後百濟와 高麗 사이의 쟁패전이 한층 치열하게 전개되어 갈 때, 한반도의 정치 상황은 한치 앞을 내다볼 수 없는 팽팽한 긴장이 연속되었다. 바로 이때에 후백제와 고려, 신라 사이에 진례성을 둘러싼 공방전이 일어났던 것이다.

920년에 후백제의 甄萱이 서부 경남을 거쳐 동부 경남을 공략하고 신라로 진공하려는 계획 아래 군사 작전을 감행했는데, 여기서 진례성이 차지한 전략적 중요성이 잘 드러난다. 견훤은 이때 步兵과 騎兵으로 구성된 1만 명의 병력을 동원하여 陜川의 大耶城을 함

---

[8] 이 부분은 구산우, 「진례산성」, 『창원 600년사 – 창원의 어제』, 창원문화원, 2009를 그대로 옮겼다.

락하고, 그 여세를 몰아 진례성을 공략하려고 군사를 이동시켰다. 이에 위기의식을 느낀 신라 景明王은 고려 태조 王建에게 구원을 요청하였고, 고려 군대가 출동하자 이 소식을 들은 후백제 군대가 마침내 물러났다. 견훤은 신라의 영토이던 동부 경남의 여러 지역을 공략하고 慶州로 진출하기 위해 대대적인 군사 활동을 펼쳤던 것이고, 힘이 약한 신라의 요청을 받은 고려는 진례성을 둘러싼 이 공방전이 장차 도모할 후삼국 통일에 큰 영향을 미칠 것이라고 판단하여 군사적 지원을 아끼지 않았던 것이다. 이후 고려와 후백제는 몇 번의 전쟁을 거듭하여 끝내 고려가 통일의 대업을 달성하게 된 것은 누구나 잘 아는 사실이지만, 역사서에서는 이 사건이 견훤과 왕건이 그때까지 겉으로나마 유지하여 오던 평화 관계가 깨어지고, 전쟁 국면으로 돌아서게 되는 결정적 계기가 되었다고 특별히 강조하여 서술하고 있다.

　진례산성은 해발 518m인 비음산의 정상부를 따라 조성되었는데, 주변 계곡을 아우르는 형태로 만들어진 包谷式의 성곽 구조를 갖고 있다. 원래 진례산성은 그 둘레가 4.5km에 이르는 큰 성곽이었다. 그러나 진례산성은 그동안 방치되어 현재에는 성벽이 대부분 붕괴되었으나, 그 중에서도 남쪽 부분은 비교적 온전하게 남아 있다. 남아 있는 부분을 보면, 성곽의 몸통에 해당하는 體城의 축조 형태는 지형 조건을 최대한 이용하여 쌓았다. 경사가 급한 곳에는 편축[한쪽면쌓기]으로 만들었고, 경사가 완만한 곳에서는 협축[양쪽면쌓기]의 형태로 만들었다. 체성의 폭은 180~320cm이며, 계곡과 평행하게 쌓아 성곽의 핵심 기능인 방어력을 높였다. 성곽의 주요 출입 통로인 關門으로 추정되는 城門이 하나 있고, 서쪽과 남쪽에도 성문이 더 있어 진례산성의 문은 모두 3개였다. 그리고 성곽의 부속 시설인 雉가 서쪽과 남쪽에 각각 1개씩 있고, 먼 곳을 두루 살필 수 있는 望樓 터가 한 곳 있었으며, 1동의 건물이 만들어졌던 것으로 최근에 시행된 발굴 조사에 의해 밝혀졌다. 관문의 위치는 북쪽에 있는데, 이는 鳳林寺址로 오가기 쉬운 방향으로 만든 것이라는 점을 각별히 눈여겨 볼 필요가 있다.

　진례산성과 산줄기로 이어져 있는 가까운 곳인 봉림산 기슭에 있었던 봉림사는 현재에는 건물이 남아 있지 않고, 옛 터만 있다. 봉림사는 신라 말 고려 초에 새로운 불교 사상으로 도입되었던 禪宗을 신앙하는 사원의 하나로 세워졌다. 신라 말 고려 초에 선종 계통에서 세운 사원으로서 명성을 떨치던 곳은 전국에 아홉 개가 있었는데, 이를 일컬어 禪宗 9山門이라 한다. 봉림사를 중심 사찰로 하는 鳳林山門은 이 가운데 경상도에 세워진 유일한 산문이다. 봉림사를 만들어 이곳의 민중을 교화하는 데 앞장섰던 승려는 審希인데, 그의 諡號는 眞鏡大師이다. 신라 말 고려 초에 이곳 창원과 김해에는 심희 이외에도 이름난 승려가 여러 명 머물렀는데, 심희를 비롯한 여러 승려들을 사회·경제적으로 지원하여 봉림사를 건립하고 선종 불교를 포교할 수 있도록 배려해준 이들은 새로운 지방세력가인 豪族들이었다.

신라 말의 중앙 정치는 왕위 계승을 둘러싼 왕실 眞骨 귀족들의 정권 투쟁이 날로 격화되고 있었고, 金憲昌의 난에서 보듯이 지배층 사이의 분열이 갈수록 심화되어 갔다. 지방사회에서는 도적떼가 날뛰었으며 자연 재해와 과도한 세금 수탈로 말미암아 전반적으로 민중의 생계가 불안정하게 되었고, 그 결과 여기저기서 민중의 한숨소리가 터져나오고 반란이 일어나고 있었다. 당시 민중은 최소한의 신변 안전조차 기약할 수 없을 만큼 극도로 치안이 불안정한 상태를 맞고 있었다. 이 시대를 살았던 6頭品 출신의 대표적 지식인이었던 崔致遠은 이같이 어려운 당시의 상황을 가리켜 "나쁜 것 중의 더욱 나쁜 것이 없는 곳이 없었고, 굶어 죽고 싸우다 죽은 시체가 들판에 널려 있었다"고 하여 생생히 증언하고 있다. 이런 정치 사회 상황에서 지방에서는 새로운 실력자로서 호족들이 등장하여 당시의 사회 전환을 주도하고 있었는데, 창원에도 여러 사람의 호족이 있었다.

신라 말 고려 초 창원지역의 호족으로 이름을 남긴 이는 金仁匡, 蘇忠子, 蘇律熙, 英規 등이다. 김인광은 가장 빨리 창원지역 호족세력의 우두머리가 된 사람으로서, 그의 신분은 신라 왕족의 후예로 추정되는데, 어려서부터 유교적 교육을 충실하게 받았고, 호족으로 성장한 이후에는 신라 왕실에 충성을 바친 인물이었다. 1967년에 경북대학교 박물관에 수장된 돌로 만든 관인 石棺 1기가 그의 신분을 유추하는 데에 중요한 유물 자료이다. 이 석관은 아래 부분에 소와 말 등의 12干支의 동물상이 새겨진 형태로 만들어졌으며 김해시 진례면 松亭里에서 발견되었는데, 발견된 지점은 진례성과 바로 이웃한 곳으로서, 당시 이곳에는 흙으로 쌓은 土城이 있었으며, 진례산성을 다스리던 김인광의 힘이 미치는 지역이었다. 신라시대에 관이나 무덤에서 12간지의 동물상을 사용하는 것은 국왕이나 왕실 등의 최고 지배층의 유적에서만 발견되므로, 이 점은 김인광이 眞骨 신분이었음을 말해주는 유력한 증거가 된다. 신라 왕실의 일원이었던 김인광의 아버지는 무슨 이유인지는 정확히 알 수 없으나, 진례로 낙향하여 호족으로 생활하였고, 그를 이어서 김인광이 창원 지역의 최고 실력자로 성장하였다.

신라 말에 김인광에 이어서 창원의 최고 실력자가 된 사람은 소충자이고, 소충자에 이어서 최고 실력자가 된 이는 소율희였다. 이 두 사람은 형제였는데, 형인 소충자가 최고 실력자였을 때 동생인 소율희는 그 아래의 2인자로 행세했다. 소충자는 『三國遺事』에서 忠至로 기록되었는데, 이 기록에 따르면 진례산성을 수중에 넣은 이후 이를 발판으로 마침내 김해를 장악하게 되었고, 이때 충지와 그 아래의 중소호족인 英規가 김해 토착세력의 중심이었던 金海金氏 사이에 일어난 흥미로운 일화가 전해진다.

김해김씨의 시조는 잘 알려져있듯이, 김해에 세워진 고대국가인 金官伽倻의 첫 임금인 金首露王이었는데, 금관가야가 신라에 의해 멸망한 이후 김수로왕의 후손들 중의 일부는 신라의 지배세력으로 편입되어 수도 경주에서 활동하였으며, 다른 일부는 김해에 남아 토착 지배세력으로 고을을 여러 일들을 주도하고 있었다. 경주에 올라간 후손 중의 대표적 인물은 삼국 통일의 주역이었던 김유신이다. 신라 말 김해 지역의 중심 세력을 이룬 김해김씨의 상징적 구심은 김수로왕이었는데, 충지의 지령을 받은 영규가 김해김씨 문중에서 치르던 김수로왕에 대한 제사를 가로채서 지내려고 했다.

영규가 김수로왕에 대한 제사를 지내던 어느 해 端午날에, 영규는 사당에서 제사를 지내다가 사당의 대들보가 무너지는 바람에 거기에 깔려 죽는 사건이 발생했다. 충지는 이 사건을 심상치 않게 여기고, 이에 대한 대책을 마련하였다. 먼저 김수로왕의 노여움을 달래기 위해 중국에서 생산한 고급 비단에 김수로왕의 眞影[초상화]을 그려서 정중하게 제사를 모셨다. 그런지 3일 후에 김수로왕의 초상화의 두 눈에 한 말가량의 많은 피눈물이 고였다고 전한다. 이후 충지는 김수로왕의 직계 후손인 金圭林을 불러 그에게 김수로왕의 제사를 경건하게 받들도록 했다. 김수로왕의 제사를 둘러싼 다툼은 영규와 김규림의 자식들대에도 한 번 더 되풀이되었다. 김수로왕의 위력을 설화의 형태로 전해주는 이 일화에서, 당시 김해 지역에서 누리던 김해김씨의 위상을 잘 알 수 있다.

소충자가 죽은 후 진례산성을 비롯하여 창원과 김해 지역을 다스리던 최고 세력가인 소율희는 이 시대의 다른 기록에는 金律熙로 나타난다. 원래 그의 이름은 한자가 아니라 우리 말로 '쇠유리'였는데, 그가 이곳의 최고 실력자로 성장한 이후 권위를 내세우기 위해 당시 6두품 이상의 지배층에서 일반적으로 사용하던 한자식 성씨를 사용하게 된 것으로 학계에서는 보고 있다. 그렇기 때문에 어느 기록에서는 '쇠'의 한자 뜻을 따서 '김(金)'씨로 쓰고, 다른 기록에서는 '쇠'의 음을 옮겨 '소(蘇)'씨로 적었던 것이다. 따라서 그는 처음에는 성씨를 사용하지 않은 계층이었음을 알 수 있는데, 이를 근거로 삼아 그가 원래는 6두품 아래의 평민층 신분이었을 것으로 추정한다.

오늘날의 행정구역으로 정확히 말하면, 진례산성은 창원시와 김해시의 경계에 있다. 신라 말의 사회 상황에서 진례산성은 김해의 당시 행정구역 명칭인 金海府나 金官小京과 떨어질 수 없는 밀접한 관계에 있다. 진례산성을 지배한 여러 호족들은 이를 발판으로 삼아 지역을 이웃하는 더 큰 행정구역이었던 금관소경을 장악하는 성장 과정을 밟고 있었음이 확인된다. 김인광이나 소율희 형제가 모두 진례산성을 장악하고, 이를 지렛대로 삼아 높이 발돋움하여 마침내 김해와 창원지역의 최고 실력자로 우뚝 서게 되었다. 당시 금관소경의 지방 행정은 金官城을 중심으로 펼쳐지고 있었는데, 학계에서는 금관성이 오늘날 김해시 활천동(옛 어방동) 산 9번지에 있는 해발 330m인 盆山에 축조된 盆山城인 것으로 보고 있다. 신라 말에 창원과 김해는 같은 움직임을 가지는 역사 권역으로 여겨지고 있었고, 그 중심에는 진례산성이 있었다.

현재 석축의 형태로 남아 있는 진례산성이 이상에서 설명한 바와 같이 신라 말에 호족들의 중심 무대로 역사 기록에 등장하는 진례성과 동일한 것인지에 대해서는 그간 학계의 논란이 있었다. 처음에는 현존하는 석축의 진례산성이 신라 말 기록에 나타나는 진례성으로 보는 견해가 있었으나, 뒤에는 견해가 바뀌어 진례산성이 원래 토성이었다가 이후 석성으로 개축한 것으로 보았다. 이는 현존하는 진례산성이 신라 말의 진례성으로 본 견해이다. 그런데 최근에 진례산성을 발굴한 이는 진례산성에서 출토된 유물과 축성 기법, 관련 기록을 감안하여 현존하는 진례산성은 신라 말에 이곳의 호족들이 사용한 성곽이 아니라, 조선시대에 쌓은 것이라는 견해를 제시하여 이전의 견해를 부정하는 반론을 제기함으로써 논란의 불씨를 남겨 놓았다.

그러나 이같은 반론은 설득력이 약하다. 1980년대에 진례산성을 조사한 내용에 따르면, 그때까지 진례산성에서 가야시대와 삼국시대에 만든 陶質土器 조각이 발견되었으므로, 가야시대부터 이곳에 성곽이 있었던 사실을 분명히 알 수 있다. 또한 현존하는 진례산성의 축성 기법도 朝鮮時代의 형식이라고 주장한 부분의 오류에 대해서도 다음과 같이 이해되어야 할 것이다. 진례산성이 이전에 축조되어 존속되어 오는 과정에서, 새로운 필요성 때문에 조선시대에 다시 수축되었으므로 현존하는 진례산성의 축조 방식은 조선시대의 형식일 수밖에 없다고 판단된다. 그리고 반론을 제기한 이가 관련 기록 중 가장 유력한 증거로 삼았던 『金海邑誌』의 내용도 잘못 옮겨진 기록을 토대로 추정한 사실이 필자의 논문에서 확인되었으므로, 종전의 견해처럼 현존하는 진례산성이 신라 말에 창원과 김해지역의 호족들이 활동 무대로 삼았던 바로 그 진례성이라고 생각된다.

(2) 진례산성

경상남도 창원시 토월동 산 44-1번지에 있으며, 1993년에 경상남도 기념물 제128호로 지정되었다. 해발 518m인 飛音山의 정상부에 조성된 包谷式 石築山城이다. 포곡식 산성은 산의 정상부와 계곡을 아우른 형태로 만들어진 산성이다.

진례산성의 위치는 합천 함안 창원에서 김해 부산으로 나아갈 때, 반대로 김해 부산에서 창원 함안 합천으로 진출할 때 반드시 거쳐야 하는 길목에 해당하는 교통상의 요지에 있다. 동부 경남에서 중부 혹은 서부 경남의 내륙으로 진출할 때 반드시 지나가야 하는 요충지에 진례산성이 만들어진 것이다. 진례산성에 올라가 사방을 둘러보면, 김해 창원 진해만 부산 사상 마산만을 조망할 수 있는 천혜의 요지에 있다는 것을 실감할 수 있다.

원래 진례산성은 그 둘레가 4.5km에 이르는 큰 성곽이었다. 그러나 진례산성은 그동안 방치되어 현재에는 성벽이 대부분 붕괴되었으나, 그 중에서도 남쪽 부분은 비교적 온전하게 남아 있다. 남아 있는 부분을 보면, 성곽의 몸통에 해당하는 體城의 축조 형태는 지형 조건을 최대한 이용하여 쌓았다. 경사가 급한 곳에는 편축[한쪽면쌓기]으로 만들었고, 경사가 완만한 곳에서는 협축[양쪽면쌓기]의 형태로 만들었다. 체성의 폭은 180~320cm이며, 계곡과 평행하게 쌓아 성곽의 핵심 기능인 방어력을 높였다. 성곽의 주요 출입 통로인 關門으로 추정되는 城門이 하나 있고, 서쪽과 남쪽에도 성문이 더 있어 진례산성의 문은 모두 3개였다. 그리고 성곽의 부속 시설인 雉가 서쪽과 남쪽에 각각 1개씩 있고, 먼 곳을 두루 살필 수 있는 望樓 터가 한 곳 있었으며, 1동의 건물이 만들어졌던 것으로 최근에 시행된 발굴 조사에 의해 밝혀졌다. 관문의 위치는 북쪽에 있는데, 이는 鳳林寺址로 오가기 쉬운 방향으로 만든 것이다.

(3) 진례산성과 후삼국시대 王建과 甄萱

진례산성의 위치가 군사상의 요지에 있었으므로, 전쟁이 일어나는 시기에 진례산성의 공략을 둘러싼 중요한 사건이 일어나기도 했다. 역사 기록에서 진례산성에서 일어난 것으로 확인되는 중요한 사건은 後三國時代에 있었다. 920년 後百濟의 왕 甄萱이 步兵과 騎兵으로 구성된 정예병력 1만 명을 동원하여 신라의 영토였던 陜川의 大耶城을 함락하고, 그 여세를 몰아 進禮城을 공격하려고 군사를 이동시켰다. 甄萱이 힘이 약한 신라의 영토를 점령하고, 신라의 수도인 慶州까지 진출하여 신라를 굴복시키려는 야심찬 전략의 일환으로 추진한 군사 활동을 펼친 것이다. 견훤의 공세를 독자적으로 막아낼 수 없었던 신라의 景明王은 高麗의 왕 王建에게 구원을 요청했다. 경명왕의 요청을 받은 왕건은 진례성을 둘러싼 이 전투가 장차 도모할 후삼국 통일에 큰 영향을 미칠 것이라고 판단하여, 신라를 도와주기로 결정하고 고려 군대를 출동하였는데, 이 소식을 들은 견훤이 진례성을 공격하지 않고 물러났다. 이상에서 언급한 기록에 나타나는 진례성은 바로 진례산성이다.

이 사건이 일어난 이후 후백제와 고려는 몇 번의 전쟁을 거듭하여 고려가 후삼국 통일의 대업을 달성하게 되었다. 역사서에서는 진례산성을 둘러싼 공방전이 견훤과 왕건이 겉으로 유지되어 오던 평화 관계가 깨어지고 본격적인 전쟁으로 돌입하는 결정적 계기가 되었다고 특별히 강조하였다. 따라서 진례산성은 후삼국 시대에 후백제와 고려의 전쟁이 본격화되는 데 매우 중요한 계기를 제공한 역사적 유적이라는 것을 알 수 있다.

(4) 진례산성과 鳳林寺

진례산성과 산줄기로 이어져 있는 가까운 곳인 鳳林山 기슭에 있었던 鳳林寺는 현재에는 건물이 남아 있지 않고, 옛 터만 있다. 봉림사는 신라 말 고려 초에 새로운 불교 사상으로 도입되었던 禪宗을 신앙하는 사원의 하나로 세워졌다. 신라 말 고려 초에 선종 계통에서 세운 사원으로서 명성을 떨치던 곳은 전국에 아홉 개가 있었는데, 이를 일컬어 禪宗 9山門이라 한다. 봉림사를 중심 사찰로 하는 鳳林山門은 이 가운데 慶尙道 지역에 세워진 유일한 산문이다. 봉림사를 만들어 이곳의 민중을 교화하는 데 앞장섰던 승려는 審希인데, 그의 諡號는 眞鏡大師이다. 신라 말 고려 초에 이곳 창원과 김해에는 심희 이외에도 이름난 승려가 여러 명 머물렀는데, 심희를 비롯한 여러 승려들을 사회·경제적으로 지원하여 봉림사를 건립하고 선종 불교를 포교할 수 있도록 배려해준 이들은 새로운 지방세력가인 豪族들이었다.

(5) 후삼국시대 진례산성의 지배자들

① 金仁匡

김인광은 후삼국시대에 가장 빨리 창원지역 호족세력의 우두머리가 된 사람이다. 그의 신분은 신라 왕족의 후예로 추정되는데, 어려서부터 유교적 교육을 충실하게 받았고, 豪族으로 성장한 이후에는 신라 왕실에 충성을 바친 인물이었다.

1967년에 경북대학교 박물관에 수장된 돌로 만든 관인 石棺 1기가 그의 신분을 유추하는 데에 중요한 유물 자료이다.[9] 이 석관은 아래 부분에 소와 말 등의 12干支의 동물상이 새겨진 형태로 만들어졌으며 김해시 진례면 송정리에서 발견되었다. 발견된 지점은 진례산성과 바로 이웃한 곳으로서, 당시 이곳에는 흙으로 쌓은 土城이 있었으며, 진례산성을 다스리던 김인광의 힘이 미치는 지역이었다. 이 사실은 이 석관이 바로 김인광의 석관이었음을 추정하게 해주는 근거이다. 신라시대에 관이나 무덤에서 12간지의 동물상을 사용하는 것은 국왕이나 왕실 등의 최고 지배층의 유적에서만 발견되므로, 이 점은 김인광이 眞骨 신분이었음을 말해주는 유력한 증거가 된다.

신라 왕실의 일원이었던 김인광의 아버지는 무슨 이유인지는 정확히 알 수 없으나, 진례로 낙향하여 호족으로 생활하였고, 그를 이어서 김인광이 창원 지역의 최고 실력자로 성장하였다.

② 蘇忠子(忠至)와 英規 및 金海金氏

신라 말에 김인광에 이어서 창원의 최고 실력자가 된 사람은 蘇忠子였고, 소충자에 이어서 최고 실력자가 된 이는 蘇律熙였다. 이 두 사람은 형제였는데, 형인 소충자가 최고 실력자였을 때 동생인 소율희는 그 아래의 2인자로 행세했다. 소충자는 『三國遺事』에서 忠至로 기록되었는데, 이 기록에 따르면 進禮山城을 수중에 넣은 이후 이를 발판으로 마침내 金海를 장악하게 되었고, 이때 충지와 그 아래의 중소호족인 英規가 김해의 토착세력의 중심이었던 金海金氏 사이에 일어난 흥미로운 일화가 전해진다.

김해김씨의 시조는 잘 알려져있듯이, 김해에 세워진 고대국가인 金官伽倻의 첫 임금인 金首露王이었는데, 금관가야가 신라에 의해 멸망한 이후 김수로왕의 후손들 중의 일

---

[9] 이 책의 Ⅲ장 2절의 122쪽 사진 참조.

부는 신라의 지배세력으로 편입되어 수도 경주에서 활동하였으며, 다른 일부는 김해에 남아 토착 지배세력으로 고을을 여러 일들을 주도하고 있었다. 경주에 올라간 후손 중의 대표적 인물은 삼국 통일의 주역이었던 金庾信이다. 신라 말 김해 지역의 중심 세력을 이룬 김해김씨의 상징적 구심은 김수로왕이었는데, 충지의 지령을 받은 영규가 김해김씨 문중에서 치르던 김수로왕에 대한 제사를 가로채서 지내려고 했다.

영규가 김수로왕에 대한 제사를 지내던 어느 해 端午날에, 영규는 사당에서 제사를 지내다가 사당의 대들보가 무너지는 바람에 거기에 깔려 죽는 사건이 발생했다. 충지는 이 사건을 심상치 않게 여기고, 이에 대한 대책을 마련하였다. 먼저 김수로왕의 노여움을 달래기 위해 중국에서 생산한 고급 비단에 김수로왕의 眞影[초상화]을 그려서 정중하게 제사를 모셨다. 그런지 3일 후에 김수로왕의 초상화의 두 눈에 한 말가량의 많은 피눈물이 고였다고 전한다. 이후 충지는 김수로왕의 직계 후손인 金圭林을 불러 그에게 김수로왕의 제사를 경건하게 받들도록 했다. 김수로왕의 제사를 둘러싼 다툼은 영규와 김규림의 자식들대에도 한번 더 되풀이되었다. 김수로왕의 위력을 설화의 형태로 전해주는 이 일화에서, 당시 김해 지역에서 누리던 김해김씨의 위상을 잘 알 수 있다.

③ 蘇律熙

소율희는 소충자가 죽은 후 진례산성을 비롯하여 창원과 김해 지역을 다스리던 최고 세력가였다. 그는 이 시대의 다른 기록에는 金律熙로 나타난다.

원래 그의 이름은 한자가 아니라 우리 말로 '쇠유리'였는데, 그가 이곳의 최고 실력자로 성장한 이후 권위를 내세우기 위해 당시 6頭品 이상의 지배층에서 일반적으로 사용하던 한자식 성씨를 사용하게 된 것으로 학계에서는 보고 있다. 그렇기 때문에 어느 기록에서는 '쇠'의 한자 뜻을 따서 '김(金)'씨로 쓰고, 다른 기록에서는 '쇠'의 음을 옮겨 '소(蘇)'씨로 적었던 것이다. 따라서 그는 처음에는 성씨를 사용하지 않은 계층이었음을 알 수 있는데, 이를 근거로 삼아 그가 원래는 6頭品 아래의 평민층 신분이었을 것으로 추정한다.

2) 안내문의 실례

(1) 창원 진례산성(昌原 進禮山城)

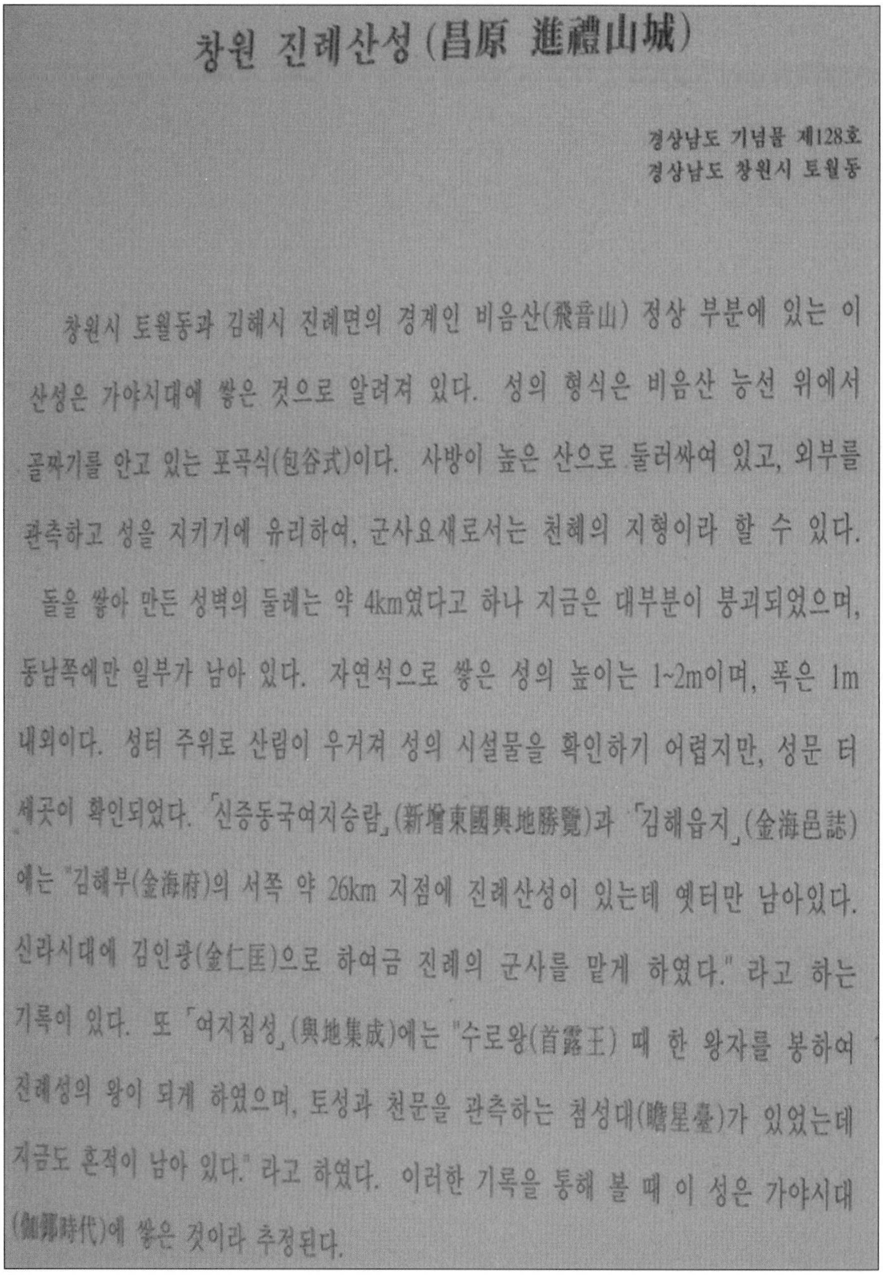

창원 진례산성(昌原 進禮山城)

경상남도 기념물 제128호
경상남도 창원시 토월동

창원시 토월동과 김해시 진례면의 경계인 비음산(飛音山) 정상 부분에 있는 이 산성은 가야시대에 쌓은 것으로 알려져 있다. 성의 형식은 비음산 능선 위에서 골짜기를 안고 있는 포곡식(包谷式)이다. 사방이 높은 산으로 둘러싸여 있고, 외부를 관측하고 성을 지키기에 유리하여, 군사요새로서는 천혜의 지형이라 할 수 있다. 돌을 쌓아 만든 성벽의 둘레는 약 4km였다고 하나 지금은 대부분이 붕괴되었으며, 동남쪽에만 일부가 남아 있다. 자연석으로 쌓은 성의 높이는 1~2m이며, 폭은 1m 내외이다. 성터 주위로 산림이 우거져 성의 시설물을 확인하기 어렵지만, 성문 터 세곳이 확인되었다. 「신증동국여지승람」(新增東國輿地勝覽)과 「김해읍지」(金海邑誌) 에는 "김해부(金海府)의 서쪽 약 26km 지점에 진례산성이 있는데 옛터만 남아있다. 신라시대에 김인광(金仁匡)으로 하여금 진례의 군사를 맡게 하였다." 라고 하는 기록이 있다. 또 「여지집성」(輿地集成)에는 "수로왕(首露王) 때 한 왕자를 봉하여 진례성의 왕이 되게 하였으며, 토성과 천문을 관측하는 첨성대(瞻星臺)가 있었는데 지금도 흔적이 남아 있다." 라고 하였다. 이러한 기록을 통해 볼 때 이 성은 가야시대 (伽耶時代)에 쌓은 것이라 추정된다.

〈사진 40〉 진례산성 서문지의 창원 진례산성 안내문

〈원안〉

창원 진례산성(昌原 進禮山城)

경상남도 기념물 제128호
경상남도 창원시 토월동

  창원시 토월동과 김해시 진례면의 경계인 비음산(飛音山) 정상 부분에 있는 이 산성은 가야시대에 쌓은 것으로 알려져 있다. 성의 형식은 비음산 능선 위에서 골짜기를 안고 있는 포곡식(包谷式)이다. 사방이 높은 산으로 둘러싸여 있고, 외부를 관측하고 성을 지키기에 유리하여, 군사요새로서는 천혜의 지형이라 할 수 있다.

  돌을 쌓아 만든 성벽의 둘레는 약 4km였다고 하나 지금은 대부분이 붕괴되었으며, 동남쪽에만 일부가 남아 있다. 자연석으로 쌓은 성의 높이는 1~2m이며, 폭은 1m 내외이다. 성터 주위로 산림이 우거져 성의 시설물을 확인하기 어렵지만, 성문 터 세 곳이 확인되었다. 『신증동국여지승람(新增東國輿地勝覽)』과 『김해읍지(金海邑誌)』에는 "김해부(金海府)의 서쪽 약 26km 지점에 진례산성이 있는데 옛터만 남아있다. 신라시대에 김인광(金仁匡)으로 하여금 진례의 군사를 맡게 하였다"라고 하는 기록이 있다. 또 「여지집성(輿地集成)」에는 "수로왕(首露王) 때 한 왕자를 봉하여 진례성의 왕이 되게 하였으며, 토성과 천문을 관측하는 첨성대(瞻星臺)가 있었는데 지금도 흔적이 남아 있다"라고 하였다. 이러한 기록을 통해 볼 때 이 성은 가야시대(伽倻時代)에 쌓은 것이라 추정된다.

〈수정안〉

창원 진례산성(昌原 進禮山城)

경상남도 기념물 제128호
경상남도 창원시 의창구 토월동 산 44-1

경상남도 창원시 토월동 산 44-1번지에 있으며, 1993년에 경상남도 기념물 제128호로 지정되었다. 해발 518m인 비음산(飛音山)의 정상부에 조성된 포곡식 석축산성(包谷式 石築山城)이다. 포곡식 산성은 산의 정상부와 계곡을 아우른 형태로 만들어진 산성이다.

진례산성의 위치는 합천 함안 창원에서 김해 부산으로 나아갈 때, 반대로 김해 부산에서 창원 함안 합천으로 진출할 때 반드시 거쳐야 하는 길목에 해당하는 교통상의 요지에 있다. 동부 경남에서 중부 혹은 서부 경남의 내륙으로 진출할 때 반드시 지나가야 하는 요충지에 진례산성이 만들어진 것이다. 진례산성에 올라가 사방을 둘러보면, 김해 창원 진해만 부산 사상 마산만을 조망할 수 있는 천혜의 요지에 있다는 것을 실감할 수 있다.

원래 진례산성은 그 둘레가 4.5km에 이르는 큰 성곽이었다. 그러나 진례산성은 그동안 방치되어 현재에는 성벽이 대부분 붕괴되었으나, 그 중에서도 남쪽 부분은 비교적 온전하게 남아 있다. 남아 있는 부분을 보면, 성곽의 몸통에 해당하는 체성(體城)의 축조 형태는 지형 조건을 최대한 이용하여 쌓았다. 경사가 급한 곳에는 편축[한쪽면쌓기]으로 만들었고, 경사가 완만한 곳에서는 협축[양쪽면쌓기]의 형태로 만들었다. 체성의 폭은 180~320cm이며, 계곡과 평행하게 쌓아 성곽의 핵심 기능인 방어력을 높였다.

성곽의 주요 출입 통로인 관문(關門)으로 추정되는 성문(城門)이 하나 있고, 서쪽과 남쪽에도 성문이 더 있어 진례산성의 문은 모두 3개였다. 그리고 성곽의 부속 시설인 치(雉)가 서쪽과 남쪽에 각각 1개씩 있고, 먼 곳을 두루 살필 수 있는 망루(望樓) 터가 한 곳 있었으며, 1동의 건물이 만들어졌던 것으로 최근에 시행된 발굴 조사에 의해 밝혀졌다. 관문의 위치는 북쪽에 있는데, 이는 봉림사지(鳳林寺址)로 오가기 쉬운 방향으로 만든 것이다.

(2) 진례산성

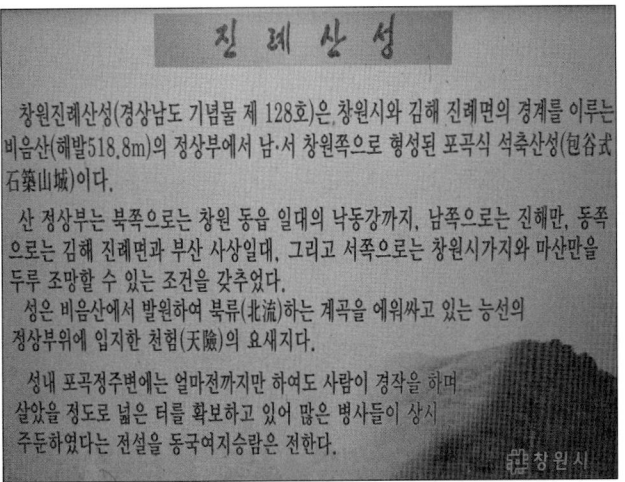

〈사진 41〉 용추계곡 팔각정의 진례산성 안내문

〈원안〉

창원 진례산성(昌原 進禮山城)

경상남도 기념물 제128호
경상남도 창원시 의창구 토월동 산 44-1

창원진례산성(경상남도 기념물 제128호)은 창원시와 김해 진례면의 경계를 이루는 비음산(해발 518.8m)의 정상부에서 남·서 창원쪽으로 형성된 포곡식 석축산성(包谷式 石築山城)이다.

산 정상부는 북쪽으로는 창원 동읍 일대의 낙동강까지, 남쪽으로는 진해만, 동쪽으로는 김해 진례면과 부산 사상일대, 그리고 서쪽으로는 창원시가지와 마산만을 두루 조망할 수 있는 조건을 갖추었다.

성은 비음산에서 발원하여 북류(北流)하는 계곡을 에워싸고 있는 능선의 정상부위에 입지한 천험(天險)의 요새지다.

성내 포곡정 주변에는 얼마전까지만 하여도 사람이 경작을 하며 살았을 정도로 넓은 터를 확보하고 있어 많은 병사들이 상시 주둔하였다는 전설을 동국여지승람은 전한다.

〈수정안〉

창원 진례산성(昌原 進禮山城)

경상남도 기념물 제128호
경상남도 창원시 의창구 토월동 산 44-1

　창원 진례산성(경상남도 기념물 제128호)은 창원시와 김해시 진례면의 경계를 이루는 비음산(해발 518.8m)의 정상부에서 남·서 창원쪽으로 형성된 포곡식 석축산성(包谷式 石築山城)이다.
　진례산성에 올라가 사방을 둘러보면, 김해 창원 진해만 부산 사상 마산만을 조망할 수 있는 천혜의 요지에 있다는 것을 실감할 수 있다. 진례산성의 위치가 군사상의 요지에 있었으므로, 전쟁이 일어나는 시기에 진례산성의 공략을 둘러싼 중요한 사건이 일어나기도 했다.
　그 중에서 가장 대표적인 사건은 후삼국시대에 일어났다. 역사서에서는 진례산성을 둘러싸고 신라(新羅)와 고려(高麗), 후백제(後百濟) 사이에 일어난 920년의 공방전이 견훤(甄萱)과 왕건(王建)이 겉으로 유지해온 평화 관계가 깨어지고 본격적인 전쟁으로 돌입하는 결정적 계기가 되었다고 특별히 강조하였다. 따라서 진례산성은 후삼국시대에 후백제와 고려의 전쟁이 본격화되는 데 매우 중요한 계기를 제공한 역사적 유적이라는 것을 알 수 있다.

(3) 진례산성 남문지

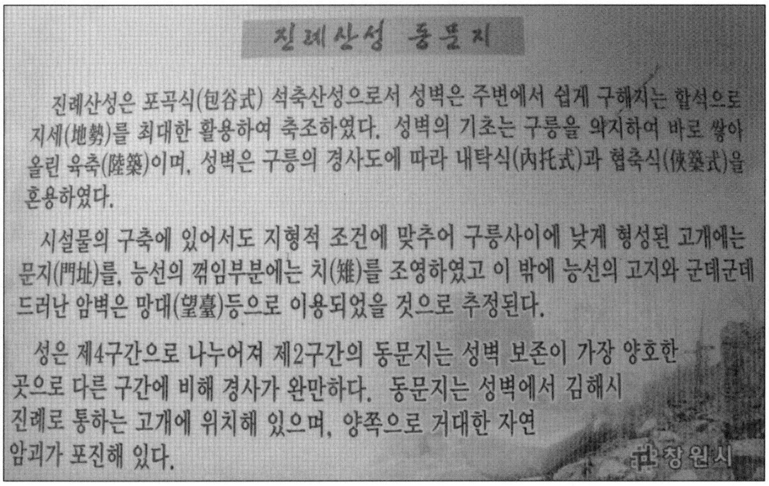

〈사진 42〉 현재의 진례산성 동문지 안내문

〈원안〉

창원 진례산성(昌原 進禮山城)

경상남도 기념물 제128호
경상남도 창원시 의창구 토월동 산 44-1

진례산성은 포곡식(包谷式) 석축산성으로서 성벽은 주변에서 쉽게 구해지는 할석으로 지세(地勢)를 최대한 활용하여 축조하였다. 성벽의 기초는 구릉을 의지하여 바로 쌓아올린 육축(陸築)이며, 성벽은 구릉의 경사도에 따라 내탁식(內托式)과 협축식(俠築式)을 혼용하였다.

시설물의 구축에 있어서도 지형적 조건에 맞추어 구릉사이에 낮게 형성된 고개에는 문지(門址)를, 능선의 꺾임 부분에는 치(雉)를 조영하였고 이 밖에 능선의 고지와 군데군데 드러난 암벽은 망대(望臺) 등으로 이용되었을 것으로 추정된다.

성은 제4구간으로 나누어져 제2구간의 동문지는 성벽 보존이 가장 양호한 곳으로 다른 구간에 비해 경사가 완만하다. 동문지는 성벽에서 김해시 진례로 통하는 고개에 위치해 있으며, 양쪽으로 거대한 자연암괴가 포진해 있다.

〈수정안〉

창원 진례산성(昌原 進禮山城)

경상남도 기념물 제128호
경상남도 창원시 의창구 토월동 산 44-1

　진례산성은 포곡식(包谷式) 석축산성으로서 성벽은 주변에서 쉽게 구해지는 할석을 재료로 삼아 지세(地勢)를 최대한 활용하여 만들었다. 성벽의 기초는 구릉을 의지하여 바로 쌓아올린 형태이며, 성벽은 구릉의 경사도에 따라 홑쌓기(內托式)와 겹쌓기(俠築式)를 혼용하여 쌓았다.

　성곽의 시설물 구축에 있어서도 지형 조건에 맞추어 배치하였는데, 구릉 사이에 낮게 형성된 고개에는 문지(門址)를, 능선의 꺾임 부분에는 치(雉)를 조성하였고, 능선의 고지와 군데군데 드러난 암벽은 망대(望臺) 등으로 활용했을 것으로 추정된다.

　성은 4구간으로 나뉘는데 그중 제2구간의 남문지는 성벽이 가장 양호하게 보존된 곳인데 이 부분은 다른 구간에 비해 경사가 완만한 곳이다. 남문지는 성벽에서 김해시 진례면으로 통하는 고개에 위치해 있으며, 양쪽으로 거대한 자연암괴가 포진해 있다.

　또한 남문지에서 남쪽으로 400m 정도 떨어진 곳은 진례에서 창원쪽으로 향하는 고개가 위치하며, 요즘도 이 고개를 이용하여 창원 상남시장으로 장을 보러 간다고 한다. 남문지의 축조 수법은 서문과 유사한 양상을 보이고 있어 이 둘은 같은 시기에 축조되었던 것으로 생각된다.

(4) 진례산성 비음산 정상 망대지 안내문 예시

진례산성의 시설물 구축은 지형적 조건에 맞추어 구릉 사이에 낮게 형성된 고개에는 문지(門址)를, 능선의 꺾임 부분에는 치(雉)를 만들었고 이밖에 능선의 고지와 곳곳에 드러난 암벽은 망대(望臺) 등으로 이용했을 것으로 추정된다.

진례산성에서 주변을 조망하기 좋은 망대지는 모두 4곳이다. 특히 비음산 정상은 진례산성에서 해발 고도가 가장 높은 곳으로 성벽이 축조된 모든 봉우리를 조망할 수 있으며, 서쪽으로 진해앞 바다와 창원만, 그리고 창원 시내를 한눈에 조망할 수 있는 요지이기 때문에 발굴조사에서 망대와 관련된 시설물이 일부 확인되었다.

(5) 진례산성 관문지(북문지) 안내문 예시

창원 진례산성은 창원시와 김해시 진례면의 경계를 이루는 비음산(飛音山, 해발 518.8m)의 능선정상부를 따라 형성된 포곡식 석축산성(包谷式 石築山城)이다. 성 내부에는 비음산에서 발원하여 북류하는 계곡이 성밖으로 흘러나가고 있다.

현재 확인되는 성의 부속시설로는 관문으로 추정되는 북문지(北門址)를 비롯하여 서쪽과 남쪽 등 3개의 문지(門址)가 남아 있는데, 그중 남문지(南門址)는 잔존 상태가 가장 좋아서 성문의 축조 수법을 잘 보여주고 있다.

진례산성의 경우 남문과 서문으로는 적이 쳐들어오기에 어려운 한계가 있기 때문에, 적들이 진례산성을 공격할 경우 관문지로 쳐들어왔을 것으로 예상된다. 따라서 이를 대비하기 위해 북문을 특별히 견고하게 쌓았을 것으로 추정한다. 진례산성의 배수 시설도 관문지에 있었을 것으로 추정된다.

관문의 위치는 북쪽에 있는데, 이는 봉림사지(鳳林寺址)로 올라가기 쉬운 방향으로 만들었다.

(6) 진례산성 서문지 안내문 예시

창원 진례산성은 창원시와 김해시 진례면의 경계를 이루는 비음산(飛音山, 해발 518.8m)의 정선부를 따라 형성된 포곡식 석축산성(包谷式 石築山城)이다. 성 내부에는 비음산에서 발원하여 북류하는 계곡이 성밖으로 흘러나가고 있다.

현재 확인되는 성의 부속 시설로는 관문으로 추정되는 북문지(北門址)를 비롯하여 서쪽과 남쪽 등 3개의 문지(門址)가 남아있는데, 그중 남문지(南門址)는 잔존 상태가 가장 좋아서 성문의 축조 수법을 잘 보여주고 있다.

서문은 서북쪽 치(雉)에서 급경사를 이루며 능선이 완만한 곡부를 형성한 뒤 다시 비음산 정상(남쪽)으로 경사를 이루며 올라가는 중앙부에 위치하므로, 자연적인 계곡을 이루고 있어 사람이 통행하기에 유리한 지형을 이룬다. 서문지(西門址)는 바닥을 정지하고 자갈돌과 부식토를 혼합하여 10~20㎝ 정도 다진 후 성벽을 쌓았다. 서문의 통로는 통행의 편리를 위하여 많은 기와편을 깐 것으로 추정된다.

3. 고고학 자료의 활용 방안

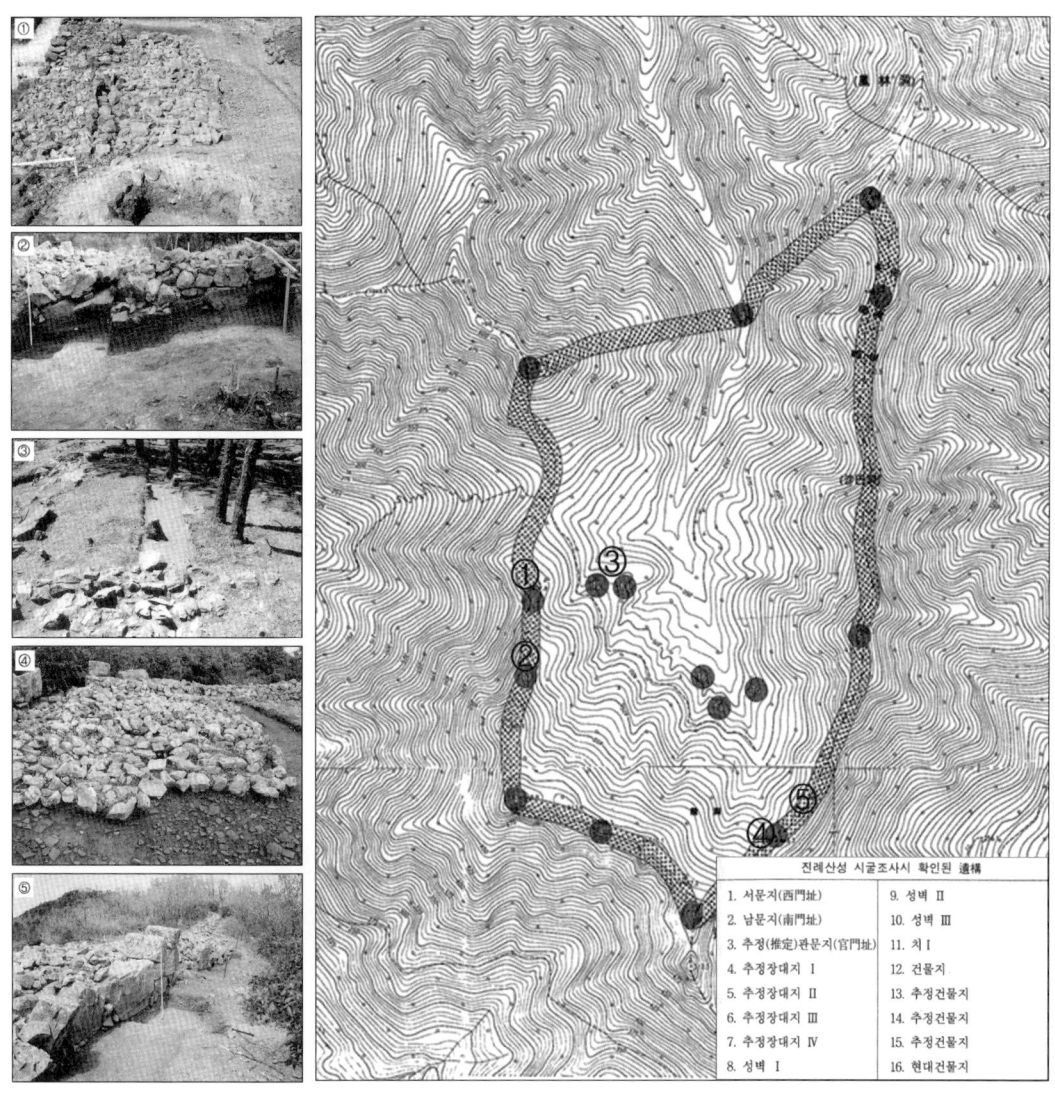

〈도면 15〉 진례산성 현재 모습

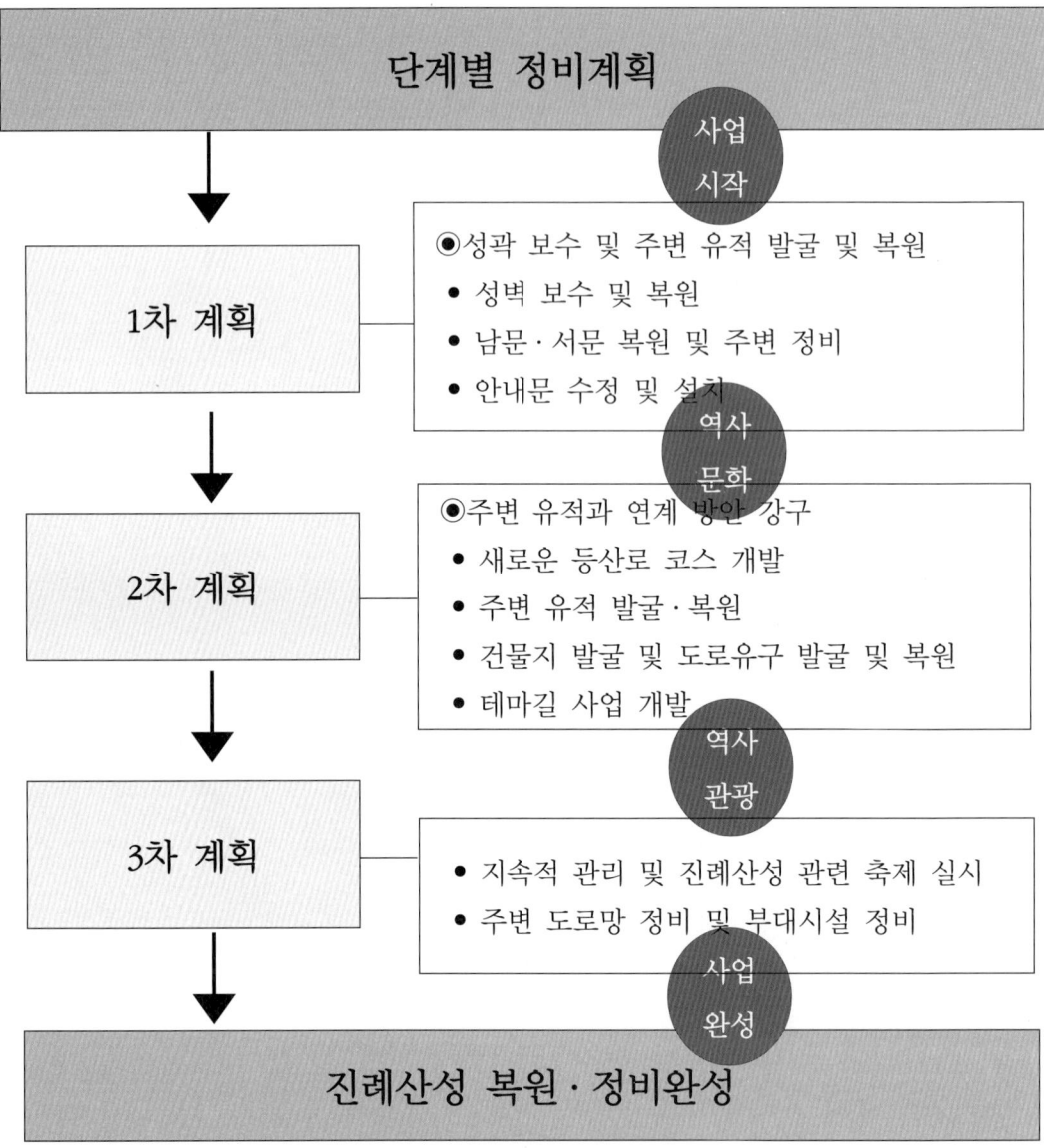

〈도면 16〉 진례산성 정비계획도

- '단기계획(1차)'은 안내문 수정 및 설치와 성벽 보수 및 주변 유적 발굴, 복원을 계획한다.
- '중기계획(2차)'은 단기계획과 연계하여 성곽 내 관아시설 및 기존의 등산로 보수 및 새로운 등산로를 개발하며, 주변 유적인 통일신라 도로유구를 발굴·복원하며, 용추계곡 공룡발자국과 우곡사와 연계하여 진례산성을 찾는 관광객들에게 더 많은 볼거

리를 제공할 수 있도록 계획한다.

- '장기계획(3차)'은 단·중기 정비계획과 연계하여 성곽의 기타 부대시설 및 관광시설을 계획하고 지속적인 관리 및 진례산성 관련 문화제 축제 등을 계획한다.

1) 현존 진례산성의 모습과 문제점

(1) 담수 예정지로 지정된 관문지

진례산성의 경우 남문과 서문으로는 적이 쳐들어오기에 많은 제한 사항이 있기 때문에 적들이 산성을 공격할 경우 북문이 있었던 곳으로 추정되는 관문지로 쳐들어왔을 것으로 예상하고 있다. 현재 관문지로 추정되는 이곳은 담수지로 예정되어 있다. 그런데 이곳은 관문지로 추정하고 있음에도 불구하고 아무런 발굴조사 없이 담수예정지로 지정되어 있는 상태이다.

〈사진 43〉 추정 관문지이며 현재 담수 예정지로 지정된 곳

〈사진 44〉 추정 관문지 지역 원경

　모든 성곽에는 항상 배수를 위한 시설이 존재하는데, 배수시설 중에서 이는 규모가 크고 문의 형식을 갖춘 경우를 수문이라 하고 규모가 작은 경우는 水口라 한다.

　〈사진 45〉 수원화성 水門　　　　　　　　〈사진 46〉 문경새재 水口

　진례산성의 배수 시설은 관문지에 있었던 것으로 추정되는데 관문지는 단 한차례의 발굴 조사도 이루어지지 않은 상태에서, 현재에는 담수 예정지로 지정되어 있다.

만약 관문지가 담수된다면, 이는 또 한 번 진례산성의 옛 모습을 찾는 데 큰 어려움을 주는 일이므로, 이 계획은 반드시 수정되어야 한다. 그리고 진례산성 안에는 다른 우물지나 저수지가 존재할 것으로 추정되므로, 성곽 내에 지표조사 및 발굴을 실시하여야 한다. 이를 통해 우물지나 저수지를 복원·정비하여 새로운 곳에 담수 예정지를 설정하는 것이 타당하다.

(2) 안내판 수정 및 재설치

〈사진 47〉 진례산성의 잘못된 안내판
(진례산성 동문→진례산성 남문, 진례산성 남문→진례산성 서문으로 수정해야 함)

 최근에 간행한 보고서에서는 동문지, 남문지로 기록되어 있으나 현재 보고서에서도 방위를 정할 경우에는 조사대상 지역을 기준으로 하기 때문에 진례산성의 경우에도 산성 내부에서 방위를 설정하여 수정을 해야 한다. 그러할 경우에 관문지 지역은 북문지로 추정되기 때문에 이곳을 북쪽으로 설정하여야 한다. 즉 진례산성의 북쪽에 위치하고 있는 이 관문지를 기준으로 하여 방위를 설정하여, 진례산성 동문지, 남문지로 소개되어 있는 지금의 안내판을 서문지, 남문지로 수정하는 것이 옳다.

창원시 사파동에서 진례산성으로 올라가는 등산로를 따라 40분쯤 올라가다 보면 돌들이 무질서하게 흩어져 있는 곳이 있다. 이곳이 진례산성이 서문지인데, 등산객들이 쉬었다 가는 곳이다. 이곳의 지형은 서북쪽 치에서 급경사를 이루던 능선이 완만한 곡부를 형성한 뒤 다시 비음산 정산(남쪽)으로 경사를 지며 올라가는 중앙부에 위치하

〈사진 48〉 진례산성 서문지

는 곳으로, 자연적인 계곡을 이루고 있으므로 사람이 통행하기에 유리한 지형을 이룬다.

서문을 조사했을 당시에 서문은 문지의 기단 부분만 잔존한 상태였고, 문의 남쪽 체성 바깥쪽으로 방형의 석축이 남아 있었다. 또한 서문의 안(성내부)쪽에는 석재들이 무질서하게 널려져 있었고 북서쪽으로는 원형의 석렬이 확인되었다. 서문지에 대한 조사는 주변에 교란된 것으로 보이는 석재를 제거한 후 축조 양상을 파악하기 힘든 경우에는 확장을 실시하여 조사하였다. 현재의 안내판은 이곳을 남문으로 표기하고 있는데 이는 빨리 수정해야 할 것이다.

〈사진 49〉 진례산성 남문지

남문은 진례산성의 남동쪽 모서리 부분에서 동북쪽으로 250m가량 떨어진 곳에 위치한다. 남문지가 만들어진 곳의 지형은 남동쪽 모서리에서 급경사를 이루던 능선이 완만한 곡부를 형성한 뒤 다시 북동쪽으로 경사를 지며 올라가는 중앙부이다.

또한 남문지에서 남쪽으로 400m 정도 떨어진 곳은 진례에서 창원쪽으로 향하는 고개가 위치하며, 인근 주민들은 요즘도 이 고개를 이용하여 창원 상남시장으로 장을 보러간다고 한다. 남문지의 축조 수법은 서문과 유사한 양상을 보이고 있으므로 같은 시기에 축조되었던 것으로 생각되며, 잔존 상태가 좋다.

〈사진 50〉 진례산성 성벽 파괴 사례(분묘)(1)　〈사진 51〉 진례산성 성벽 파괴 사례(2)

(3) 관리 미흡으로 인한 문화재 훼손

진례산성은 현재 관리가 전혀 이루어지지 않고 있다. 성벽 주변에 무성하게 자란 잡목·잡초들은 이곳에 성벽이 존재하는지조차도 알 수 없게 만들었으며, 무분별한 등산로 개발로 인하여 진례산성의 성곽은 이미 많은 부분이 손상된 상태이다. 산성의 관리 상태가 이처럼 미흡하므로 등산객들은 이곳에 산성이 있는지조차 모르고 있는 상태이며, 등산 과정에서 소중한 문화유산인 진례산성을 파괴시키고 있는 실정이다.

성벽을 파괴시켜 그 돌로 무덤 주변을 두른 예(사례 1)도 발견되고, 비음산의 명품 소나무라고 하며 그 안내판을 성벽 위에다 설치한 예(사례 2)도 있다.

그리고 등산객들에게 휴식을 제공하기 위하여 벤치가 설치된 곳(사례 3)은 성벽과 접하고 있어서 이미 성벽이 훼손된 상태이다.

〈사진 52〉 진례산성 성벽 파괴 사례(3)

(4) 비음산 정상에 세워진 전망대

진례산성의 발굴 결과 주변을 조망하기 유리한 4개소를 장대지로 추정하였다. 비음산 정상부, 그리고 남문지에서 북쪽으로 300m 정도에 위치하는 봉우리, 산성의 북동쪽 모서리, 북서쪽 모서리 부분이 장대지로 추정되며, 장대지는 별다른 시설을 설치하지 않고 이용하였음을 확인하였다. 4개소의 장대지 중 정상부에 존재하고 있는 장대지는 해발고도가 가장 높은 곳

〈사진 53〉 진례산성 성벽 파괴 사례(4)

으로(해발 518.8m) 성벽이 축조된 모든 봉우리를 조망할 수 있는 요지이기 때문에, 비음산 정상부에 장대나 이와 관련된 시설물이 설치되었을 가능성이 높은 곳으로 추정되었다.

정상부는 등산객들이 쉬어가는 곳으로서 다른 곳에 비해 체성의 붕괴가 심한 상태이므로, 성벽의 흔적만 겨우 확인할 수 있을 정도이고 군데군데 암반도 노출되어 있다. 발굴조사과정에서 3m 간격으로 트렌치를 설치하여 확인하였다.

이렇듯 장대지로 추정되는 곳에 현재는 등산객들이 정상에서 휴식을 취하며 주변을 볼 수 있도록 휴식터가 설치되어 있는데, 문화재로서 진례산성의 보존 가치를 고려하지 않은 개발의 결과 주변 성벽의 파손이 심각하게 진행된 상태이다.

진례산성의 가치를 등산객들에게 더욱 잘 알리기 위해서는 주민들에게 이곳이 산성의 장대지라는 안내판을 설치하여 진례산성의 부속시설이 있었던 곳임을 알리고, 그 정보를 숙지한 상태에서 시설물을 이용할 수 있도록 정상부를 새로이 재정비해야 할 것이다.

(5) 발굴조사를 고려하지 않고 결정된 과거택지 학습장 복원 예정지

〈사진 54〉 현재 과거택지 학습장 복원예정지와 안내판

　현재 진례산성 내 과거택지 학습장으로 지정되어있는 장소는 전반적으로 학술조사 결과 당시 택지의 흔적은 발견할 수 없었다. 발굴 결과 최근까지 현대식 건물이 존재한 것으로 생각된다.

　위 표지판의 내용 중 '조선조 말기에는 농토가 부족해 이곳에 몇 가옥이 조그마한 촌락을 형성하여 있었으며, 그때 경작했던 논밭의 흔적이 아직 남아 있기도 하다'라는 내용은 사실과 맞지 않다. 이곳은 지형상으로도 우기에 물이 모이는 곳에 해당하기 때문에 촌락이 형성되었다는 표지판의 내용은 틀렸다고 생각된다. 보다 정확한 고증을 통해 당시 촌락의 위치를 정확히 찾아 발굴 및 복원 계획을 수립하고, 정밀지표조사 및 발굴조사를 실시하여 정확한 근거를 찾아서, 이를 바탕으로 옛 건물의 원형에 최대한 가깝게 복원해야 할 것이다.

2) 세부 정비계획

문지 복원

성벽 복원

성벽 복원 후

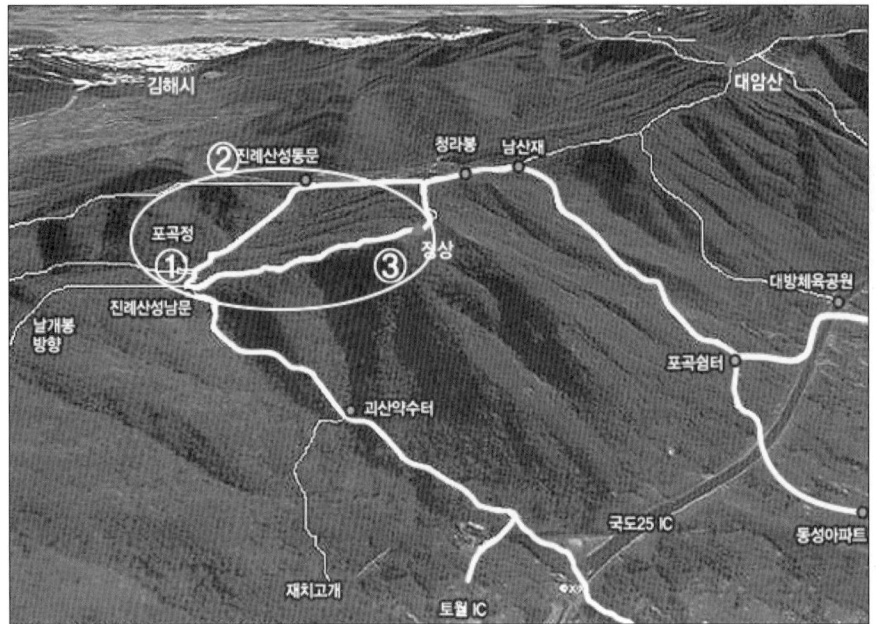

〈도면 17〉 진례산성 복원 계획도

　진례산성 복원계획은 체성을 『성곽 자체 복원계획』, 『성곽내 시설물 복원계획』, 『주변 정비계획』으로 나누어 세 차례에 걸친 복원을 실시할 것을 제안한다.

　1차 정비 계획에서는 성벽의 보수 및 주변 유적의 복원을 우선적 과제로 설정 하여 진례산성이 더 이상 훼손되거나 붕괴 되는 것을 막고 차후에 진행할 개발의 기초를 다진다.

　2차 정비 계획에서는 진례산성과 그 주변 유적들을 연계시켜 활용하는 방안을 개발하여 관광문화권이 형성되도록 사업을 추진한다.

3차 정비 계획에서는 진례산성을 시민들에게 널리 알리며 보다 많은 관광객들이 올수 있도록 하는 구체적 사업들을 연구하여 시행한다.

(1) 1차 정비계획

현재의 진례산성에는 많은 문제점들이 존재하고 있다. 안내 입간판에 들어있는 내용 중에 오류가 있는 부분이 있고 성벽도 심각하게 훼손된 상태이다. 이러한 점들을 수정하고 보완하기 위하여 먼저 발굴조사를 시도할 필요가 있다. 발굴 결과를 통하여 성벽과 성 내부 건물지 등을 복원함으로써 산성으로서의 올바른 모습을 되찾는 것이 가장 우선적으로 추진해야 할 과제이다.

〈사진 55〉 평거식 성문 모습(문경새재)

등산객들이 많이 이용하는 곳을 먼저 복원·정비하여 가시성을 확보하고 지역 주민들이 관심을 가지게 하는 것이 1차 정비계획에서 추진해야 할 좋은 방안이 될 것이다. 예를 들어 부산광역시에서 추진한 금정산성 복원의 경우 등산로의 초입 부분에 동문지를 복원하여 산성의 원래 모습을 찾은 예가 좋은 본보기가 된다.

현재 진례산성의 경우에는 지속적인 관리를 하지 않아서 성벽 주변이나 문지 주변에 잡목·잡초들이 우거져서 성벽의 유무를 확인할 수 없는 상태로 방치되어 있다. 그러므로 성 내외의 수종을 조사하여 잡목을 제거해야 할 필요가 있다. 특히 성벽 부근에 있는 잡목을 제거하여 수목에 의한 성벽 붕괴를 최소화하고, 멀리서도 진례산성의 모습이 잘 보일 수 있도록 한다.

그리고 등산로를 정비하여 성벽과 등산로 사이에 일정한 간격을 설정하여 성벽이 파손될 위험을 최소화해야 할 것이다.

다음은 부산광역시의 금정산성의 복원 사례를 모델로 삼아 진례산성의 복원 방향을 사진으로 제시한 것이다.

성벽이 훼손된 진례산성의 현재 모습

〈사진 56〉 성벽이 훼손된 진례산성의 현재 모습(上),
성벽을 보호하고 벤치를 설치한 금정산성의 현재 모습(下)

성벽 주변이 정리되지 않은 진례산성의 현재 모습

↓

〈사진 57〉 성벽 주변이 정리되지 않은 진례산성의 현재 모습(上),
성벽을 보호하며 정리된 금정산성의 모습(下)

이렇듯 1차 정비계획에서는 성벽이 더 이상 붕괴되는 것을 막고 산성을 보호하는 것을 최우선적 목표로 삼아 사업을 추진해야 할 것이다. 성벽 주변에 잔디를 심어 잡목·잡초에 의해 성벽의 붕괴를 막고 있는 금정산성의 경우를 참조할 필요가 있다. 금정산성의 복원은 무분별하게 개발하는 형태가 아니라, 소중한 문화재에는 피해가 가지 않으면서도 관광객들에게 충분히 쉴 수 있는 문화공간을 제공한 모습을 보여주었다.

앞으로는 사전에 전문가들의 의견을 수렴하여 성벽에 피해가 가지 않게 개발이 되어야 할 것이며, 하루 빨리 진례산성이 옛 모습을 되찾는 데 관심을 기울여야 할 것이다.

(2) 2차 정비계획

2차 정비계획에서는 1차 정비계획인 진례산성의 보수 작업을 이행하면서 주변 유적을 조사 및 발굴·복원하여 진례산성과 주변 유적을 연계시키는 방안을 강구한다.

우선 진례산성의 주변 유적인 통일신라시대 도로유구와 공룡발자국 화석, 우곡사 등과 연계하는 방안을 계획한다.

통일신라시대 도로유구는 용추계곡 입구에 경전선 삼랑진~진주 제3공구 건설과정에서 드러난 유적이다. 창원지역에서 처음 확인된 통일신라시대의 도로유구이므로, 이를 충분히 발굴조사하여 복원한다면 역사 테마길의 좋은 소재로 활용할 수 있을 것이다.

〈사진 58〉 경전선 삼랑진~진주 제3공구 간 유적의 수혈 및 구상유구 전경(도로유구)

〈사진 59〉 경전선 삼랑진~진주 제3공구 간 유적의 통일신라 도로유구

〈사진 60〉 과거택지 학습장

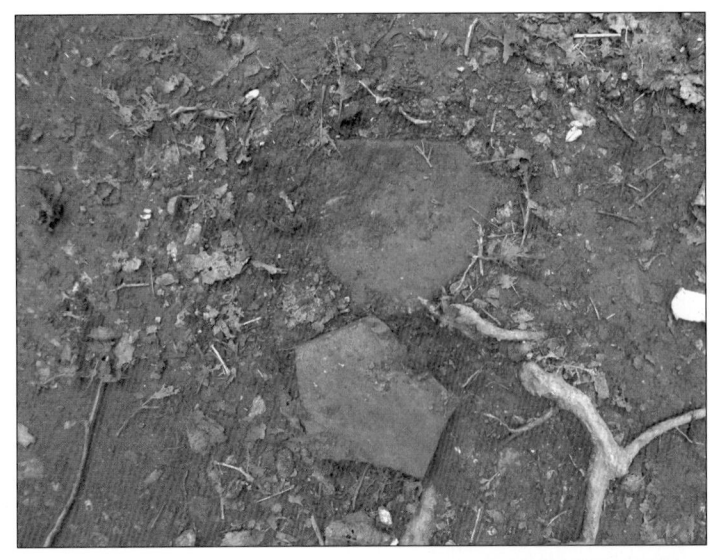

〈사진 61〉 진례산성 내 건물지와 주변 기와편

  통일신라시대 도로유구와 같은 주변 유적을 먼저 발굴·복원을 실시하여 진례산성과 연계하는 방안을 강구해야 할 것이다. 그리고 진례산성 안에 있는 건물지를 복원을 실시하여 산성 내부를 개발해야 할 것이다.

  진례산성 서문에서 등산로를 따라 성내부 동쪽으로 120m 정도 내려가다 보면, 등산로 왼쪽에 평탄한 대지에 건물지의 흔적이 발견된다. 건물의 규모는 정면 6칸(16.5m), 측면 2칸(7m) 정도이다. 건물지 내부에서 확인되는 초석은 치석하지 않는 자연석을 이용하였는데 50~60㎝ 이상 되는 석재를 사용하였고, 북쪽으로 갈수록 1m 정도에 가까운 대형의 석재를 사용하였다고 보고되었다.

발굴조사가 이루어진 건물지를 복원 정비를 추진하면 진례산성 관광문화권 형성에 큰 도움이 될 것으로 기대된다. 그러나 현재 건물지를 복원한 곳은 너무 협소한 지역이므로 건물 추정지를 복원·정비하는 것이 진례산성 관광문화권 형성에 더 큰 도움이 된다고 생각한다.

2차 정비계획은 주변 유적과 연계된 진례산성의 모습을 갖추는 데 기본적 의의가 있으므로, 1차 정비계획과 유기적 연관하에 실시하여 하나의 진례산성 관광문화권을 형성하는 것에 큰 목적을 두어야 할 것이다.

(3) 3차 정비계획

3차 정비계획은 다시 찾은 진례산성의 모습을 지속적으로 관리하는 데 기본 목적을 두며, 이 문화재가 지닌 고유의 기능을 양호한 상태로 보전할 수 있도록 계획한다.

〈표 4〉 복원·정비된 성곽 및 문화재의 보전 계획

구분		내용	방법
이용 제한	직접 제한	보호 울타리 내로 접근 및 행위 엄금	-성곽 파손, 광고물 부착, 놀이 금지
	간접 제한	이용형태, 개인적 선택권의 제한 및 강한 통제	-구역감시 강화, 이용시간의 제한, 공간적 한정
장애물 설치		건물지 내부 등으로의 접근을 억제할 수 있는 장애물 설치	-보호 울타리, 경고표지판 설치
보존관리		항시 점검 보수	-지방자치단체가 항시 관리

계획 대상 부지에서 복원·정비된 성곽과 주변 이용시설간의 기능 유지를 위하여 적절한 운영과 이용에 관한 관리계획을 다음과 같이 수립한다.

〈표 5〉 운영관리 계획

구분	내용	대상
직영 부분	계획 대상부지의 기본적인 운영은 창원시에서 수행	-일반적인 행정 업무 -일반 시설물관리 업무
대행 부분	계획 대상부지의 유지 관리 및 청소를 위하여 전문업자 또는 창원시 관련 단체 등에게 대행	-이벤트 행사 -주변환경 정비

　복원·정비된 성곽과 주변 이용시설간의 기능 유지를 위하여 적절한 운용과 이용에 관한 관리 계획을 수립하고 진례산성의 관광자원화를 위하여 진입로와 산책로를 재정비하고 또한 생태학습 체험관이나 민속생활 체험관 등 관광 시설을 도입한다.

〈표 6〉 주변지역 정비 계획

구분	내용	비고
진입도로	진례산성이 위치하는 비음산 등산로 일대는 항시 차의 이동이 많고 주차 공간도 부족	-진례산성 복원과 연계하여 시행
체험관	진례산성 주변 환경을 이용한 관광자원 극대화(체험관)	-관람 및 휴식 중심으로 관광지 조성

4. 주변환경 관련 유적과의 연계 활용 방안

1) 비음산의 철쭉제

　飛音山은 경남 창원시 토월동과 김해시 진례면 사이에 있는 산으로 높이가 510m이다. 飛音山은 '너른 산'을 뜻하는 말이며, 飛音山은 산 능선을 따라 쌓은 포곡식 석축산성인 진례산성이 지방기념물 제128호로 지정되어 관리되고 있다. 진례산성은 창원분지와 김해평야를 한눈에 바라볼 수 있는 곳에 만들어졌다. 성의 둘레는 약 4km로 성벽은 대부분 붕괴되었으나, 동벽의 일부 구간은 높이 157㎝, 너비 77㎝ 정도로 남아 있다. 飛音山은 북동쪽으로 정병산, 봉림산, 천주산으로 이어지고, 남서쪽으로 대암산, 용지봉, 불모산으로 이어진다. 飛音山은 진달래가 산재하여 있지만 정상 부위에 철쭉이 군락을 이루고 있어 경남지역의 철쭉 명산의 하나로 꼽히기도 하며 철쭉이 만개하는 5월에 철쭉제가 열린다. 등산로는 들머리에서 479봉 능선까지는 가파른 편이나, 능선에서 정상까지는 비교적 완만하다. 飛音山은 정병산과 대암산, 김해의 용지봉, 진해의 불모산, 시루봉, 장복산 등이 한 능선으로 연결되어 있어 체력에 따라 여러 코스로 산행을 진행할 수 있는 중간 지점에 있다.

 2010년 현재 15회째를 맞이한 철쭉제는 비음산의 아름다운 철쭉을 감상하고 창원 진례산성의 역사적 의미와 임진왜란 때 창원부민의 항쟁지로서 그 의미를 되살리기 위해 마련되었다. 창원문화원 주관으로 이번 행사는 진례산성 포곡정에서 철쭉제의 취지문 낭독을 시작으로 진례산성의 유래에 대한 설명, 제례 등이 펼쳐진 후, 식후 행사로 경남예술단의 축무, 축악이 연행되었다.

 그러나 현재 시행되고 있는 철쭉제는 축제로서의 내용에 큰 문제점이 있다. 철쭉제의 효용성과 가치를 확인하고 현재의 제사 형태를 역사성과 관련된 내용으로 재구성하여 실시하는 것이 절실하다. 예컨대 역사 기록에서 확인되지 않는 임진왜란 항쟁보다는 후삼국시대 왕건과 견훤, 김인광과 소충자·소율회 형제의 역사적 활동을 축제의 콘텐츠로 재구성하여 활용해야 할 것 이다.

〈사진 62〉 진례산성 철쭉제(1)(제사 모습)

〈사진 63〉 진례산성 철쭉제(2)(철쭉이 핀 비음산 전경)

2) 공룡테마공원[10]

창원의 공룡발자국은 2008년 10월에 정병산의 용추계곡과 남동쪽으로 약 10㎞ 떨어진 대암산 등산로 주변에서 처음 발견되었다. 정병산의 용추계곡은 계곡이 발달되면서 지층의 노두가 드러남으로써 화석이 발견되었다. 한편 대암산의 공룡발자국 화석은 계곡과 직접적인 관련이 없이 생긴 등산로 바닥에서 바로 발견되었다. 공룡발자국이 발견된 용추계곡 일원의 지질은 경상누층군 진동층 정병산층으로 마산시 진동면을 비롯해 고성군 하이면, 함안, 하동 등 남해안 일대에 넓게 분포하고 있다.

공룡발자국은 보존 상태가 양호해 발의 구조, 크기, 보폭, 보행 방향 등을 알 수 있으며, 대부분의 발자국은 둥근 모양을 하고 있어 발자국을 남긴 공룡은 초식공룡인 용각류로 추정된다. 또 부분적으로 삼지창 모양의 발자국도 있는 것으로 보아 육식공룡인 수각류도 있었던 것으로 확인됐다. 창원에서 발견되는 많은 화석은 학술적 가치가 충분히 인정된다. 창원의 공룡발자국은 공룡이 살았던 당시의 내륙 분포, 퇴적환경, 생태환경 연구에 중요한 학술적, 경관적으로 보존 가치가 매우 높아 영원히 보존되어야 할 소중한 자연유산이다.

창원시 공룡발자국을 진례산성과 연계하여 경제성 높은 관광자원으로 활용하기 위해서는 여러 가지 항목을 대상으로 다양한 볼거리를 제공하여 지속적으로 흥미를 유발시킬 수 있어야 한다. 또한 주변 관광자원과의 연계도 필수적이다. 공룡테마공원, 초등학생 중심의 생태학습장, 주변의 문화재를 통한 역사체험 등 흥미를 이끌어 낼 수 있는 여러 항목의 관람 시설을 개발해야 할 것이다.

또 정병산 용추계곡은 많은 시민들이 이용하는 등산로가 있으니 창원시에서 많은 관심을 가지고 등산로와 교량을 개발하여 접근성과 경관성이 좋은 등산로를 만들어야 할 것이다. 그리고 등산로에 공룡발자국에 관한 안내문을 새로 설치하여 시민들이 자주 찾아오는 관광자원이 되도록 활용해야 할 것이다.

---

[10] 이 부분은 창원대학교박물관, 『창원지역 공룡발자국 화석산지 조사·연구』, 2009에 의거하여 서술하였다.

(1) 용추계곡 Y-1

〈사진 64〉 Y-1 지점 안내판 설치 및 보완 사항

화살표 부분의 난간 위에 관람자가 보는 방향과 같은 방향으로 찍은 사진과 안내판을 설치하여 현장에서 직접 발자국을 관찰하고 안내문을 봄으로써 생동감 있는 교육 현장으로 활용하도록 만든다. 또한 나무난간을 일부 확장하여 관람객의 편의를 도모하도록 만든다.

안내문(Ⅰ안)
  지금부터 약 1억 년 전, 호수 주변을 거닐던 4족보행 소형 용각류 공룡의 발자국 화석이 세립질 사암층 위에 잘 보인다.

〈사진 65〉 타 지역의 관광 안내판 설치 및 시설 모습

〈사진 66〉 Y-1·2·3 지점 보완 사항

Y-1·2·3의 경우 마모가 심해 쉽게 확인하기 어렵기 때문에 암반 색깔보다 진한 페인트를 칠해서 관광객들이 알기 쉽도록 표시한다.

안내문(Ⅱ안)

　이곳 용추계곡 공룡발자국 화석은 모두 30여 개의 발자국으로 구성된 초식공룡인 4족보행 소형 용각류의 보행열이다. 암질은 열변질을 받은 세립질 사암으로 단단하지만 계곡물로 인해 바닥이 마모되어 비교적 얇게 찍히는 앞발의 구조가 관찰되지 않는 점이 아쉽다.
　이곳은 공룡이 살던 1억 년 전에는 낮은 호수 주변이었으며, 단단한 암석이 아니라 부드러운 모래가 호숫가에 쌓이는 도중에 공룡이 지나가면서 발자국을 남겼다. 그 후 발자국위에 많은 퇴적물이 쌓여 압력과 열을 받아 암석으로 굳어지고 다시 융기하는 동안 침식을 받아 현재 지표면에 노출된 것이다.

(2) 용추계곡 Y-4

〈사진 67〉 Y-4-1·2 지점 보완 상황

물푸레나무(용추 10교 상부 약 170m 지점) 위쪽 등산로변에 안내판을 설치한다. 이곳은 용추계곡에서 발자국 화석이 가장 잘 확인되는 곳이지만, 계곡에 위치하고 있어 잦은 침수와 퇴적물로 인해 일반인들이 공룡발자국을 확인하기에 어려움이 있다. 따라서 수시로 관리가 필요한 곳이다. 또한 등산로를 계곡 가까이로 이동시키고 나무 난간을 설치하여 관람을 용이하게 하는 것도 하나의 방법이 될 것이다.

안내문(Ⅰ안)

호수 주변을 천천히 걷던 두 마리의 용각류 공룡발자국의 보행열이 잘 나타난다. 아래쪽의 공룡은 동쪽으로 걸어갔고, 위의 공룡은 대략 북동쪽으로 걸어갔다. 발자국 크기로 보아 공룡은 황소 크기 정도로 짐작되나, 종은 알 수 없다.
이 화석산지는 조병호 씨(창원시 팔용동)가 최초 발견하여 2008년에 창원대학교 박물관이 확인 조사하였다.

안내문(Ⅱ안)

　이곳에 나타난 공룡발자국 화석은 모두 27개의 발자국이 확인된다. 소형 초식공룡인 4족보행 용각류 두 마리가 서로 약 10m의 거리를 두고 각각 걸으면서 만든 발자국이 잘 확인된다. 위쪽에서 확인된 발자국은 동쪽을 향하고 있으며, 길이 25㎝이고 보폭은 약 80㎝ 정도이다. 아래쪽 발자국은 동북동향이며 발자국 길이는 약 28㎝이고 보폭은 약 100㎝ 정도이다. 발자국 크기로 보아 이 발자국을 남긴 공룡은 황소 크기 정도로 짐작되나 정확한 종은 알 수 없다.

　아래쪽과 위쪽 공룡 모두 앞발자국이 약하게 관찰되거나 확인되지 않는 것이 대부분이다. 그 이유는 면이 평탄하지 않아 잘 관찰되지 않거나 원래 약하게 찍힌 탓일 수도 있다.

　공룡이 살던 1억 년 전에 이곳은 낮은 호수 주변이었으며 단단한 암석이 아니라 부드러운 모래가 호숫가에 쌓이는 도중에 공룡이 지나가면서 발자국을 남겼다. 그 후 발자국 위에 많은 퇴적물이 쌓여 압력과 열을 받아 암석으로 굳어지고 다시 융기하는 동안 침식을 받아 현재 지표면에 노출된 것이다.

　이 화석산지는 조병호 씨(창원시 팔용동)가 최초 발견하여 2008년 창원대학교 박물관에서 확인 조사하였다.

(3) 대암산 D-1

〈사진 68〉 D-1 지점 보완 사항

현재 이곳은 창원지역에서 확인되는 공룡발자국 중 가장 뚜렷하게 잔존해 있으며 기존의 발자국과는 달리 대형의 용각류 보행열이 확인되는 곳이다. 현재 등산객들의 쉼터로 이용되는 곳으로 발자국에 대한 훼손의 위험성이 있어 화살표 부분을 정리한 후 아래 그림과 같이 난간을 설치하여 등산객의 접근을 차단함과 동시에 안전을 도모해야 할 것이다.

〈사진 69〉 다른 지역의 난간 설치 모습

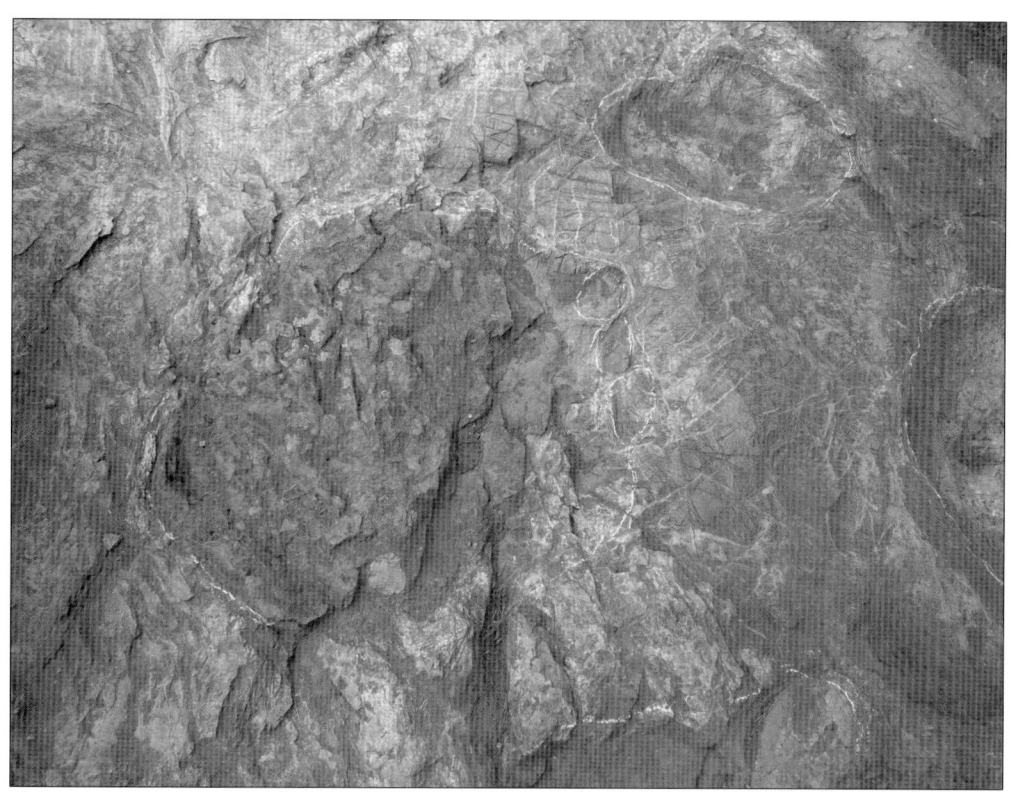

〈사진 70〉 D-1 지점 보완 사항

대부분 공룡발자국이 뚜렷하게 관찰되지만 일부 퇴적물이 떨어지지 않은 부분에 대해서는 전문가 입회하에 퇴적물 제거 작업이 이루어져야 한다.

안내문(Ⅰ안)

호수 주변을 천천히 걷던 초식공룡인 대형용각류 공룡발자국 22개가 뚜렷하게 확인된다. 발자국 크기로 보아 다리의 길이만 3~5m 정도 되는 대형 공룡발자국이다.

안내문(Ⅱ안)

　이곳 대암산 B코스의 7부 능선에 있는 넙적바위 위의 공룡발자국 화석은 초식공룡인 대형 용각류 공룡발자국 22개와 소형 조각류의 발자국이 일부 관찰되나 보존상태가 좋지 않다. 이곳의 발자국은 인근의 용추계곡 발자국과는 다르게 대형 용각류의 보행열이 확인된다는 점에서 특징이 있다. 대암산 공룡화석이 나오는 층위가 인근의 정병산 용추계곡 층위에 비해 하부에 위치하며 같은 진동층이지만 시기적으로 오래된 층이며, 지리적으로도 떨어져 있는 관계로 나타나는 화석에도 전자와 차별성이 나타나고 있다.

　화석을 포함하는 지층의 암질은 세립질 사암이며 비교적 넓은 바위면(30×20m=600㎡) 위에 찍힌 발자국의 평균 크기는 뒷발의 길이/폭이 83/75㎝이며, 앞발의 길이/폭은 51/49㎝이다. 그리고 발자국의 최대깊이가 20㎝이며 보폭은 205㎝이다. 발자국의 크기로 보아 이 공룡은 다리의 길이만 3~5m 정도 되는 대형 공룡이라 할 수 있다.

　이곳은 공룡이 살던 1억 년 전에는 낮은 호수 주변이었으며 단단한 암석이 아니라 부드러운 모래가 호숫가에 쌓이는 도중에 공룡이 지나가면서 발자국을 남겼다. 그 후 발자국위에 많은 퇴적물이 쌓여 압력과 열을 받아 암석으로 굳어지고 다시 융기하는 동안 침식을 받아 현재 지표면에 노출된 것이다.

(4) 대암산 D-2

〈사진 71〉 D-1 지점 보완 사항

대암산 D-2 공룡발자국은 현재 등산로에 위치하고 있어 훼손 위험이 높은 편이다. 따라서 화살표 방향으로 난간을 설치하여 관람하기 쉽도록 하고 발자국의 안전을 도모해야 할 것이다.

〈사진 72〉 난간 설치 모습

안내문(Ⅰ안)

약 1억 년 전에 당시 호수주변을 걸었던 소형 용각류 공룡발자국 화석이다.
이 화석산지는 진범수 씨(창원시 대방동)가 최초 발견하여 2008년에 창원대학교 박물관이 확인조사 하였다.

안내문(Ⅱ안)

　이곳에 나타난 공룡발자국 화석은 모두 11개의 발자국이 확인된다. 발자국은 서쪽을 향하고 있으며, 길이 23㎝이고 폭은 약 20㎝ 정도의 소형 초식공룡인 4족보행 용각류의 보행렬이다. 발자국 크기로 보아 이 발자국을 남긴 공룡은 황소 크기 정도로 짐작되나 정확한 종은 알 수 없다.

　이곳은 공룡이 살던 1억 년 전에는 낮은 호수 주변이었으며, 단단한 암석이 아니라 부드러운 모래가 호숫가에 쌓이는 도중에 공룡이 지나가면서 발자국을 남겼다. 그 후 발자국위에 많은 퇴적물이 쌓여 압력과 열을 받아 암석으로 굳어지고, 다시 융기하는 동안 침식을 받아 현재 지표면에 노출된 것이다.

　이 화석산지는 진범수 씨(창원시 대방동)가 최초 발견하여 2008년에 창원대학교 박물관에서 확인 조사하였다.

3) 초등학생 중심의 학습장

　정병산 용추계곡과 대암산은 생태환경이 잘 보존된 곳이다. 따라서 다양한 식물이 계절에 따라 서식하고 있으며, 그 속에서 다양한 종류의 동물들이 살아가고 있다. 계곡을 따라 흐르고 있는 계곡수도 오염되지 않고 잘 보존되어 있어 각종 물 속 생물들이 서식하고 있다.

　계곡에는 여러 종류의 암석과 지층들도 발견된다. 산책로 주변에 산재하고 있기 때문에 사람들이 쉽게 발견하고 접할 수 있다. 특히 계곡의 지층면에서 공룡발자국 화석이 많이 발견되었다. 공룡발자국 화석은 공룡이 살던 당시의 생활상이나 환경을 엿볼 수 있다는 점에서, 귀중한 생물학적 자료라고 말할 수 있다.

　이처럼 정병산, 대암산에는 다양한 생태환경적인 요소들이 잘 보존·관리되고 있다. 많은 종류의 수목, 초본류, 동물, 지층 및 암석, 계곡 생태계, 그리고 화석을 모두 볼 수 있는 곳이 바로 정병산 용추계곡이다. 그리고 산 정상부에는 경상남도 기념물 제128호인 進禮山城이 있으므로 역사교육도 함께 이루어질 수 있는 곳이기도 하다. 이러한 자연적 문화적 조건은 학생들의 좋은 체험학습장으로 활용될 수 있는 것이다.

(1) 사업의 필요성

　인간의 생활에서 환경의 중요성이 대두된 이후로 환경교육은 학교교육에서 중요한 요소가 되고 있다. 그런 이유로 다양한 체험활동 및 학습이 중요시되고 있다. 특히 람사르 총회를 경상남도에서 개최하면서 생태체험학습도 체험학습의 중요한 부분을 차지하게 되었다.

　하지만 실제 체험학습을 실시하면 다음과 같은 어려운 점들이 발생하게 된다.

　첫째, 체험학습을 실시하기 위해서는 많은 시간적 낭비를 감수할 수밖에 없다. 체험학습을 전개할 수 있도록 체계적으로 정비된 학습장을 학교 주변에서 찾기 어렵기 때문이다. 따라서 대개의 경우 먼 거리에 있는 체험학습장으로 이동하여 학습을 수행할 수밖에 없다. 이는 시간적 낭비로 이어지는 단점이 있다. 그런 단점을 피하려면 교실에서 영상이나, 사진, 관련 서적을 통한 간접 체험을 하며 학습활동을 전개할 수밖에 없다.

　둘째, 학교 교육과정과 연계된 체험학습을 전개할 때 학습내용에 딱 들어맞는 체험 공간을 확보하기 어렵다. 마땅한 체험학습장을 학교 주변에서 발견하기란 쉽지 않기 때문이다. 1개 반 30명 남짓의 학생들이 함께 체험할 수 있는 장소는 학교 주변에서 더 찾기 어렵다. 학생들의 안전이 고려된 체험학습장의 공급이 절대적으로 부족하기 때문이다.

마지막으로 체험학습을 전개할 때 많은 경비가 소요되고 이는 곧 학생들에게 전가된다. 경비 중에서 가장 큰 부분을 차지하는 것이 차량비인데, 학교 근처에 적절한 체험학습장이 없는 학교는 체험학습을 수행하려면 이 경비를 지출할 수밖에 없다. 설령 많은 경비가 투여되더라도 이동시간 때문에 체계적인 학습활동이 이루어지기보다는 단순한 견학 수준 체험학습이 마무리되는 경우가 많다는 단점이 있다.

따라서 교육현장 가까운 곳에 체험학습장이 존재한다면, 이같은 한계를 극복할 수 있을 뿐만 아니라 교육적 효과도 높아질 것이다. 그런 관점에서 대암산 계곡 일대를 학생이 체험활동을 할 수 있는 공간인 체험학습장으로 활용한다면, 인근 학교에서 널리 활용할 수 있으므로 교육적 가치가 매우 높을 것이다.

(2) 학교교육과정(초등) 분석 및 관련 교육과정 추출

〈1학년 – 슬기로운생활〉

단원	활동내용
2. 봄이 왔어요 (바·즐 통합)	봄의 변화 말하기
	봄노래 부르기
	봄에 대한 경험 말하기
	학교 주위를 둘러본 경험 말하기
	학교 주위에서 찾은 꽃 이름 말하기
	학교 주위에서 살펴보고 싶은 꽃 정하기
	내가 알고 있는 꽃, 나무 이름 말하기
	봄철 꽃, 풀, 나무 살펴보기
	살펴본 꽃, 풀, 나무 이야기하기
	꽃, 풀, 돌 등 자연물을 이용하여 놀이하기
	봄에 볼 수 있는 꽃, 풀, 나무, 돌 등을 몸으로 표현해 보기
	봄의 모습 표현한 것 자랑하기
5. 자연과 함께해요	살아있는 것과 그렇지 않은 것을 분류하기
	생물과 무생물의 특징 이야기하기
	여름철에 볼 수 있는 여러 가지 식물과 동물을 분류하기
	여름철에 볼 수 있는 동물들을 사는 곳에 따라 분류하고 좋아하는 동물 그리기

	여름철에 볼 수 있는 꽃과 열매를 찾아보고, 그 생김새와 특징을 발표하기
	우리나라 꽃 무궁화 그리기 무궁화의 생김새와 특징 말하기
	다섯고개 놀이 하기 여름철의 동물과 식물의 특징 말하기

〈2학년 – 슬기로운생활〉

단원	활동내용
2. 살기 좋은 집	여러 가지 집의 외부 모습과 내부 구조를 살펴보고 내가 살고 싶은 집을 구상해본다. 집에서 기르는 동물과 식물을 알아보고 집 주위 환경을 아름답게 가꾸어 본다.
6. 우리들의 한 해	우리나라를 상징하는 것을 조사하고, 사계절이 뚜렷한 우리나라를 사랑하며 소중히 하는 태도를 기른다. 한 해를 마무리하면서 경험한 일을 발표하고 3학년을 맞이할 준비를 한다.

〈3학년 – 과학 1학기〉

단원	활동내용
3. 소중한 공기	공기가 있음을 확인하기 공기가 공간을 차지하는지 알아보기 공기 옮겨보기 풍선으로 여러 가지 모양 만들기 우리생활과 공기
6. 물에 사는 생물	물에 사는 생물 관찰하기 연못이나 개울에서 관찰한 것 나타내기 어항 꾸며 생물 기르기 어항속의 생물 관찰하기 물에 사는 생물들의 먹이관계 물에 사는 생물들의 환경관계

⟨3학년 – 과학 2학기⟩

단원	활동내용
1. 식물의 잎과 줄기	식물의 잎 관찰
	식물의 잎맥 관찰
	잎의 생김새에 따른 분류
	잎이 줄기에 붙어 있는 모양
	식물의 줄기가 뻗는 모양
	줄기의 겉모양 관찰
	식물 줄기의 역할
	식물의 우리 생활에 주는 이로운 점 알아보기

⟨4학년 – 과학 1학기⟩

단원	활동내용
4. 강낭콩	여러 가지 씨앗 관찰하기
	씨앗이 싹트는 데 필요한 조건 알아보기
	싹이 튼 씨앗의 겉모양과 속 모양 관찰하기
	식물이 자라는 데에 필요한 조건 알아보기
	식물이 자라는 모양 관찰하기
	식물의 한 살이 알아보기
6. 식물의 뿌리	식물의 뿌리 모양 관찰하기
	뿌리가 하는 일 알아보기
	물방울의 식물 여행
	식물이 되어보기

⟨4학년 – 과학 2학기⟩

단원	활동내용
2. 동물의 암수	동물의 암수 구분하기
	여러 동물의 짝짓기 행동 알아보기
	동물의 짝짓기 후의 변화(알 낳는 동물, 새끼 낳는 동물)
	새끼와 어미의 모습이 비슷한 동물 찾아보기
	동물의 수명과 대 잇기에 대해 알아보기
3. 지층을 찾아서	지층의 모양 관찰하기(정의, 구분, 비교하기)
	지층이 쌓이는 순서(지층 모형 만들어 알아보기)
	지층이 만들어지는 과정 이해하기(모래 굳히기)
	지층을 이루고 있는 알갱이 관찰하기

단원	활동내용
	지층 알갱이의 종류 알기, 퇴적암 분류하기
4. 화석을 찾아서	여러 가지 화석 관찰하고 화석 정의하기
	화석 모형 만들고 화석의 생성 원리 이해
	화석이 만들어져 발견되기까지의 과정 이해하기
	화석을 이용하여 화석과 지층의 관계를 알아보기
	우리 생활에서의 화석 이용에 대해 알아보기
	공룡에 대해 주제를 정하여 조사하기
	공룡 뼈 맞추기

〈5학년 - 과학 1학기〉

단원	활동내용
5. 꽃	꽃 관찰하기
	여러 가지 꽃의 공통점과 차이점 알아보기
	꽃가루받이에 대하여 알아보기
	꽃사전 만들기
7. 식물의 잎이 하는 일	식물이 양분을 얻는 방법 알아보기
	식물 속에서의 물의 이동 알아보기
	현미경으로 잎 관찰하기
9. 작은 생물	우리 주위의 작은 생물 관찰하기
	물에 사는 작은 생물들의 생김새와 특징 알아보기
	땅에 사는 작은 생물들의 생김새와 특징 알아보기
	땅 속에 사는 작은 생물들의 생김새와 특징 알아보기
	작은 생물들에 대하여 관찰하고 조사한 내용 이야기하기

〈5학년 - 과학 2학기〉

단원	활동내용
3. 열매	여러 가지 씨와 열매 관찰하기
	씨가 퍼지는 방법 알아보기
	씨와 열매의 이용

〈6학년-과학 1학기〉

단원	활동내용
5.생명	우리 주변의 생물 조사하기
	여러 가지 생물 나누어 보기
	동물의 특징에 따라 나누어 보기
	등뼈가 있는 동물을 특징에 따라 무리 짓기
	식물을 특징에 따라 나누어 보기
	꽃이 피는 식물을 특징에 따라 무리 짓기
	생물의 다양성에 대해 이야기하기
	떡잎의 수에 따른 식물의 특징 비교하기

〈6학년-과학 2학기〉

단원	활동내용
3. 쾌적한 환경	생물이 살아가는데 필요한 것
	생물이 양분을 얻는 방법
	생물 사이의 먹고 먹히는 관계
	먹이 피라미드 알아보기
	생태계의 평형 알아보기
	환경오염에 대하여 알아보기
	환경신문 만들기

4) 활용의 실제(예시)

① 체험학습 내용 설정 및 필요 부대시설

구분	활동 내용	필요 부대시설
식물 생태 체험	◆ 수목 생태 체험 활동 ◆ 풀, 꽃 생태 체험 활동	▶ 수목 이름표, 등산로 주변 식물 설명판 설치
동물 생태 체험	◆ 야생 동물 생태 체험 활동 ◆ 서식 조류 생태 체험 활동	▶ 서식 동물(조류 포함) 안내판 설치 ▶ 새 설명판 및 새소리 듣기 체험대
습지 생태 체험	◆ 계곡 수서 곤충 생태 체험 활동 ◆ 양서, 어류 생태 체험 활동 ◆ 물 속, 물가 식물 생태 체험 활동	▶ 계곡 생태 모니터링 결과 안내판 ▶ 수서생물들에 대한 설명판

화석 탐방	◆ 공룡발자국 화석 탐방	▸ 용각, 조각, 수각류 공룡의 특징 ▸ 접근성이 편한 탐방 데크, 설치 ▸ 공룡 종류에 따른 공룡 조형물
암석, 지층 탐방	◆ 등산로 주변 지층의 노두 탐방 ◆ 계속에 산재한 암석 관찰 활동	▸ 지층 설명판 ▸ 용추계곡 산재 암석의 특징 및 이름 안내판
유적지 탐방	◆ 진례산성 탐방	▸ 창원의 역사 ▸ 진례산성의 역사 ▸ 산성의 구조, 문지 설명

◈ 등산로 입구에 탐방(체험활동) 안내판 설치
◈ 체험학습의 주제에 맞는 탐방 지점 선정 및 표지판 설치
◈ 탐방 지점 위험요소 제거 및 학습활동 공간 확보
◈ 과다한 시설투자로 원래의 자연 생태계가 파괴되지 않도록 하며 자연 친화적 생태학습장이 되도록 시설 투자가 되어야 함.

● 등산로 코스 개발 및 테마길 조성

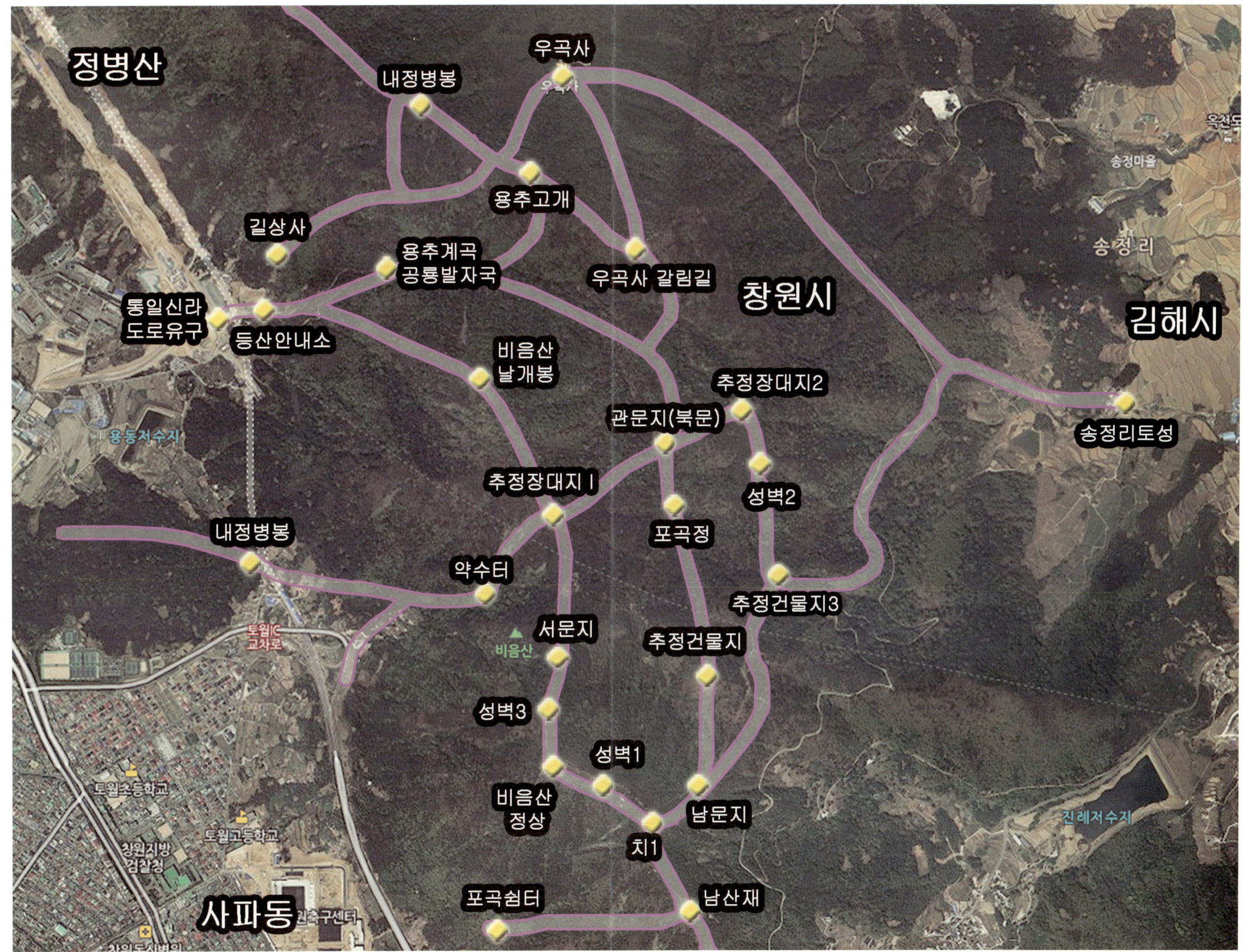

〈도면 18〉 진례산성 일대의 전체 등산로

〈도면 19〉 1번 코스의 등산로와 유적

(1) 1번 코스

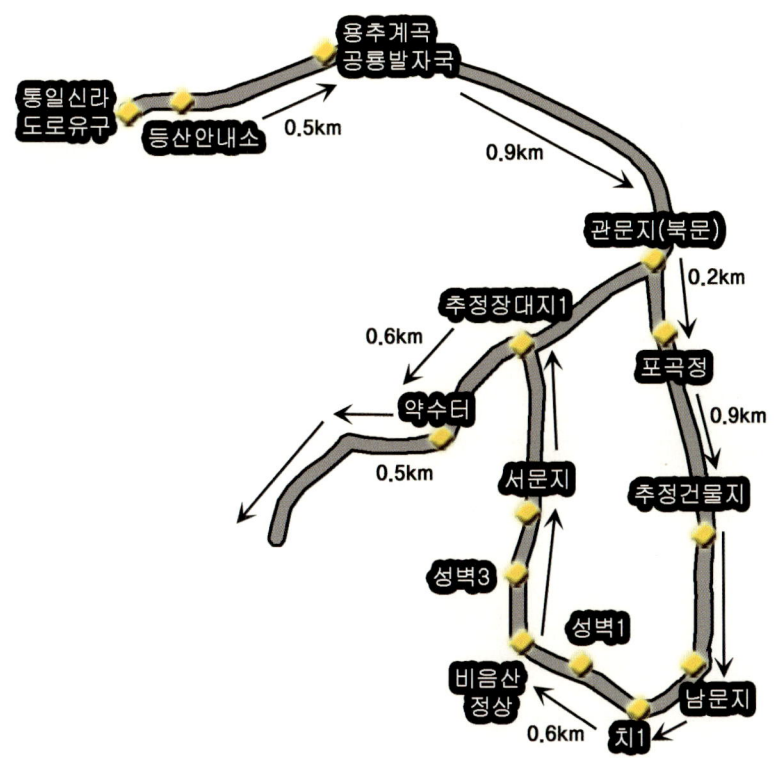

1번 코스는 등반안내소에서 통일신라 도로유구를 지나 용추계곡 등산로를 거쳐 올라가는 길이다. 코스의 진행과정에서 공룡발자국 화석도 보면서 관문지, 포곡정, 추정 건물지, 남문지, 비음산 정상 서문지를 지나 약수터로 내려오는 코스이다. 현재에도 많은 사람들이 이 코스를 등산로로 이용하고 있다. 주말에는 많은 사람들이 몰려 주차장이 부족한 상태이므로, 주변 도로망 점검시에 이 문제를 해결해야 할 필요가 있다. 서문지에서 약수터로 내려오는 길에는 수많은 돌탑들이 있는데, 이는 만든이가 확실하지는 않지만 보는 이들의 감탄을 자아내고 있다.

(2) 2번 코스

〈도면 20〉 2번 코스의 등산로와 유적

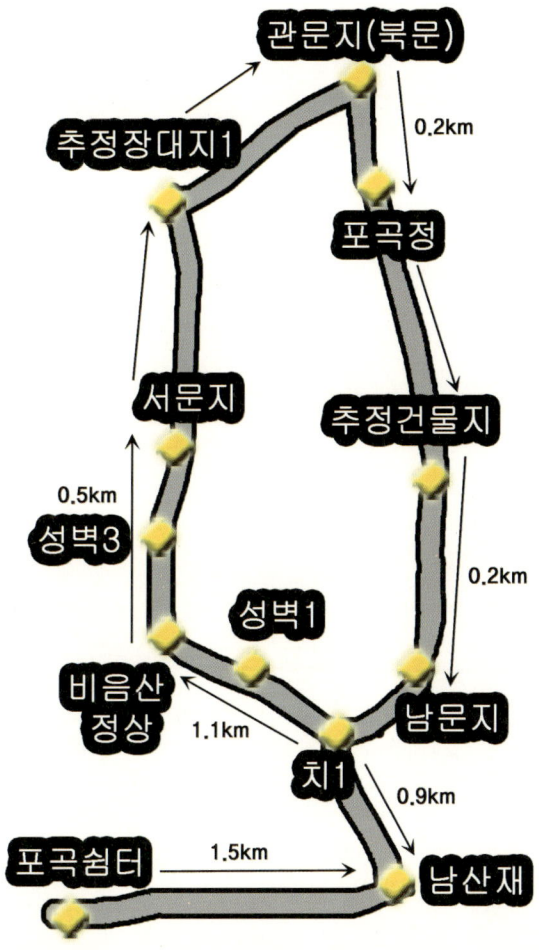

❷ 사파동 →0.4km→ 포곡쉼터 →1.5km→ 남산재 →1.1km→ 정상 →0.5km→ 서문지 →1km→ 관문지 →0.2km→ 포곡정 →0.4km→ 추정건물지 →0.5km→ 남문지 →0.9km→ 남산재 →1.5km→ 포곡쉼터

 2번 코스는 사파동 방향에서 올라오는 길이다. 포곡쉼터에서 남산재로 이동하여 정상을 밟은 후 서문지, 관문지, 추정 건물지, 남문지를 보고 다시 남산재를 이용하여 포곡쉼터로 내려오는 코스이다. 현재 이 코스는 사파동 주민들이 많이 이용하고 있다. 하지만 부대시설이 빈약하여 많은 사람들이 등산로로 이용하기에는 큰 불편이 있다.

(3) 3번 코스

〈도면 21〉 3번 코스의 등산로와 유적

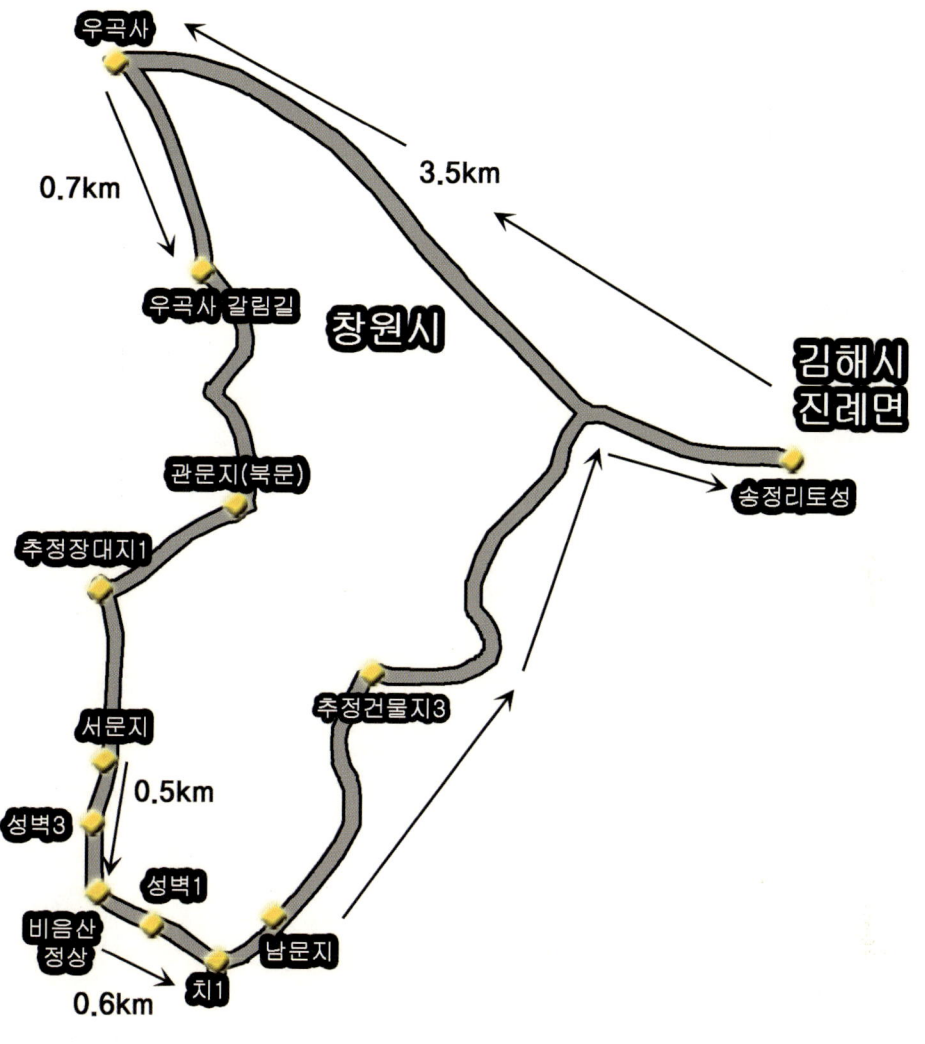

3번 코스는 송정리 토성에서 우곡사를 거쳐 서문지로 오는 길이다. 이는 진례 주민들이 활용할 수 있는 코스로써 우곡사→서문지→비음산 정상→남문지의 순서로 돌고 다시 송정리 토성 방향으로 되돌아 나가는 코스이다.

IV. 진례산성의 복원 타당성과 관광자원화 방안

(4) 4번 코스(洛南正脈)

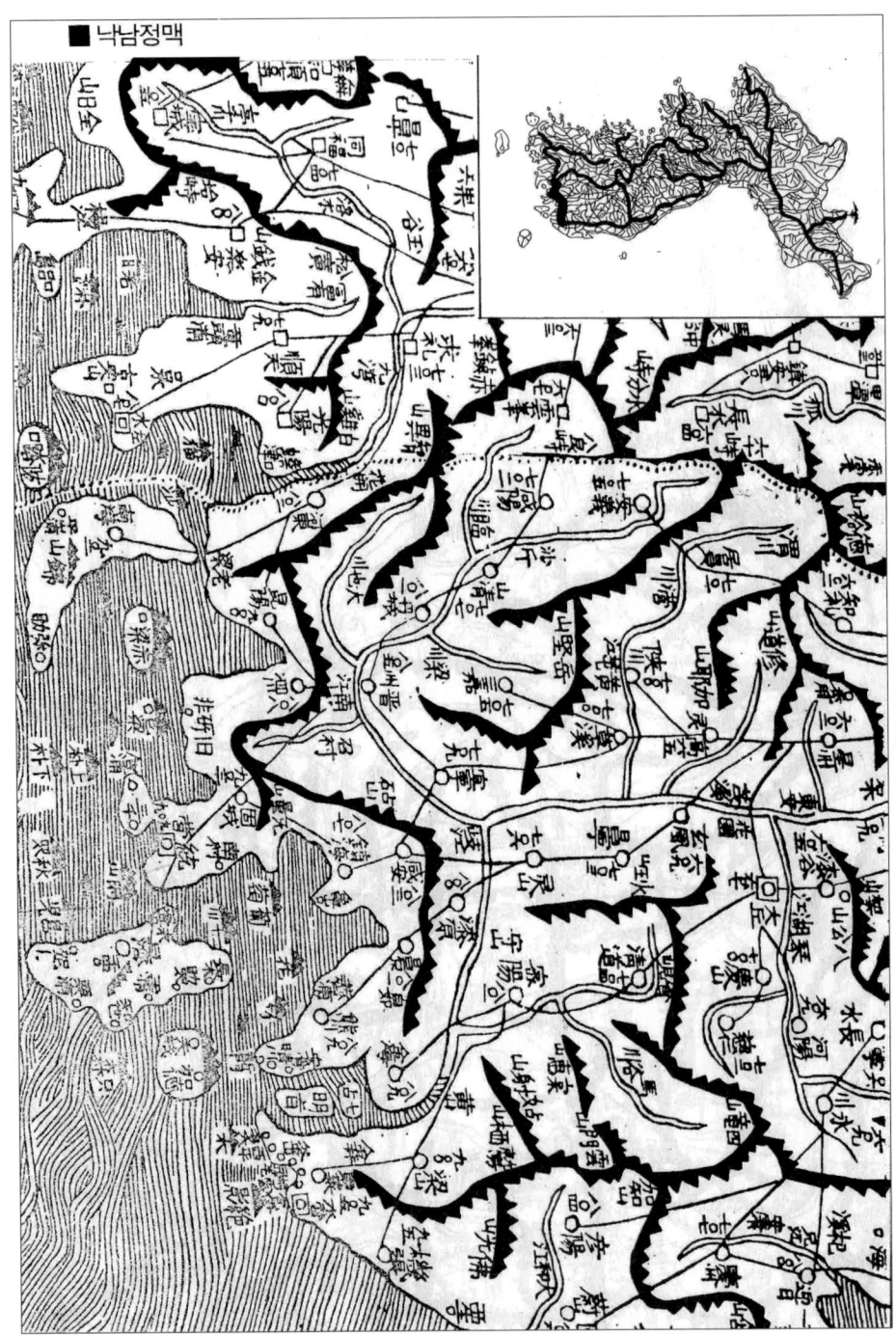

<고지도 15> 『山經表』를 통해서 본 洛南正脈(1)

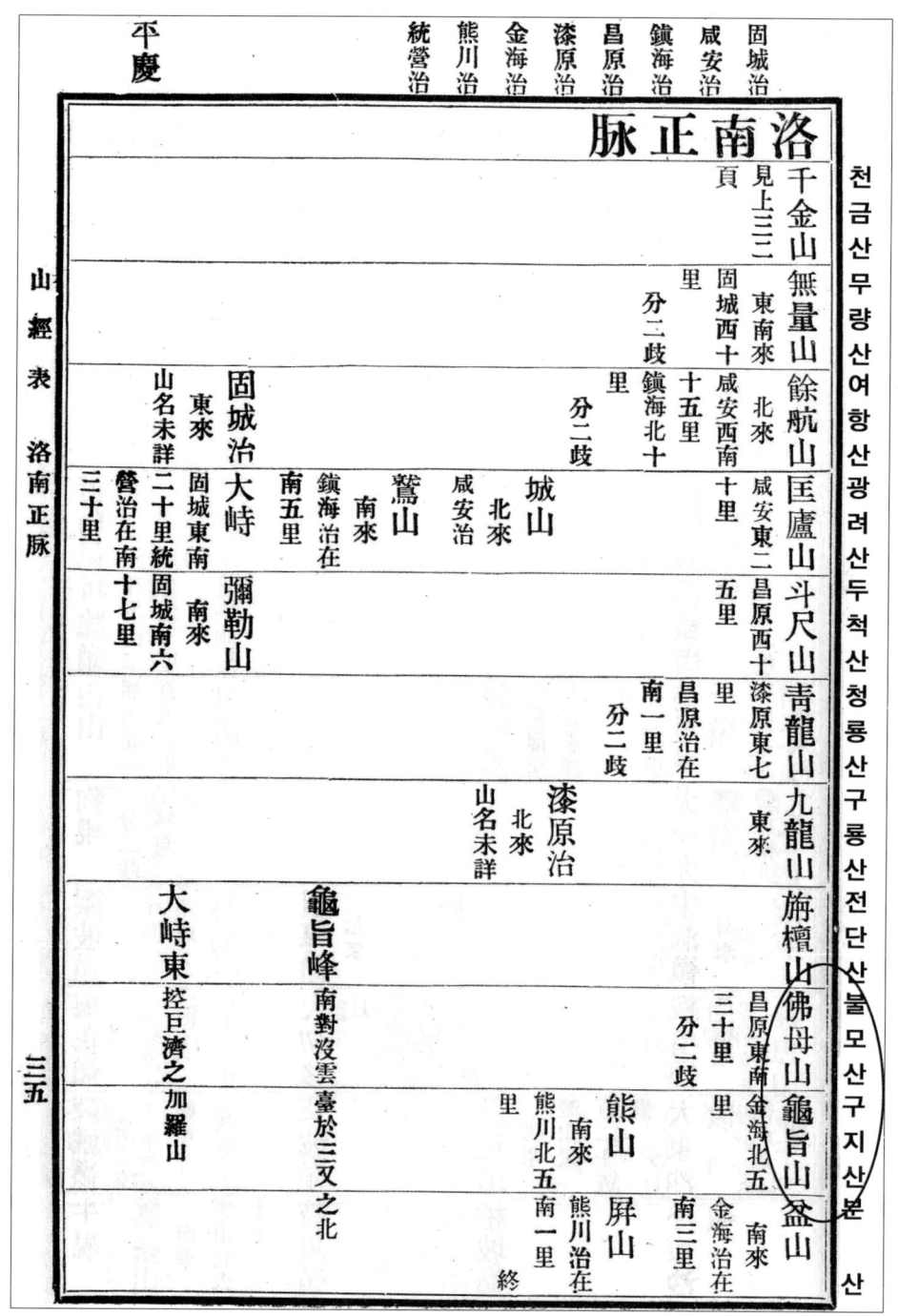

〈고지도 16〉『山經表』를 통해서 본 洛南正脈(2)

진례산성과 관련된 旆檀山, 佛母山이 洛南正脈의 한 부분을 차지하고 있다.

<도면 22> 『山經表』를 복원한 『山經圖』에 나타난 洛南正脈(匡祐堂 李祐炯)

낙남정맥은 낙동강의 남쪽에 위치한 정맥이다. 낙동강의 물줄기는 반도 남부의 동서 중간을 가르며 흘러내리고 그 남쪽으로 가로 지르는 낙남정맥을 끼고 일찍이 삼한시대를

전후하여 변한 12국 또는 가야 6국이 결성되어 삶의 터전으로 삼아왔다. 수로왕이 서기 42년 가락국을 건설하면서 약 491년간 가야국으로 통합하여 찬란한 문화와 유물을 남기는 등 꽃을 피어오다가 신라에 항복하면서 막을 내리게 된다.

대체로 김해의 진산인 신어산(630m)을 지나 마산의 무학산(767.4m)과 대산(727m), 함안의 광려산(720m), 서북산(738.5m), 여항산(842m)을 두루 지나 고성의 용암산(399.5m), 덕산(278m)에 이르러 떨어진 다음 무량산(581.4m)을 넘어 사천, 진주에 이르러서는 가화강(10m)까지 뚝 떨어진다. 겨우 하동의 베토재(170m)에서 다시 고개를 들면서 고운재(800m)로 올라 삼신봉(1,284m)에 이르면서 지리산 주능선상(백두대간)의 영신봉(1,651.9m)에 맥을 대고는 정맥을 마감한다. 낙남정맥은 도상거리가 220km이고 실제거리는 약 300km가 넘는 거리다.

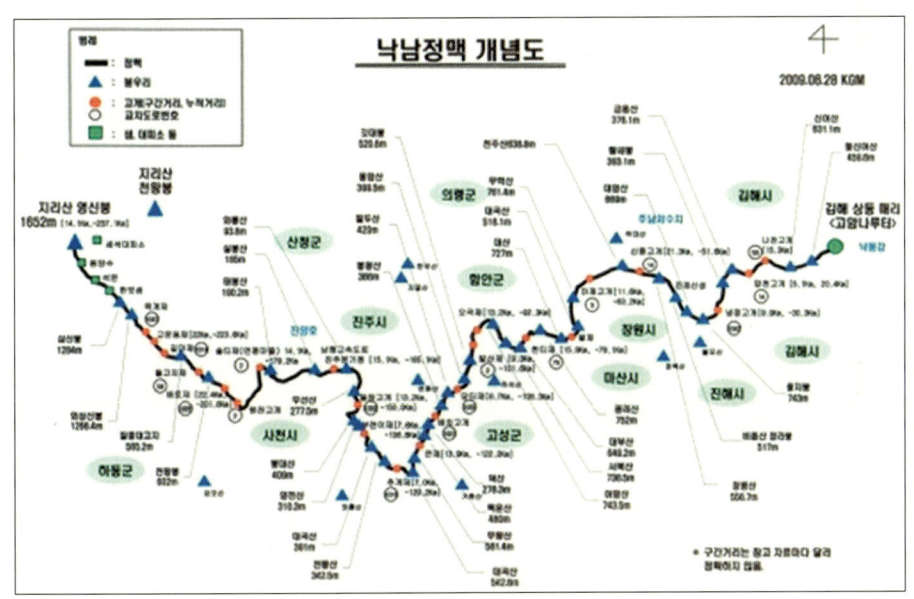

〈도면 23〉 洛南正脈 개념도

◎ 낙남정맥의 산
　지리산 영신봉, 삼신봉, 실봉산, 무선산, 봉대산, 양전산, 백운산, 대곡산, 무량산, 성치산, 용암산, 깃대봉, 여항산, 서북산, 광려산, 대산, 무학산, 천주산, 정병산, 비음산, 대암산, 용지봉, 황새봉, 신어산, 동신어산

〈도면 24〉 창원시의 낙남정맥 코스

창원시의 낙남정맥 코스

❸ 정병산→내정병봉→용추계곡→비음산→대암산→용지봉→불모산→안민고개→장복산

　이 코스는 정병산에서 출발하여 내정병봉, 비음산, 대암산, 불모산, 안민고개를 지나 장복산에 도착하는 낙남정맥(창원지역)코스이다. 1일코스로써 많은 이들의 사랑을 받고 있는 코스이다.
　현재에도 등산로코스가 있는데 새로운 등산로 코스를 개발하거나 또는 현재 이용하고 있는 등산로 코스를 보완·정비하여 진례산성과 주변유적을 연계시키는 방안을 마련할 필요가 있다.

(1) 창원 역사의 길은 코스에 안내판을 제작하여 등산과 함께 창원의 옛 모습을 보면서 비음산 정상에 도착하여 한눈에 바라볼 수 있는 현재의 창원의 모습이 어떠한 모습으로 발전해왔는지 보여주는 코스이다. 도로유구의 발구 조사 결과 통일신라시기의 도로유구로 확인되었는데, 이는 진례산성이 통일신라시대에 본격적으로 활용되었음을 보여주는 근거가 된다. 이는 창원의 역사에서 진례산성과 통일신라의 도로유구가 차지하는 비중을 보여주는 중요한 사례로 생각되며, 이를 지역주민에게 알림으로써 창원 역사에 대한 관심을 고조시키는 방안으로 삼기 위해 창원 역사의 길을 조성할 것을 제안한다.

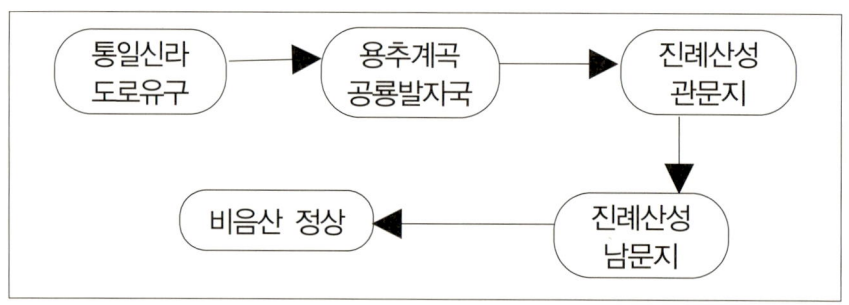

〈도면 25〉 창원 역사의 길 진행도

〈사진 73〉 창원 역사의 길 안내판 설치 장소

용추계곡에 있는 공룡발자국을 중심으로 창원이 선사시대 때부터 취락공간이 형성되였음을 알릴 필요가 있다. 이를 위하여 창원 내의 여러 유적들과 발굴 출토된 유물들 사진을 안내판으로 만들어 선사시대의 창원을 보여주고, 진례산성의 관문지에서 남문지로 향하는 길에는 삼국시대부터 조선시대까지의 변천 모습을 제시해준다. 이와 함께 진례산성 내의 건물지를 복원하여 눈으로 보고 만지며 배우는 학습장을 만들어준다. 그리고 남문지에서 정상으로 이동할 때는 근대의 창원의 변화 모습 등을 보여준다. 마지막으로 비음산 정상에 도착하였을 때는 창원시가 한눈에 보이는 전경을 이용하여, 실제로 창원시를 바라보면서 창원의 변천사를 다시 느낄 수 있는 장을 만들어주는 것이 창원 역사의 길의 전체 계획이다.

(2) 공룡 테마지 형성은 용추계곡에 있는 공룡발자국 화석을 이용하여 주변에 공룡 모형과 공룡에 대한 안내판 등을 이용하여 공룡 테마 지형을 만들어서 가족 단위의 관광객들에게 볼거리를 제공하는 방안이다. 용추계곡에는 많은 공룡 발자국 화석들이 존재하고 있으나, 공룡발자국 위치를 알려주는 안내판이 제대로 설치되어 있지 않은 상태이다. 이를 보완하여 공룡 테마공원을 만든다면 진례산성이 어린이 학습장으로써의 가치도 더 가지게 될 것으로 기대한다.

(3) 자연 생태계 학습길은 현재도 형성되어 있지만 안내판이 관리가 안 되고 주제의식이 뚜렷하지 않아 그 구실을 제대로 못하고 있다. 이를 보완하여 등산로 중 완만한 곳을 선택하여 부모님과 함께 온 어린이들을 대상으로 한 자연 생태계 학습장을 조성할 필요가 있다. 지금도 야생화를 알리는 안내판은 설치되어 있으나 그 주변에서 그 야생화를 찾아볼 수 있게 관리되지 않은 상태여서 시민들의 관심을 끌지 못하고 있는 한계점이 있다. 이를 보완하기 위해서 관리인을 두어 생태학습장을 관리하게 하고, 좀더 풍부한 자료로 학습장을 꾸며서 관심을 이끌어내는 것이 중요할 것으로 생각된다.

〈사진 74〉 현재 자연 탐방로 모습

6) 통일신라 길 복원

통일신라 길은 창원시 사림동 148번지 일원이며, 용추저수지의 동쪽, 비음산(해발 510m)의 산록 완사면에 입지해 있다. 두상의 수혈을 굴착한 후 수혈의 벽면에 접해 단면 U자상으로 다시 한 번 굴착하여 내부를 산자갈돌로 채워서 만들었다. 크기는 길이 52.5m, 너비 340㎝, 깊이 66㎝이며, 바닥에서 확인되는 윤거는 230㎝, 차륜 폭은 50~80㎝, 깊이는 30~35㎝이다. 구릉이 높아지는 동쪽으로 갈수록 구의 깊이는 얕아지다가 평지로 연결된다. 지금까지 통일신라시대의 도로유구는 조사된 사례가 드문 것이고 조사 결과 잔존 상태가 양호하며, 정상부에 위치한 진례산성과의 관련성도 있었을 것으로 추정된다. 통일신라 길의 주변 유적으로는 용추계곡의 공룡발자국 화석, 진례산성, 우곡사 등이 있으므로, 통일신가 길을 복원한 후 연계하는 방안을 고려해야 할 것이다. 또한 통일신라시대의 길을 복원한다면 역사적·문화적 쉼터로써의 기능과 함께 1500년 전의 길을 복원함으로써 창원시 관광 자원으로 활용할 수 있는 역사 컨텐츠를 개발한다는 점에서 중요한 의미가 있다.

〈사진 75〉 경전선 삼랑진~진주 제3공구 간 유적의 통일신라 도로유구

〈사진 76〉 경전선 삼랑진~진주 제3공구 간 유적의 통일신라 도로유구

(1) 이야기가 있는 역사 탐방의 길

　도로유구의 발굴 조사 결과 통일신라시기의 도로로 확인되었는데, 이는 진례산성과 연계하여 창원의 역사가 언제부터 발전해왔는지에 대해 알 수 있는 중요한 유적으로 생각된다. 이를 지역주민에게 널리 알리고 창원 역사에 대한 관심을 갖게 하기 위한 방안으

로써 이야기가 있는 역사 탐방길의 조성을 제안하고자 한다.

　이야기가 있는 역사탐방 길을 통해 지금까지 창원 사람들이 두 발로 걷고 다닌 삶의 현장을 재현하여 창원의 역사뿐만 아니라 지금까지 잘 알려지지 않았던 지역의 전설이나 설화 등을 테마로 삼아서 길과 역사 그리고 이야기가 결합된 역사탐방의 길을 시도하는 사례가 될 것이다.

　통일신라 길의 발굴 및 복원은 현재까지 남아 있는 유구의 분포 특성 및 성격을 고려하여 연차별 발굴계획 및 복원계획을 수립하고, 정밀지표조사 및 발굴조사를 실시하여 정확한 근거를 확인한 후 이를 바탕으로 최대한 옛길의 원형에 가깝도록 복원해야 할 것이다.

　통일신라 길의 곳곳에 창원의 역사와 유적지를 볼 수 있는 역사탐방로를 개설하고 안내판을 설치해야 한다. 그리고 여기서 한걸음 더 나아가 창원시 일대에 대해 총괄적으로 안내할 수 있는 모형도 등을 설치하는 것이 바람직하다. 또한 천년의 길을 걷는다는 느낌을 갖기 위해 발굴된 길 그대로를 보존하여 아래에서 보듯이 전시관 유리를 이용하는 방법을 통해 사람들이 직접 걸을 수 있는 방안도 생각해 보아야 할 것이다.

〈사진 77〉 전시관 바닥 유리를 통해서 보이는 회현리 패총의 모습

(2) 유사사례 검토(名古屋城박물관 역사탐방의 길)

　임진왜란 당시 일본군의 총사령부가 있었던 곳은 사가현 카라츠의 名古屋城이다. 나고야성의 건물은 〈사가현일한교류센터〉와 〈나고야성박물관〉이 있고, 야외에서는 곳곳에

나고야성 유적지를 볼 수 있으며, 아울러 나고야성 주변의 〈역사탐방의 길〉을 제시하고 있다.

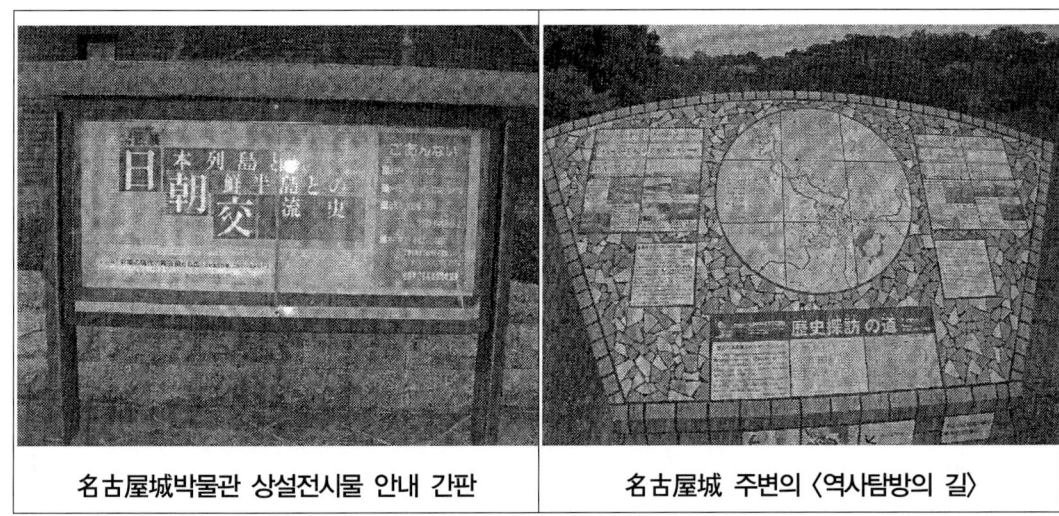

| 名古屋城박물관 상설전시물 안내 간판 | 名古屋城 주변의 〈역사탐방의 길〉 |

〈사진 78〉 名古屋城의 유사 사례 모습

나고야성 박물관 입구에 동판으로 붙어 있는 글귀는 숙독할 가치가 있다. 전문은 다음과 같다.

> 일본열도와 조선반도의 사람들 사이에 오랜 교류의 역사가 있었습니다. 文禄·慶長(분로쿠·게이쵸)의 役(임진·정유재란, 1592~1598)은 그 관계를 한때 단절시킨 불행한 일이었습니다. 名古屋城박물관은 이 전쟁의 반성 위에 서서 名古屋城跡을 일본열도와 조선 반도의 오랜 교류사 가운데서 이해하며, 그 역사적 위치를 밝힘으로써 앞으로의 양국의 교류 및 우호의 추진 거점이 될 것을 지향하고 있습니다.

5. 복원의 기대 효과

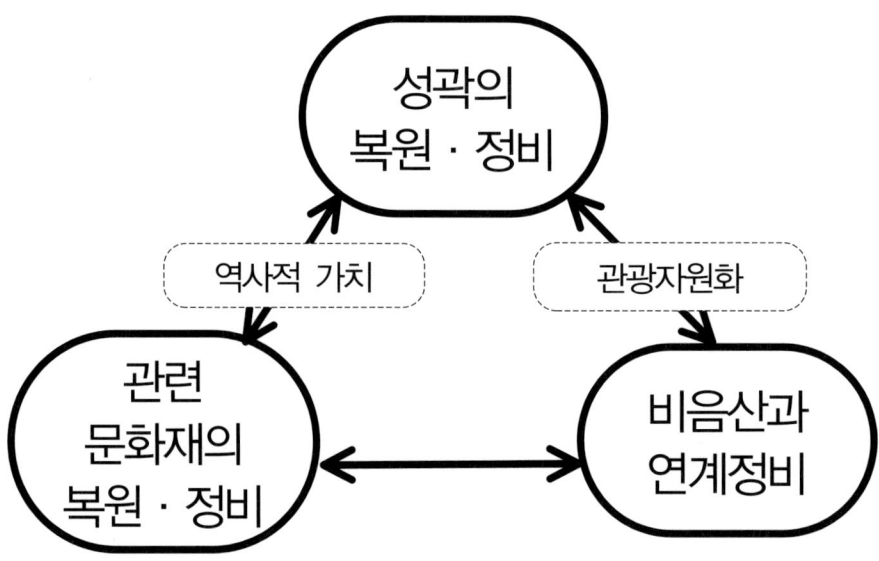

진례산성과 관련하여 정병산 용추계곡 및 대암산을 생태와 역사를 체험할 수 있는 공간으로 조성하고 가꾸어나간다면 다음과 같은 효과를 거둘 수 있을 것이다.

1) 환경의 다양성을 확보하고 시각적·미적 다양성과 거주자의 다양한 문화욕구에 부응하는 효과도 얻을 수 있다.
2) 소중한 문화유산을 보호하여 역사로부터 교훈적·교육적인 효과를 얻을 뿐만 아니라 학생들이 환경을 이해하고 체험할 수 있는 체험학습장으로서의 역할을 할 수 있게 된다.
3) 체험학습을 실시할 때 요구되는 시각적, 공간적, 경제적인 낭비를 줄여 효율적인 학습활동이 전개될 수 있을 것이다.
4) 다양한 체험 안내를 통해 환경 보존에 대한 지역민의 인식이 높아질 것이고, 정병산, 대암산을 보존하려는 시민의식 또한 높아질 것이다.
5) 진례산성의 복원은 비음산 일대에 분포하는 공룡발자국, 우곡사, 불곡사 등과 연계하여 역사탐방 관광권으로 설정하여, 지역관광산업을 한층 더 활성화할 수 있는 촉

진제 역할을 하는 데 기여할 수 있다.

결과적으로 본 복원사업이 실현될 경우, 산성의 보전뿐만 아니라, 수려한 비음산의 등산코스와 연계하여 역사관광자원으로 활용할 수 있으므로 유구한 역사를 가진 창원시의 이미지 개선효과에 기여하고, 또한 창원시민의 자긍심이 제고될 수 있어 홍보에도 매우 효과적인 복원·정비사업으로 볼 수 있다.

이와 같이 진례산성의 복원사업은 기대효과가 크고, 또한 우리나라를 대표하는 산성 문화재로서 그 가치가 크므로 복원사업은 매우 타당하다고 볼 수 있다.

6. 복원사업에 대한 제언

○ 진례산성의 복원을 원활히 하기 위한 주민 참여방안을 수립한다

진례산성의 복원이 관주도에서 지역주민이 자연스럽게 참여할 수 있는 "축제의 장"을 마련하여 동참할 수 있도록 장을 펼쳐주는 것이 필요하다. 즉 과거 축조 당시 많은 지역에서 인원이 동원되어 축성하는 모습을 보여줄 수 있는 산성축제를 체계적으로 마련하여 자연스럽게 지역주민 및 등산객 등이 참여하여 성돌 채집, 축성 체험 등을 할 수 있는 방안 마련이 요구된다.

○ 진례산성의 복원을 위한 성돌 수집체계를 구축한다

진례산성의 복원을 최대한 옛 모습으로 복원하기 위해서는 성곽 주변에 흩어져 있는 성돌 및 비음산에서 수집되는 자연석, 또는 비음산 주변에서 채석되는 돌을 성돌로 가공하여 복원될 수 있도록 한다. 현재 진례면 및 비음산 일대에는 진례산성 축조에 사용된 성돌이 흩어져 있으며, 또한 노출되어 있는 자연석이 상당히 있기 때문에 진례면 및 비음산 정비계획과 맞물려 성돌을 채집할 수 있는 전담 부서와 인력을 확보하는 것이 필요하다. 다만 비음산 일대의 자연생태계를 보존하는 차원에서 수행되어야 하며, 성돌의 채집은 기존 도시화가 진행된 곳을 재정비할 때 발생하는 자연석을 활용하는 것이 필수적으로 요구된다. 모자라는 성돌은 비음산 주변에 최소 규모의 채석장을 마련하여 이를 공

급할 수 있도록 한다. 채석장의 설치와 폐쇄에 대한 기본적인 계획이 수립되어야 하며, 특히 채석장 폐쇄시에는 그 복구 방안을 꼭 마련해야 한다.

○ 진례산성 등산로에 창원역사길을 만든다

비음산 등산로 코스에 입간판을 설치하여 등산 중에 눈으로 보며 느끼는 창원역사길을 개발한다. 비음산 정상에 오르면 창원시가 한눈에 다 보이게 되는데 그 전에 창원의 변천사를 알게 함으로써 창원 지역민들의 창원에 대한 관심을 불러오는 데 큰 도움이 될 것으로 예상되며, 진례산성을 찾는 관광객들에게도 큰 호응을 일으킬 것으로 기대된다. 눈높이에 맞춘 안내판을 이용하여 세워진 창원역사길은 공룡테마길, 생태학습로 등과 같이 진례산성의 관광문화권을 형성하는 데 크게 기여할 것으로 기대된다.

결과적으로 진례산성의 복원을 완성하기 위해서는 관계당국, 지역주민의 복원에 대한 의지와 이에 따른 조직 및 지원체계가 갖추어져야만 소기의 목적을 이룰 수 있을 것으로 판단된다.

V. 맺음말

　이상으로 進禮山城의 현황 및 관광자원화 방안을 제시하였다. 앞서 검토한 내용을 요약하여 이 책의 맺음말로 삼고자 한다.

　진례산성에 관한 선행 연구를 검토한 결과 일제시대부터 진례산성에 관한 연구가 이루어졌으나, 1970년대 이전에는 後三國시대에 일어난 甄萱과 王建의 공방과 관련하여 진례산성의 위치를 둘러싼 논의가 중심이었다. 1970년대 말에 이르러 신라 말 고려 초에 전래된 새로운 불교 사조인 禪宗사상을 전파 보급하는 사원의 하나인 鳳林山門의 존재와 관련하여 진례산성이 역사학계에서 각별한 주목을 받았다. 2000년대 이후에는 진례산성에 대한 고고학 발굴 조사가 이루어지고, 지역사의 관점에서 신라 말 고려 초의 金海 昌原의 역사적 상황을 심층적으로 분석한 글이 발표되었다.

　진례산성의 현황 및 유물 유적에 관한 조사 가운데 역사학 방면의 내용은 다음과 같다. 진례산성에 관한 자료를 정리하였고, 진례산성과 관계있는 역사적 인물들에 관한 자료를 조사하여 정리하였다. 그리고 창원 김해의 연혁, 진례산성과 관련되는 전설 지명, 古地圖를 조사하여 수록했다. 考古學 방면의 현황 및 유물 유적은 최근 이루어진 발굴 결과를 참조하여 정리하였다. 주변의 자연환경과 관련 유적 부분은 자연 지리적 환경, 주변 유적의 전체 현황, 주변의 문화재를 중심으로 정리하였다. 이상의 검토 내용은 진례산성의 복원 사업에 필요한 기초 자료이면서, 복원 사업의 구체적 내용, 예컨대 진례산성의 역사성, 진례산성의 역사적 문화적 콘텐츠의 개발에 필수적인 부분이 된다.

　진례산성 복원의 타당성과 관광자원화 방안은 앞서 검토한 내용을 바탕으로 다음과 같이 진행하였다. 먼저 진례산성 복원의 타당성을 검토하였다. 이어서 문헌 자료의 활용 방안으로 진례산성 전체, 그리고 진례산성과 관련되는 중요한 역사적 인물들을 중심으로 몇 가지의 스토리텔링 모델을 제시하였다. 고고학 자료의 활용 방안으로는 현존 진례산성의 모습과 문제점을 짚어보고, 이를 보완할 수 있는 세부 정비계획을 제시하였다. 주변

환경 관련 유적과의 연계 활용 방안으로는 비음산의 철쭉제, 공룡테마공원, 초등학생 중심의 학습장, 등산로 코스 개발 및 테마길 조성 등의 사안과 관련시켜 그동안 우리 팀이 연구한 견해를 제출하였다. 이어서 진례산성을 복원함으로써 기대되는 효과, 진례산성 복원 사업에 대한 우리 연구 팀의 제언을 제시하였다. 그리고 이 글의 작성에 참고한 자료와 관련 인터넷 사이트를 참고문헌에 수록하였다.

Ⅵ. 참고문헌

1. 문헌 자료

『册府元龜』,『三國史記』,『三國遺事』,『高麗史』,『新增東國輿地勝覽』,『大東輿地圖』.

『嶠南誌』(『韓國近代道誌』 13, 한국인문과학원, 1991 영인).
『金海郡誌』(『朝鮮寶輿勝覽』 4, 한국인문과학원, 1993 영인).
『金海邑誌』(『韓國近代邑誌』 14, 한국인문과학원, 1991 영인).
『嶺誌要選』 2(『韓國近代道誌』 8, 한국인문과학원, 1991 영인).
김난설,『昌原 熊川 鎭海府縣誌』, 평화보문사, 1992.
박영제 譯註,「境淸禪院慈寂禪師凌雲塔碑」,『譯註羅末麗初金石文』(上), 혜안, 1996.
심재석 譯註,「廣照寺眞澈大師寶月乘空塔碑」,『譯註羅末麗初金石文』(上), 혜안, 1996.
윤영호 譯註,「太子寺朗空大師白月栖雲塔碑」,『譯註羅末麗初金石文』(上), 혜안, 1996.
李智冠 譯註,「昌原鳳林寺眞鏡大師寶月凌空塔碑文」,『校勘譯註歷代高僧碑文』新羅篇, 가산문고, 1994.
_____,「奉化太子寺朗空大師白月栖雲塔碑文」,『校勘譯註歷代高僧碑文』高麗篇 1, 가산문고, 1994.
_____,「海州廣照寺眞澈大師寶月乘空塔碑文」,『校勘譯註歷代高僧碑文』高麗篇 1, 가산문고, 1994.

2. 보고서

경남고고학연구소,『盆山城地表調査報告書』, 김해시, 1999.
慶南文化財硏究院,『南海大局山城』, 2005.
경남문화재연구원,『昌原 進禮山城』, 창원시, 2003.
慶南文化財硏究院·昌原市,『昌原邑城址 精密地表調査 및 邑城復原에 關한 硏究』, 2005.
慶南發展硏究院 歷史文化센터,『慶全線 三浪津~晋州 第3工區 內 遺蹟 發掘調査보고서(進永-昌原間)』, 2009.
_____,『慶全線 進永-咸安間 複線電鐵 文化財 地表調査 報告書』, 鐵

道廳, 2003.
경성대학교한국학연구소,『金井山城 金井鎭 復元 基本計劃-최종결과보고서』, 2004.
동서문화재연구원,『창원 축구센터 건립부지내 유적 문화재 발굴조사보고서』, 2009.
동아대박물관,『문화유적분포지도-김해시』, 김해시, 1998.
文化公報部文化財管理局,『文化遺蹟總覽』中卷, 1977.
문화재청,『문화재 보존관리 중장기 계획』, 2000.
부산광역시금정구청,『금정산성 보수공사 정밀실측 수리보고서』, 2005.
釜山大學校博物館,『伽倻文化圈遺蹟精密調査報告書-金海市·金海郡』, 1984.
昌原大學校博物館,『伽倻文化圈遺蹟精密地表調査報告書-馬山市, 昌原市, 義昌郡, 宜寧郡』, 1986.
_____,『昌原郡 文化遺蹟 精密地表調査報告書』, 창원군, 1994.
_____,『文化遺蹟分布地圖-昌原市』, 창원시, 2005.
창원대학교박물관,『창원지역 공룡발자국 화석산지 조사·연구』, 2009.
창원문화재연구소,『昌原鳳林寺址』, 2000.
충남발전연구원,『태안읍성 정밀지표조사 및 종합정비기본계획』, 2003.
충청남도역사문화원,『아산신창학성종합정비계획』, 2004.
_____,『성동리산성 정밀지표조사 및 정비기본계획』, 2005.

3. 단행본, 학위논문

경기문화재단,『경기도의 성곽』, 2003.
경성대학교한국학연구소,『금정산성과 금정진』, 2004.
具山祐,『高麗前期 鄕村支配體制 硏究』, 혜안, 2003.
국립나주문화재연구소,『역사문화환경 조성연구』, 2009.
金相潡,『新羅末·高麗初 政治秩序의 再編硏究』, 서강대 박사학위논문, 2006.
金周龍,『昌原地域 古墳의 推移와 性格』, 부산대 석사학위논문, 2007.
김갑동,『고려전기 정치사』, 일지사, 2005.
____,『고려의 후삼국 통일과 후백제』, 서경문화사, 2010.
柳永哲,『고려의 후삼국 통일과정 연구』, 경인문화사, 2005.
마산창원지역사연구회,『창원·마산 역사읽기』, 불휘, 2003.
文暻鉉,『高麗太祖의 後三國統一硏究』, 형설출판사, 1987.
문안식,『후백제 전쟁사 연구』, 혜안, 2008.
閔肯基,『昌原郡護府圈域 地名硏究』, 경인문화사, 2000.
반영환,『한국의 성곽』, 대원사, 1991.
백종오 외,『한국성곽연구 논저목록』, 서경문화사, 2004
부경역사연구소,『10세기 인물 열전』, 푸른역사, 2002.
손영식,『한국 성곽의 연구』, 문화재관리국, 1987.

申虎澈, 『後百濟甄萱政權研究』, 일조각, 1993.
李元根, 『三國時代 城郭研究』, 단국대학교 박사학위논문, 1980.
李秉淑, 『김해의 지명전설』, 金海文化院, 2008.
전북전통문화연구소, 『후백제 견훤정권과 전주』, 주류성, 2001.
鄭淸柱, 『新羅末高麗初 豪族研究』, 일조각, 1996.
차용걸, 『한국의 성곽』, 눈빛, 2002.
창원문화원, 『창원600년사』 2책, 2009.
昌原市史編纂委員會, 『昌原市史』(上), 1988.
_____, 『昌原市史』 上卷, 1997.
충남대 백제연구소, 『후백제와 견훤』, 서경문화사, 2000.
한글학회, 『한국지명총람』 8(경남편Ⅰ), 한글학회, 2002.
호남문화재연구원, 『호남의 문화유산 그 보존과 활용』, 학연문화사, 1999.

4. 논문

구산우, 「변방에 이는 바람 속의 인물, 쇠유리」, 『10세기 인물 열전』, 푸른역사, 2002.
_____, 「新羅末 鄕村社會의 階層構造」, 『高麗前期 鄕村支配體制 研究』, 혜안, 2003.
_____, 「新羅末 鄕村社會의 동향」, 『高麗前期 鄕村支配體制 研究』, 혜안, 2003.
_____, 「太祖代의 歸附 豪族에 대한 정책」, 『高麗前期 鄕村支配體制 研究』, 혜안, 2003.
_____, 「신라 말 고려 초 김해 창원지역의 호족과 鳳林山門」, 『한국중세사연구』 25, 2008.
_____, 「진례산성」, 『창원600년사-창원의 어제』, 창원문화원, 2009.
金侖禹, 「新羅末의 仇史城과 進禮城考」, 『史學志』 22, 단국대, 1989.
金庠基, 「太祖의 建國과 經綸」, 『高麗時代史』, 동국문화사, 1961.
_____, 「羅末地方群雄의 對中通交」, 『東方史論叢』, 서울대출판부, 1984.
金相潡, 「新羅末 舊加耶圈의 金海 豪族勢力」, 『震檀學報』 82, 1996.
金英夏, 「金海 進禮 출토의 十二支像이 새겨진 石棺」, 『古文化』 37, 1987.
김용선, 「玄昱·審希·璨幽와 여주 고달사」, 『한국중세사연구』 21, 2006.
盧明鎬, 「羅末麗初 親族組織의 변동」, 『又仁金龍德博士停年紀念史學論叢』, 1988.
문무병, 「문화환경 조성과 지역축제의 개발」, 『역사민속학』 9, 1999.
文炳憲, 「後百濟의 興亡考」, 『百濟文化』 1, 公州師大 百濟文化研究所, 1976.
박경용, 「문화관광축제의 '전통' 창출과 관광자원화」, 『지방사와 지방문화』 5-1, 역사문화학회, 2002.
朴東百, 「進禮山城」, 『昌原市史』, 창원시, 1988.
_____, 「창원 진례산성」, 『昌原市史』, 창원시, 1997.
박종익, 「고대산성의 축조기법에 대한 연구」, 『嶺南考古學』 15, 1994.
배상현, 「眞鏡 審希의 활동과 鳳林山門」, 『史學研究』 74, 2004.
서정석, 「경남지역 고대 산성의 특징」, 『지역과 역사』 26, 부경역사연구소, 2010.

윤경진, 「나말려초 城主의 존재양태와 고려의 대성주정책」, 『역사와 현실』 40, 2001.
李道學, 「後百濟의 加耶故地 進出에 관한 檢討」, 『白山學報』 58, 2001.
李純根, 「羅末麗初 地方勢力의 構成形態에 관한 一研究」, 『韓國史研究』 67, 1989.
이주승, 「문화유산의 문화관광자원 활용방안 – 목포시 문화유산을 중심으로」, 『全南文化財』 11, 전라남도, 2005.
이창언, 「문화유산에 대한 새로운 인식」, 『民族文化論叢』 18, 영남대, 1998.
李賢惠, 「金海地域의 古代 聚落과 城」, 『韓國古代史論叢』 8, 1996.
全基雄, 「羅末麗初의 地方社會와 知州諸軍事」, 『慶南史學』 4, 경남사학회, 1987.
정선용, 「高麗太祖의 對新羅同盟 체결과 그 운영」, 『韓國古代史探究』 3, 한국고대사탐구학회, 2009.
정요근, 「後三國時期 高麗의 남방진출로 분석」, 『韓國文化』 44, 서울대, 2008.
鄭義道, 「新羅下代 進禮城 研究」, 『考古歷史學志』 17·18, 동아대 박물관, 2002.
丁仲煥·趙啓讚·沈奉謹, 「昌原郡內 城址調査 報告」, 『石堂論叢』 1, 동아대, 1977.
조효식, 「영남지역 삼국시대 성곽의 지역별 특징」, 『嶺南考古學』 45, 2008.
차용걸, 「신라 석축 산성의 성립과 특징」, 『石堂論叢』 41, 동아대, 2008.
崔柄憲, 「新羅下代 禪宗九山派의 成立」, 『韓國史研究』 7, 1972.
＿＿＿, 「羅末麗初 禪宗의 社會的 性格」, 『史學研究』 25, 1975.
＿＿＿, 「新羅末 金海地方의 豪族勢力과 禪宗」, 『韓國史論』 4, 서울대 국사학과, 1978.
崔長潤, 「新安里 周邊의 遺蹟遺物에 對한 考察」, 『慶南鄕土史論叢』 2, 경남향토사연구협의회, 1993.
崔鍾奭, 「羅末麗初 城主·將軍의 정치적 위상과 城」, 『韓國史論』 50, 서울대 국사학과, 2004.
韓基汶, 「新羅末 禪宗 寺院의 形成과 構造」, 『韓國禪學』 2, 2001.
池内宏, 「新羅末の進禮城に就いて」, 『東洋學報』 7, 1917.
津田左右吉, 「後百濟疆域考」, 『朝鮮歷史地理』 上, 南滿洲鐵道株式會社, 1913.

5. 참고 사이트

경북대학교 박물관 〈http://museum.knu.ac.kr/〉
고성 공룡박물관 〈http://museum.goseong.go.kr/〉
금정산성 〈http://www.kumjungsan.co.kr/〉
김해시청 〈http://www.gimhae.go.kr/〉
네이버 백과사전 〈http://100.naver.com/〉
옛길박물관 〈http://www.oldroad.go.kr/〉
창원시청 〈http://www.changwon.go.kr/〉
창원시 사파동 주민센터 〈http://www.changwon.go.kr/town/sapa/main/〉
함안박물관 〈http://museum.haman.go.kr/〉
화성행궁 〈http://hs.suwon.ne.kr/〉

【부록】

신라 말 고려 초 김해 창원지역의 호족과 鳳林山門*

구산우

I. 머리말
II. 김해 창원지역의 호족과 그 동향
   1. 세력 근거지로서의 進禮城과 金官城
   2. 호족 세력의 중심 인물들
   3. 정치적 동향
III. 봉림산문의 성립과 전개
IV. 봉림사와 김해 창원에 머문 승려들
V. 맺음말

I. 머리말

  신라 말 고려 초 김해 창원지역에 대해서는 오래 전에 蘇律熙 형제를 비롯한 호족과 그들이 후원하여 성립된 鳳林山門, 이곳을 다녀간 선승들을 중심으로 연구한 논문이 발표되었고, 이후에도 관련되는 연구가 이어졌다.[1] 이처럼 좋은 선행 연구 성과가 있음에도 불구하고, 굳이 이 문제를 다시 다루려는 필자의 문제의식을 먼저 밝혀둘 필요가 있을 것 같다.

---

* 이 논문은 한국중세사학회에서 2008년에 간행한 『한국중세사연구』 25호에 실은 것이다.
[1] 신라 말 김해 지역의 동향에 대해서는 崔柄憲, 「新羅末 金海地方의 豪族勢力과 禪宗」, 『韓國史論』 4, 서울대 국사학과, 1978이 선구적 연구이다.

지역사의 관점에서 치밀하게 재구성할 필요가 있다는 점이 필자가 느끼는 첫 번째 문제의식이다. 지역에서 활동하는 연구자들이 볼 때 기존 연구 중 잘못 고증되었거나 새로이 해명해야 할 부분이 있고, 그것이 학계에 기여한다면 기꺼이 연구할 필요가 있을 것이다. 이 글에서 그런 부분을 든다면, 이 시기 이 지역의 대표적 호족들인 金仁匡과 소율희 형제의 신분 문제, 이들의 세력 근거지인 進禮城과 金官城의 실체와 위치, 이와 관련하여 추정할 수 있는 호족들의 성장 경로 등이 해당한다.

종전의 연구에서는 주로 김해지역만을 부각시켜 상대적으로 창원지역이 역사에서 사상된 것을 올바로 복원해야 한다는 점이 이 글의 또 다른 문제의식이 된다. 김해와 창원지역은 오랫동안 독립 행정구역으로 존속하여 서로의 독자적인 색깔이 있었음이 분명하나, 아울러 인접한 곳 어디에서도 그렇듯이, 이 두 지역은 같은 역사권역으로서 공유하는 부분이 많다. 신라 말 고려 초 이 지역의 호족과 봉림산문을 둘러싼 역사적 사정을 정확히 이해하려면, 김해와 창원지역을 분리해서 생각할 수 없는 이유가 바로 여기에 있다. 이 글에서 중점적으로 언급하는 봉림사는 예나 지금이나 창원에 있고, 진례성은 과거의 기록에서는 김해의 유적으로 취급했으나, 현재는 창원지역에 있으므로 창원 역사의 일부분으로 다루어야 마땅하다.

이 글이 지역사에 대한 접근 방법을 고민하는 계기가 되고, 지역사 연구의 작으나마 의미 있는 하나의 성과가 되었으면 한다.

II. 김해 창원지역의 호족과 그 동향

1. 세력 근거지로서의 進禮城과 金官城

신라 말 고려 초의 호족들이 독립적 군사 활동을 펼치면서 지배 영역을 통제하는 중심 治所로 삼은 곳은 잘 알려져 있듯이 성곽이었다. 이 때문에 그들은 흔히 城主, 將軍이라 불렸으며, 그런 점에서 이 시기의 성곽은 그야말로 명실상부한 세력 근거지로서 구실했다. 김해 창원지역의 호족들도 성곽을 중심으로 제반 활동을 펼쳐나가고 있었다.

지금까지 당시 정치를 이끌어가던 호족들이 지배한 성곽의 중요성을 강조하면서도, 정작 특정 지역의 호족들이 세력 근거지로 삼은 성곽이 어떤 실체를 가진 것인지를 비롯하여 성곽 그 자체에 대한 관심을 크게 기울이지는 않았다. 이는 문헌 자료를 중심으로 분석해 온 기존의 연구 경향 탓이라고 여겨지는데, 그 한계를 넘기 위해서는 고고학 성과까지 포괄하여 성곽을 분석할 필요가 있다.

신라 말 김해 창원지역의 실력자인 金律熙와 金仁匡을 지칭할 때, 후술하듯이 進禮城 및 金官城과 관련 있는 金海府와 관련된 직책을 기록한 것을 보면, 당시 이 지역의 호족들이 세력 근거지로 삼은 성곽은 進禮城과 金官城임을 알 수 있다.

먼저 문헌 자료에 나타나는 진례성에 대해서 정리하면 다음과 같다. 『新增東國輿地勝覽』과 金正浩의 『大東地志』에서, 진례성은 金海府 邑治의 서쪽 35리에 있었고, 김인광이 이곳의 諸軍事였으며, 당시에 이미 폐성이 되어 있었다.[2] 그런데 『金海邑誌』에는 다음 기록이 있다.

> ① 進禮城: 府의 서쪽 35리에 있다. 신라시대에 金仁匡이 進禮諸軍事가 되었다. 諺傳에 首露王이 한 아들을 책봉하여 進禮城主로 삼았는데, 王宮 太子壇 瞻星臺를 설치했다고 한다. 첨성대의 터는 지금까지도 남아있는데, 주민들이 (이곳을) 일러 '京城內'라고 한다.
> 瞻星臺: 府의 서쪽 30리에 있다. 世傳하기를 駕洛王이 太子를 봉하여 進禮城主로 삼았다고 한다. 土城이 있으며, 첨성대의 옛터가 있다고 한다.[3]

이에 따르면, 진례성은 首露王대부터 있었으며, 그 당시까지 土城이 있었다고 한다. 위의 기록 모두를 액면 그대로의 사실로 믿기는 어렵겠으나, 王宮 등에 관한 전승이나, 진례성을 당시 주민들이 '京城'으로 일컫던 사실 등은 진례성이 수로왕과 관련하여 김해의 역사에 중요한 역할을 수행했음을 보여주는 부분으로 주목된다.[4]

후삼국 전쟁기에 진례성은 후백제가 경상도로 진출하려면 반드시 거쳐야 하는 곳이었다. 진례성은 후백제가 신라를 공략할 때 빼놓을 수 없는 중요한 요충지였고, 후백제와 신라, 후백제를 견제하기 위해 신라를 도와주었던 고려에게 모두 중요한 지역으로 인식

---

[2] 『新增東國輿地勝覽』 권32, 金海都護府 古跡, 『大東地志』 권10, 金海 城池.
[3] 『金海邑誌』 古蹟(『韓國近代邑誌』 14, 한국인문과학원, 1991 영인). 이 책은 1630년에 처음 편찬되고 1832년에 증보된 것을 1929년에 간행했다. 한편 거의 같은 내용이 『朝鮮寶輿勝覽』 金海郡 古跡(같은 제목으로 한국인문과학원, 1993 영인)에도 전한다.
[4] 金侖禹, 「新羅末의 仇史城과 進禮城考」, 『史學志』 22, 1989.

되었다. 다음의 기록이 이를 잘 말해준다.

② 甄萱이 步兵과 騎兵 1만 명을 이끌고 大耶城을 함락시켰다. 진례성으로 군사를 이동시키자 신라왕이 阿飡 金律을 太祖에게 보내어 구원을 요청했다. 태조가 군대를 출동시키자 견훤이 이를 듣고 물러났다. 견훤과 우리 태조가 겉으로는 화친했지만 속으로는 상극이었다.5)

후백제가 신라를 공략하기 위해 大耶城을 거쳐 진례성으로 나아가자, 위기의식을 느낀 신라가 고려에게 구원을 요청했고, 고려 군대가 출동한 사실을 들은 후백제군이 물러난 점에서 진례성이 전략적 요충지였음을 알 수 있다. 대야성은 지금의 합천에 있었던 성으로서, 삼국시대에도 백제와 신라의 유명한 전투가 있었던 지역이었다. 특히 후백제가 이들 지역을 공략하기 위해 무려 1만 명의 대병력을 동원했고, 이에 맞서 고려도 그에 상응하는 병력을 출동시켰다는 사실이 주목된다.

같은 사실을 전하는 다른 기록에서는, 견훤은 大良郡과 仇史郡을 공략하고 이어서 進禮郡으로 진출했다고 하여, 진례성을 진례군으로 표기했으며, 이 사건을 계기로 견훤과 왕건이 처음으로 사이가 벌어졌다고 특기했다.6) 대량군은 합천의 통일신라시대 지명으로서 앞서 나온 대야성이고, 구사군은 옛 屈自郡으로서 고려시대의 義安郡이었다.7) 이전에 구사군의 현재 위치를 草溪, 月城, 창원 등으로 보는 견해가 있었으나, 최근에는 견훤의 진격로와 진례성과의 인접 위치 등을 감안하여 창원시 北洞에 있는 조선시대 창원도호부의 邑城으로 보거나,8) 창원시 동읍 덕천리와 북면 지개리 일대의 구룡산 정상에 있는 구룡성으로 보는 견해9)가 제시되었다(〈그림 1〉 참조).

진례군을 옛 백제영역의 지명으로 설명한 자료가 있으나,10) 조선시대 지리지에서 진례

---

5) 『三國史記』권50, 列傳10 甄萱 貞明 6년.
6) 『高麗史』권1, 太祖 3년 10월.
7) 『三國遺事』권3, 塔像4 南白月二聖 努肹夫得 怛怛朴朴, "白月山在新羅仇史郡之北(古之屈自郡 今義安郡)." 屈自郡은 신라 경덕왕대에 義安郡으로 그 명칭이 바뀌어 고려 충렬왕 8년까지 사용된 사실에서 보듯이(『高麗史』권57, 地理2 義安郡), 신라 말의 공식 명칭은 의안군이었으나, 굴자군에서 仇史郡으로 바뀐 옛 지명이 신라 말까지 사용되었다(金侖禹, 앞의 논문, 1989).
8) 金侖禹, 위의 논문.
9) 鄭義道, 「新羅下代 進禮城 硏究」, 『考古歷史學志』17·18, 동아대 박물관, 2002, 261~262쪽.
10) 『三國史記』권36, 地理3 進禮郡 ; 『高麗史』권57, 地理2 進禮縣.

성이 김해부의 서쪽 35리 지점에 있고, 進禮가 김해 서쪽에 있었다고 쓴 당대의 기록[11]을 중시하면, 진례성의 현재 위치는 김해의 서쪽에서 찾아야 할 것이다.[12] 이전에 진례성의 현재 위치를 茂朱, 淸道 烏禮山城, 김해 등으로 보는 견해가 있었으나, 구사군의 경우처럼 견훤의 진격로나 조선시대 지리지의 내용 등을 감안하여 김해시 진례면과 창원시의 경계에 있는 石築의 진례산성으로 보는 견해가 제시되었다.[13] 이 견해는 진례성이 內城과 外城으로 축조되었을 것으로 상정하여, 석축의 진례산성이 외성이고, 내성은 김해부 읍치에 더 가까운 김해시 진례면 新安里·松亭里에 있는 土城으로 보았다(〈그림 1〉 참조).

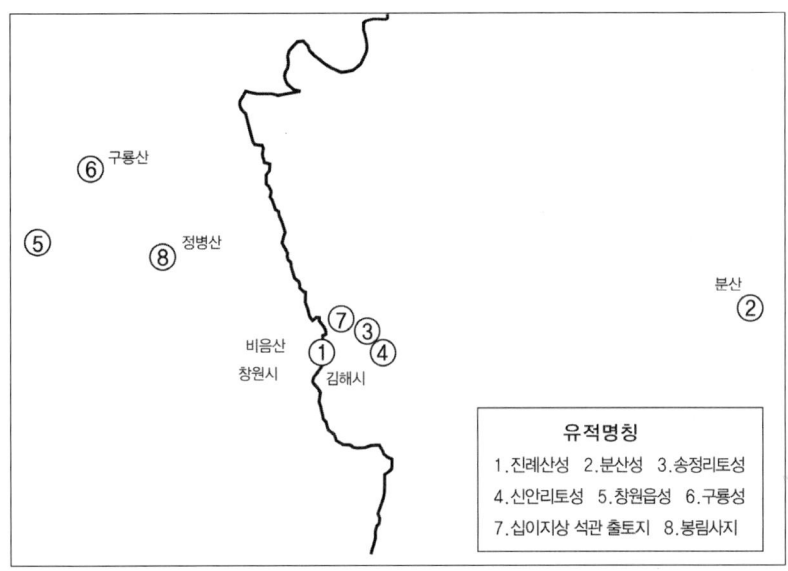

〈그림 1〉 신라 말 고려 초 김해 창원지역 중요유적 지도

〈그림 1〉에서 보듯이, 석축의 진례산성은 현재 창원시 吐月洞 산 44-1번지, 비음산 정상부에 있으며, 1993년 12월 27일에 경상남도 기념물 제128호로 지정되었다.[14] 창원시에서 간행한 책에서, 처음에는 석축의 진례산성을 신라 말의 진례성으로 보았으나,[15] 뒤에

---

[11] 景明王,「昌原鳳林寺眞鏡大師寶月凌空塔碑文」,『校勘譯註歷代高僧碑文』新羅篇, 가산문고, 1994, 342~343쪽.
[12] 이 점에서 安鼎福이 진례군을 충청도 錦山으로 본 견해를 반박한 것은 올바른 지적이었다(『東史綱目』第五下, 景明王 4년 10월).
[13] 金侖禹, 앞의 논문, 1989.
[14] 昌原大博物館,『文化遺蹟分布地圖-昌原市』, 창원시, 2005, 170쪽.
[15] 朴東百,「進禮山城」,『昌原市史』, 창원시, 1988, 1208쪽.

는 견해가 바뀌어 원래 진례산성은 토성이었으나 이후에 石城으로 개축한 것으로 파악했다.16) 최근 발굴 결과에서, 석축의 진례산성은 출토 유물과 축성수법으로 보아 조선시대에 만들어진 것으로 보고, 자료 ③의 기록을 받아들여, 신라 말의 진례성은 토성일 가능성이 크다고 보았으며, 현재의 김해시 진례면 송정리에 있는 토성으로 비정했다.17)

신라 말의 진례성이 토성이었을 것으로 보는 근거는 경상남도에서 간행한 지리지 모음집에 있는 『金海府邑誌』에 나타나는 다음과 같은 기록이다.

③ 進禮城: 府의 서쪽 30리에 있다. 신라시대에 金仁匡이 進禮諸軍事가 되었다. 諺傳에 首露王이 한 아들을 책봉하여 進禮城主로 삼았는데, 王宮 太子壇 瞻星臺를 설치했다고 한다. 첨성대의 터는 지금까지도 남아있는데, 주민들이 (이곳을) 일러 '京城內'라고 한다.
瞻星臺: 府의 서쪽 30리에 있다. 世傳하기를 駕洛이 太子를 봉하여 進禮城主로 삼았다고 한다. 土城이 있으며, 첨성대의 옛터가 있다고 한다.18)

이 기록을 앞서 인용한 자료 ①과 비교하면, 진례성의 위치가 김해부 읍치로부터 35리가 아닌 30리의 거리에 있다고 한 점과 '駕洛王'을 '駕洛'으로 표현한 점 이외에는 내용이 같다. 이 기록에 따르면 진례성의 위치는 김해부 읍치에서 30리 거리에 있었는데, 진례성을 첨성대 등이 있었던 토성과 같은 것으로 보고, 신라 말의 진례성을 토성으로 간주했던 것이다.

문제가 되는 신라 말의 진례성이 석성 혹은 토성이었는지를 말해주는 기록은 자료 ①과 ③뿐이므로, 자료 ③을 중시하면 이런 논리도 불가능한 것은 아니다. 그러나 이 견해는 다음과 같은 이유 때문에 받아들이기 어렵다. 우선 이 기록만으로는 진례성과 첨성대가 있는 토성이 같은 것이라고 볼 수도 있고, 아니라고도 볼 수 있는 가능성이 모두 열려있으므로, 진례성이 토성이라고 단정하기는 어렵다는 점을 들 수 있다. 두 기록의 차이는 활판본인 자료 ③이 원자료 영인본인 자료 ①을 옮기는 과정에서 나타난 오기일 가능성이 크기 때문에,19) 자료 ③의 가치를 인정할 수 없다는 점도 이에 대한 반론의 근거가 된다.

---
16) 朴東百, 「창원 진례산성」, 『昌原市史』, 창원시, 1997, 851~852쪽.
17) 鄭義道, 앞의 논문, 1989 ; 鄭義道・安城賢, 『昌原 進禮山城』, 창원시・경남문화재연구원, 2003.
18) 『慶尙南道輿地集成』 金海府邑誌 古蹟. 이 책은 1963년에 경상남도사편찬위원회에서 간행한 지리지 모음집인데, 수록된 자료는 원자료를 영인한 것이 아닌 활판본이고, 여기에 수록된 金海府邑誌의 간행연도는 알 수 없다.
19) 조선후기에서 근대까지의 김해 읍지에 나타난 진례성은 모두 김해 읍치로부터 서쪽 35리에 있는 것으로

한편 석축의 진례산성에서 출토된 유물이 조선시대의 것이 많고, 축성수법도 조선시대의 형식이라는 사실에 대해서도 반론이 가능하다. 우리나라에서 삼국시대 이래 처음 축조된 산성이 이후 조선시대까지 시대의 필요에 따라 그때의 양식으로 수축되는 경우가 일반적이고, 수축된 이후의 출토 유물도 당연히 그 시대의 유물이 더 많이 출토되는 것이 일반적이기 때문이다. 1980년대에 조사된 바에 따르면, 산성의 중앙부에 해당하는 계곡 주변에서 신라, 가야토기인 陶質土器편이 채집된 것으로 보아, 진례산성은 통일신라 이전에 처음 축조되었고, 현존 성곽은 조선시대에 개축되었던 것으로 평가된다.[20]

이상과 같은 논증을 바탕으로 필자는 신라 말의 진례성은 창원시 토월동의 비음산에 있는 진례산성으로 보고자 한다.[21] 다만 신라 말에 진례산성이 석성 혹은 토성인가의 여부에 대해서는 견해를 유보한다. 현존 진례산성은 해발 518m인 비음산 정상부에 형성된 包谷式 석성이며, 사방으로 김해 창원은 물론이고 진해만, 부산 사상, 창원과 마산만을 조망할 수 있는 요지에 만들어졌다.[22] 견훤이 신라를 공격할 때, 합천과 창원 일대를 거쳐 김해지역을 공략하기 위한 교두보로 삼을 만한 위치에 진례성이 있었던 것이다. 진례산성은 그 둘레가 4.5km에 이르는 큰 성곽이며, 성벽은 대부분 붕괴되었으나 남쪽 부분은 비교적 온전히 남아 있다. 體城은 경사도가 큰 곳에서는 편축으로, 경사도가 적은 곳에서는 협축으로 지어 지세를 최대한 이용했고, 關門의 동쪽에 위치한 체성은 계곡과 평행하게 축조하여 성문의 방어력을 높였고, 체성의 폭은 180~320cm이다. 관문 추정지와 서·남쪽의 3개 門址가 남아 있고, 서쪽과 남쪽에 2개의 雉, 望樓址 1개, 건물지 1동이 있었다. 관문으로 추정되는 시설이 鳳林寺址로 향하는 북쪽에 설치되었음이 주목된다.

이어서 金官城에 대해서 살펴보고자 한다. 삼국통일 이후 김해의 행정 중심지였던 금관성에 관한 문헌 기록은 그다지 많지 않다. 특히 신라 말의 금관성에 대해서는 匝干 忠至가 금관성을 攻取하여 성주 장군이 되었다는 기록이 유일하다.[23] 이때의 금관성을 高

기록했다. 『嶠南誌』 金海郡 古蹟 進禮城(한국인문과학원, 『韓國近代道誌』 13, 1991, 267쪽) ; 『嶺誌要選』 2, 金海 古跡 進禮城(한국인문과학원, 『韓國近代道誌』 8, 1991, 114쪽) ; 『金海郡誌』 古跡 進禮城(한국인문과학원, 『朝鮮寶輿勝覽』 4, 1993, 44쪽).

[20] 釜山大學校博物館, 『伽倻文化圈遺蹟精密調査報告書－金海市·金海郡』, 1984, 127~131쪽.
[21] 『大東輿地圖』에서는 진례성을 김해 영역에 있는 古山城으로 표기하면서 佛母山에 가까이 있었던 것으로 파악했다.
[22] 鄭義道·安城賢, 앞의 책, 2003.
[23] 『三國遺事』 권2, 紀異2 駕洛國記.

城이라고 표현한 것에서 당시 금관성이 규모가 크거나, 높은 위치에 있었음을 짐작할 수 있다. 통일신라시대에 5小京이 설치되면서 金官小京에만 小京城을 축조했다는 기록이 없으므로, 김해가 금관소경으로 편제된 뒤에도 기존의 성곽인 盆山城을 금관소경성으로 사용한 것으로 보는 견해가 있었다.24)

〈그림 1〉에서 보듯이, 분산성은 현재 김해시 활천동(옛 어방동) 산 9번지, 김해시 동북방에 있는 해발 330m의 盆山 정상부에 있다. 현존 분산성은 석성으로서 고려 禑王대에 金海府使 朴葳가 왜구의 침입을 막기 위해 이전에 지어진 古山城을 수축한 것이 원형을 이루었고, 그것이 임란 이후 허물어져서 고종 8년에 김해부사 鄭顯奭이 다시 개축한 것이다. 이전의 조사에 따르면,25) 성의 총 길이는 900m 정도이고, 성내에는 박위의 築城事蹟碑, 사방에는 각각 門址가 남아 있었다. 성벽은 산 정상에서 약간 내려온 경사면에 축조되었는데, 자연석을 이용하여 두께 1m, 3~4m의 높이로 수직에 가깝게 쌓았으며, 萬丈臺(일명 打鼓峰) 부근은 험준한 자연암벽을 이용하면서 부분적으로 석축을 보강했다. 최근 조사에 따르면,26) 성벽이 많이 무너졌음이 확인된다. 체성은 남북으로 긴 타원형을 이루고, 성의 동·서·남쪽은 김해 시가지이며, 성 북쪽은 산줄기가 이어진다. 삼면이 평야와 낙동강에 접하고 북쪽이 산으로 둘러싸인 지형 조건을 갖추어, 분산성은 바다로 침입하는 적을 방어하기에 알맞은 것으로 평가된다. 삼국시대 산성의 주류인 테뫼식으로 축성한 점으로 미루어, 분산성의 첫 축조 시기는 삼국시대였으며, 따라서 분산성은 가락국과 밀접한 관계가 있는 것으로 파악했다.

인근에 분포한 石室墳의 규모와 숫자가 김해의 다른 지역의 것보다 우세한 점이나, 현존 분산성의 높이와 위치로 보아 분산성 일대가 삼국시대 이래 김해의 중심지였던 사실들을 바탕으로 금관성을 분산성으로 본 견해가 있었다.27) 현재의 분산성은 고려말에 수축되어 규모가 매우 작으므로, 그 이전의 성곽에 비해 훨씬 축소되어 만들어진 것으로 이해된다. 분산성은 金官國 시절에 대성동 일대에 있었던 것으로 비정되는 왕성의 배후 산성으로 추정되고,28) 삼국통일 이후에는 소경성으로 구실했으므로, 통일신라 이후 고려

---

24) 尹武炳·朴泰祐, 「五小京의 위치 및 都市構造에 대한 一考察」, 『中原京과 中央塔』, 충주공업전문대학, 1992, 84쪽.
25) 釜山大學校博物館, 앞의 책, 1984, 43~47쪽.
26) 동아대박물관, 『문화유적분포지도-김해시』, 김해시, 1998, 135쪽 ; 경남고고학연구소, 『盆山城地表調査報告書』, 김해시, 1999.
27) 李賢惠, 「金海地域의 古代 聚落과 城」, 『韓國古代史論叢』 8, 1996, 186쪽.

말까지의 성곽 규모는 현존의 것보다 훨씬 컸다고 생각된다.

2. 호족 세력의 중심 인물들

신라 말 이곳의 호족세력 가운데 중심 인물은 金仁匡, 蘇律熙·蘇忠子 형제들이었다. 먼저 김인광에 관한 기록을 들면 다음과 같다.

④ 이 절이 비록 터는 산맥에 이어져 있었으나 문은 담장 밑까지 기울어져 있었다. 大師는 경치가 기이하고 빼어난 곳을 찾고 가렸으나, 날쌘 말이 서쪽 산봉우리에서 놀고 올빼미가 옛터에서 우는 곳만을 어찌 大師의 생각에 과연 마땅하고 神人의 △에 깊이 흡족하다고 이를 수 있겠는가. 그러므로 작은 절을 고쳐지어 발길을 멈추었으며, 鳳林이라 이름을 고치고 다시 禪宇를 열었다. 이보다 앞서 知金海府進禮城諸軍事明義將軍 金仁匡이 가정에서는 아버지의 가르침을 받고, 임금에게는 충성을 다했으며, 禪門에 귀의하여 절을 고치는 것을 도우니, 大師는 마음속으로 기꺼이 여겨 그곳에서 죽을 때까지 머물고자 생각하고, 그윽한 가르침을 크게 베풀었고 佛道를 널리 떨쳤다.29)

김인광은 審希을 후원하여 禪門을 수축했고, 이로 인해 심희가 이곳에 죽을 때까지 머물며 불도를 널리 펼 수 있는 계기를 마련해주었다. 김인광이 부친의 가르침을 받는다는 구절인 '鯉庭禀訓'은 가정교육을 강조한 대목으로서, 공자의 아들인 鯉가 집 뜰에서 공자의 가르침을 받았던 것에서 유래한다.30) 이는 김인광이 유교 교양이 높은 가문에서 출생했음을 추측하게 해주고, 임금에게 충성을 다했다는 구절인 '龍闕馳誠'의 의미는 김인광이 신라 왕실에 충성을 다했음을 뜻한다.31) 여기서 김인광은 김해부와 진례성을 모두 장악한 諸軍事, 즉 성주의 직위에 더해 明義將軍이라 하여 유교적 권위를 덧붙인 직함으로 표현되었다. 후대 기록에서는 그를 進禮城諸軍事라고 했고, 김해 名宦의 한 사람으로 기록했다.32)

---

28) 李賢惠, 위의 논문, 177~178쪽.
29) 李智冠 譯註, 「昌原鳳林寺眞鏡大師寶月凌空塔碑文」, 『校勘譯註歷代高僧碑文』 新羅篇, 356~357쪽.
30) 『論語』 季氏.
31) 崔柄憲, 앞의 논문, 1978, 404쪽.
32) 『新增東國輿地勝覽』 권32, 金海都護府 古跡·名宦.

이상의 내용이 김인광에 관한 기록의 전부이기 때문에, 그가 이곳의 실력자로 등장한 시기에 대해서는 견해가 엇갈린다. 같은 연구자의 첫 연구에서 김인광은 소충자 형제보다 늦게 성장한 인물로 보았으나,[33] 후속 연구에서는 소충자 형제보다 앞서 성장한 인물로 파악했는데, 그 등장 시기는 眞聖女王 말년에서 孝恭王 초년이고, 효공왕 10년 이전에 몰락한 것으로 보았다.[34]

최근에 김인광이 소충자 형제보다 늦게 실력자로 등장했다고 본 견해가 있었다.[35] 그 근거는 자료 ④에서 禪門으로 표현된 봉림사가 그 앞 부분에서 소율희와 동일인인 金律熙가 이전에 먼저 절을 만들었고, 이어 김인광이 봉림사의 수축을 도와준 부분이 바로 위의 내용이라고 해석한 것에 있다. 김인광에 관한 자료가 너무 빈약하고, 그 중 가장 자세한 자료인 ④가 어느 방향으로도 해석될 수 있다는 점에서, 김인광과 소율희 형제의 선후 관계를 단정하기는 어려우나, 필자는 김인광이 소율희 형제에 앞서 이 지역의 세력가로 성장한 인물로 보는 견해에 동의한다.

김인광의 출신 성분에 대해서도 상반된 견해가 있다. 먼저 김인광은 금관소경의 관리였거나 신라 말에 新金氏로 새로 대두한 舊加耶왕족의 후예로 보는 견해가 있었다.[36] 그 뒤에 진례성에서 출토되어 경북대 박물관에 수장된 石棺 1기에 새겨진 12支像에 착목하여, 김인광의 신분을 신라 왕족의 후예로 보려는 견해가 있었다.[37] 석관의 하단 4면에 새겨진 12지상의 형상은 일반적인 立像이나 坐像이 아닌 飛躍像으로서 통일신라의 것으로 분석되었다(〈사진 1〉 참조).

---

33) 崔柄憲, 「新羅下代 禪宗九山派의 成立」, 『韓國史研究』 7, 1972, 109쪽 ; 崔柄憲, 「羅末麗初 禪宗의 社會的 性格」, 『史學研究』 25, 1975, 11쪽.
34) 崔柄憲, 앞의 논문, 1978, 405쪽.
35) 金相激, 「新羅末·高麗初 政治秩序의 再編研究」, 서강대 박사학위논문, 2006, 15~17쪽.
36) 崔柄憲, 앞의 논문, 1978, 405쪽.
37) 金英夏, 「金海 進禮 출토의 十二支像이 새겨진 石棺」, 『古文化』 37, 1987, 11~12쪽.

〈사진 1〉 진례 출토 12지상 석관(『경북대학교박물관도록』, 1988, 68쪽)

이런 분석을 토대로, 자료 ④에서 김인광이 어려서부터 유교적 가정교육을 통해 교양을 갖춘 인물로 묘사되었을 뿐만 아니라, 경명왕이 신라 왕실에 충성을 다한 것으로 평가한 점을 주목하여, 그의 아버지를 신라 왕족 출신으로 추정했다. 정치적인 이유 등으로 그의 아버지는 진례에 낙향했으며 경주에서 자라지 않은 김인광에게 신라 왕실과의 관계를 강조했을 것으로 보았다.

〈사진 1〉에서 보듯이, 이 석관이 출토된 곳은 당시 김해군 진례면 松亭里 산 70번지로서 현존 진례산성의 북동쪽이다. 처음 학계에 소개한 이는 이 석관이 진례성에서 출토되었다고 보았으나, 엄밀히 따지면 이 지역은 송정리 토성이 있었던 곳이다.[38] 신라 말에 송정리 토성이 군사적 기능을 발휘했다면, 송정리 토성은 김해와 진례성을 지배한 호족의 영향하에 놓였다고 보아야 할 것이다.

필자는 석관에 새겨진 12지상의 상징성과 그 상징성을 누릴 수 있는 신분층이 6두품인 新金氏로 보기 어렵다는 반론에 동의한다. 게다가 자료 ④가 景明王이 몸소 지은 비문이고, 그 내용이 당시 신라 왕실이 처한 어려운 입장이 반영된 것이라는 점에 주목하여, 김인광이 신라 왕족의 후예일 가능성이 큰 것으로 보고자 한다.

김인광에 이어서 이곳의 중심 인물로 등장한 이는 소충자·소율희 형제였다. 이들에 관한 기록을 들면 다음과 같다.

---

[38] 최근 김해시 문화유적을 조사하면서 송정리 토성을 설명하는 대목에서 이 석관을 언급하지 않았다(동아대박물관, 앞의 책, 1998, 147쪽).

⑤ (대사가) 얼마 후 金海의 서쪽에 福林이 있다는 말을 멀리서 듣고, 갑자기 이 산을 떠나 남쪽으로 가겠다고 말했다. 進禮에 이르러 잠시 머뭇거리니, 이에 進禮城諸軍事 金律熙가 道를 사모하는 정이 깊고 (대사의) 소식을 듣고 뜻이 간절하여, 경계 밖에서 기다리고 있다가 성안으로 맞아들였다. 그리고 절을 고쳐주며 法의 수레를 머물도록 청했는데 마치 고아가 자애로운 아버지를 만난 듯, 병든 많은 사람들이 뛰어난 의사를 만난 듯했다.[39]

이 기록의 金律熙는 '쇠유리'의 한자 표기로서 다른 자료의 蘇律熙와 동일 인물로 추정된다.[40] 그는 심희가 溟州(현재의 강릉)를 거쳐 진례까지 왔을 때 심희를 초청하여 성안으로 맞아들여, 불법을 펼치도록 지원했다. 그 시기는 효공왕 즉위년~11년(897~907)이고, 이때 그의 직함은 진례성제군사였다.

그에 관한 기록으로서 이 자료의 다음 시점에 나타나는 것을 들면 다음과 같다.

⑥ 그러던 중 (대사가) 홀연히 다음 해 여름 끝자락에 잠깐 京畿를 하직하고 바닷가로 행각하다가 金海府에 이르니, 知府 蘇忠子와 동생인 領軍 (蘇)律熙가 옷깃을 여미고 (대사의) 德風을 흠모하던 중, 옷깃을 열고 도를 사모하여 이름난 절[名寺]에 주석하도록 청했는데, 이는 창생을 복되게 하기를 희망한 것이었다.[41]

여기서 김해에 온 行寂을 맞이한 이는 蘇忠子 형제였는데, 그 시기는 효공왕 11년(907)이다. 이전에 진례성제군사였던 蘇律熙가 이때에 金海府 知府인 소충자 아래의 김해부 영군이었음을 알 수 있는데, 영군이란 지부 아래의 군사책임자였다. 진례성이 이들 형제의 출세의 발판이었다는 점에서, 이 기록에서 나타나지는 않았지만, 소율희는 이전에 지닌 진례성제군사 직책을 그대로 유지하면서 겸직의 형태로 김해부 영군으로 활동했을 것으로 보인다.

이 사실을 바탕으로 김해부=금관성과 진례성의 정치적 상하관계, 호족세력으로서 이들 형제의 성장과정을 유추할 수 있다. 당시 진례성은 김해부=금관성의 지배하에 놓인 공간이었고, 이들 형제는 처음에는 진례성을 장악하여 김인광 휘하의 중소호족으로 활동

---

39) 李智冠 譯註, 「昌原鳳林寺眞鏡大師寶月凌空塔碑文」, 앞의 책, 354~355쪽.
40) 崔柄憲, 앞의 논문, 1978, 407쪽.
41) 李智冠 譯註, 「奉化太子寺朗空大師白月栖雲塔碑文」, 『校勘譯註歷代高僧碑文』 高麗篇 1, 가산문고, 1994, 388쪽의 번역문을 수정했다. 수정한 부분은 '蘇公忠子知府及第律熙領軍'이다. 崔柄憲, 앞의 논문, 1978, 405쪽 ; 윤영호, 「太子寺朗空大師白月栖雲塔碑」, 『譯註羅末麗初金石文』(上), 혜안, 1996, 210쪽의 견해를 받아들여 원문의 '第'를 '弟'의 오기로 본다.

하다가, 김인광의 몰락 이후 김해부=금관성으로 진출함으로써 김해 창원지역을 아우르는 실력자로 성장한 것으로 보인다. 김해부와 진례성을 장악한 이후 소충자는 최고 직책인 김해부 지부를 칭했고, 그의 동생인 소율희는 김해부의 영군이면서 동시에 진례성의 제군사로 활동했다.

이후 소율희에 관한 기록은 한 차례 더 나온다.

⑦ 天祐 8년(효공왕 15년: 필자)에 뗏목으로 큰 파도를 무사히 헤치고 羅州의 會津에 도달했다. 이때……동쪽으로 나아갔다. 마침 金海府知軍府事 蘇律熙의 귀의를 받게 되었는데, 그는 勝光山 중의 煙霞의 절경에 터를 잡아 절을 짓고 정성스러운 큰 뜻을 기울여 (대사가) 이 절에 계시도록 청했다.[42]

여기서 효공왕 15년에 김해부 知軍府事인 소율희가 이 기록의 주인공인 利嚴에게 귀의하여 그가 불법을 펴는 것을 후원했음을 알 수 있다. 앞의 기록과 관련시켜 보면, 이때 그의 형인 소충자가 생존했다면 여기서도 나타나는 것이 자연스럽다고 느껴짐에도 불구하고 이 기록에서 소충자는 빠졌다. 그 이유는 불분명하나, 효공왕 11~15년 사이에 소충자가 실력자로서의 지위를 상실했기 때문에 나타나지 않은 것으로 보인다. 이로써 효공왕 15년(911) 무렵에 이곳의 최고 실력자는 소율희로 바뀌었음을 알 수 있겠다.

훗날 신라시대 김해의 名宦으로 김인광과 함께 기록된 이로 忠至가 있다.[43] 여기서 충지는 바로 소충자인데, 그에 관한 다른 흥미로운 기록이 있다.[44] 그는 신라 말에 匝干의 직책으로 금관성을 공략하여 성주가 되었는데, 그의 부하였던 阿干 英規가 그의 위세를 빌어 김수로왕의 제사를 지내려 했다. 어느 해 端午에 영규는 사당에서 제사를 지내다가 대들보가 무너져 거기에 깔려 죽었다. 충지는 이를 심상치 않게 여겨서, 김수로왕에 대한 제사를 직접 지낼 것을 결심하고, 중국에서 수입한 고급 비단에 김수로왕의 眞影을 그려서 정중하게 제사를 받들었다. 3일 후에 김수로왕 진영의 두 눈에 한 말가량의 피눈물이 고였다. 이후 김수로왕의 직계 후손인 金圭林을 불러 김수로왕의 제사를 경건히 모시게 했다. 김수로왕의 제사를 둘러싼 분쟁은 영규와 김규림의 자식들인 俊必과 金間元 사이

---

42) 李智冠 譯註,「海州廣照寺眞澈大師寶月乘空塔碑文」,『校勘譯註歷代高僧碑文』高麗篇 1, 34~35쪽.
43) 『新增東國輿地勝覽』 권32, 金海都護府 古跡 名宦.
44) 『三國遺事』 권2, 紀異2 駕洛國記.

에서도 비슷하게 되풀이되었다.

영규는 소충자 밑의 중소호족이고, 소충자가 영규를 시켜 김수로왕에 대한 제사를 주재함으로써 이곳의 최고 실권자로서의 권위를 과시하려 했던 것인데, 그것이 김규림으로 대표되는 金海金氏를 비롯한 토착세력의 반발로 마침내 실패했음을 보여준다. 이는 김수로왕에 대한 제사 문제와 관련하여 이곳에서 김해김씨라는 친족조직이 차지하는 위상을 잘 보여주는 설화이다.[45] 영규를 김해김씨가 아니라고 보는 견해가 지배적인데, 반면 영규가 후손이 아니라면 굳이 대를 이어 제사를 주재하려는 권리에 집착할 필요가 없다는 관점에서, 영규를 김수로왕의 후손으로 보려는 견해가 있었다.[46] 영규와 준필을 표기하면서 김규림이나 김간원과는 달리 김씨를 끝까지 표기하지 않았고, 이곳에서 차지하는 김해김씨의 위상에 가탁하거나 김수로왕의 권위를 활용하려고 일시 세력을 쥔 영규가 그런 행위를 했을 가능성이 크다고 보면, 반론은 큰 설득력이 없다고 본다.

소충자 형제의 출신 성분은 6두품보다 낮은 村主로 추정되며,[47] 그들은 원래 성씨가 없었으나, 이곳의 호족세력의 중심 인물로 성장하면서 성씨를 사용하고 그에 어울리는 직책을 표방할 필요가 있었을 것이다. 그의 성씨가 기록에 따라서 '蘇'나 '金'으로 달리 표기되는 것은 이런 사정이 작용한 것이다.

한편 후삼국 말기인 고려 태조 10년(927)에 康州(지금의 진주) 지역에서 활동한 강력한 호족세력의 우두머리인 왕봉규에 관한 기록에서도 김해의 호족과 관련되는 인물이 나타난다.

⑧ 新羅國 權知康州事 王逢規를 懷化將軍으로 삼고, 新羅國 前登州都督府長史 張希岩과 新羅國 登州知後官 本國金州司馬 李彦謨를 모두 右散騎常侍로 삼는다.[48]

이 기록에서 張希岩의 관직인 前登州都督府長史는 원문에서 '史'가 빠져 있고, 장희암과 李彦謨가 後唐으로부터 받은 右散騎常侍의 '常'자도 원문에는 '嘗'이었으나, 고증을 통해 바로잡은 것이다.[49] 여기서 이언모의 직책인 登州知後官 本國金州司馬는 金州 곧

---

[45] 盧明鎬, 「羅末麗初 親族組織의 변동」, 『又仁金龍德博士停年紀念史學論叢』, 1988, 50~51쪽.
[46] 金相潡, 앞의 논문, 2006, 40~42쪽.
[47] 崔柄憲, 앞의 논문, 1978, 407쪽.
[48] 『册府元龜』 권976, 外臣部20 褒異3 後唐 明宗 天成 2년 3월.
[49] 金庠基, 「羅末地方群雄의 對中通交」, 『東方史論叢』, 서울대출판부, 1984, 435쪽.

김해의 군사책임자로서 司馬인 동시에 중국 登州의 知後官으로서, 등주에 사는 신라교민들에 대한 연락을 맡은 직책으로 이해했다.[50] 앞의 기록보다 16년 이상 뒤진 시점의 상황을 전하는 이 기록 속의 이언모는 소율희의 교체세력이 아니라 소율희 밑에서 군권만을 전담한 자로 추정된다.[51]

3. 정치적 동향

 김인광, 소충자 형제는 이곳 호족세력의 정점에서 지배의 실권을 행사했고, 영규와 이언모는 소충자, 소율희가 지배하던 시기의 중소호족이었다. 기록을 통해 확인되는 이곳 호족들의 이름은 이처럼 다섯 명에 불과하지만, 이들 밑에는 이름을 남기지 않은 더 많은 중소호족들이 있었음이 틀림없다. 이들의 활동을 중심으로 이곳 호족세력의 정치적 향배를 살펴보고자 한다.
 이곳 호족세력의 우두머리였을 때, 김인광은 金海府進禮城諸軍事, 소충자는 金海府知府, 소율희는 金海府知軍府事의 직함을 띠고 있었다. 호족들이 내세운 직함이 '△△城(郡·縣)(諸)軍事'의 형태로 지역 명칭을 앞에 내세우고, 그 뒤에 (諸)軍事를 붙이는 직책은 이곳의 세 사람 이외에도 여섯 사례가 더 있다.[52] 知州諸軍事로 통칭할 수 있는 이 직함은 唐末五代의 知州軍州事의 영향을 받아 성립된 것으로서, 종전에 시행된 都督制를 잇는 신라의 공식적인 지방제도로서 신라 말까지 시행되었다고 보았다. 지주제군사는 군사 능력을 소유하고, 眞骨에 준하는 존재로서 독립 세력이면서 일면 지방관의 성격을 지녔으며, 친신라적인 양상을 보이는 것으로 파악되었다.
 이 견해 중 지주제군사가 군사 능력을 소유하고, 독립적 세력이면서 지방관의 성격을 띤다는 점에는 동의하지만, 나머지 부분에 대해서는 동의하기 어렵다. 첫째 지주제군사제가 공식 지방제도로서 신라 말까지 시행되었다고 본 부분은 그 사례의 수가 너무 적다는 점에서 회의적이다. 7곳의 9사례가 확인되는 지주제군사는 공식적 지방제도라기보다는 국가 공권력이 완전히 무너지는 지방사회의 위기 상황에서[53] 지방관이나 호족이 자

---

[50] 金庠基, 위의 논문, 435쪽.
[51] 崔柄憲, 앞의 논문, 1978, 431쪽.
[52] 知州諸軍事에 대해서는 全基雄, 「羅末麗初의 地方社會와 知州諸軍事」, 『慶南史學』 4, 1987 참조.

구책의 일환으로 내세웠거나, 권위를 강조하기 위해 스스로 사용한 직함이었을 가능성이 더 크다고 보기 때문이다. 지주제군사가 진골 신분에 준하고 친신라적인 양상을 보인다고 본 것도 다음과 같은 이유에서 부정적이다. 처음에는 성씨를 사용하지 않았다는 점에서 소충자 형제가 촌주 이하의 신분 출신으로 추정되고, 신라 왕실의 후예로서 친신라적인 김인광과는 달리 소충자 형제는 친신라적이라고 볼 수 있는 근거가 전혀 발견되지 않기 때문이다.

신라 말 고려 초 각지의 호족은 동일권역의 세력이 집단화하여 그 내부에는 세력의 강약에 따라 상하의 질서가 형성되었고, 그 상하 관계에 따른 고유의 역할과 기능이 있었다.[54] 일정 '영역'을 단위로 결집된 호족들을 대호족이 일사분란하게 통솔할 수 있는 정치운영의 틀인 官班體制가 형성되었다. 중소호족이 대호족에게 투탁할 때, 그들은 대호족에게 실력에 걸맞는 적절한 대우를 받았고, 투탁한 후에 그들은 대호족에 대한 의무를 지게 되었다. 전투와 농업생산과 같은 전체 '영역'의 차원에서 집단적 노동력이 동원될 때, 중소호족은 대호족의 일괄적인 지휘 아래에 통솔되어 그들의 의무를 수행해야 했다. '영역' 내부에는 대호족과 중소호족 및 일반민의 계층구조가 형성되어 있었다. 필자는 일정 '영역'의 호족세력을 총괄하는 대호족의 권능을 강조하여 豪族長으로 부르고 있다.

김인광, 소충자 형제는 이곳의 호족장들이었고, 영규와 이언모는 소충자·소율희나 그 이후의 호족장 아래에서 활동한 중소호족이었다. 소율희도 그의 형인 소충자 아래에서 군권을 맡은 중소호족이었던 시절이 있었다. 영규는 新羅位階만이 확인되고 소충자 아래에서 수행하던 官班體制 속의 명시적 직임이 보이지 않지만, 김수로왕에 대한 제사를 주재한 것을 연역하면, 종교와 관련된 직능을 가졌을 것이다.

다음으로 성곽의 군사적 기능에 대해서 살펴보기로 한다. 당시 성주들은 기본적으로 城邑 단위로 개별적으로 존재하면서 독자적 정치 성향을 보였으나, 지역에 따라서는 한 郡縣에 복수의 성주가 등장한 경우도 있었다.[55] 성주가 거점으로 삼은 성곽은 治所城인 경우와 아닌 경우로 대별된다.[56] 성주가 치소성을 거점으로 한 경우, 대부분 치소성을 토대로 군현 전역을 지배했다. 치소가 아닌 성을 거점으로 삼은 성주는 기존의 군현 질

---

[53] 具山祐,「新羅末 鄕村社會의 동향」,『高麗前期 鄕村支配體制 硏究』, 혜안, 2003, 89쪽.
[54] 具山祐,「新羅末 鄕村社會의 階層構造」,『高麗前期 鄕村支配體制 硏究』, 102~109쪽.
[55] 윤경진,「나말려초 城主의 존재양태와 고려의 대성주정책」,『역사와 현실』40, 2001.
[56] 崔鍾奭,「羅末麗初 城主·將軍의 정치적 위상과 城」,『韓國史論』50, 서울대 국사학과, 2004.

서를 재편하는 경향이 있었다. 신라 말 고려 초 울산지역의 호족장이었던 朴允雄은 神鶴城과 인근의 토성인 伴鷗城을 지배하였다.57) 울산의 경우를 보면, 한 지역의 호족장이 거점으로 삼은 성 이외에도 동일 '영역' 내에 1개 이상의 다른 성을 지배하는 경우도 충분히 상정될 수 있다.

한편 김해 창원의 경우는 진례성과 금관성 가운데 정치의 중심지를 이룬 성곽은 금관성이지만, 금관성으로 진출하기 위한 발판으로서 진례성을 먼저 장악한 경우를 소율희 사례에서 볼 수 있다. 따라서 이곳 호족들의 동향을 거론할 때, 진례성의 전략적 중요성은 매우 중요하다고 본다. 12지상이 새겨진 석관이 출토된 곳을 고려하면, 진례성과 가까운 송정리 토성도 당시 이들 세력의 지배하에 들어간 성곽이고, 그와 가까운 신안리 토성도 그 범주에 포함될 가능성이 크다고 생각된다.

영규가 김수로왕에 대한 제사를 지내다가 죽은 후, 소충자가 '오래된 인연'으로 김수로왕이 다스린 國城의 제사를 직접 지내게 되었다고 천명했다.58) 여기서 금관성을 '국성'으로 표현한 점이나, 김수로왕에 대한 제사를 둘러싼 김해김씨를 비롯한 김해 지배층의 동향을 가야부흥운동이라는 각도에서 부각시킨 연구가 있다.59) 당시 호족이 신라의 중앙정부의 통제에서 벗어난 움직임을 보여준다는 점은 동의할 수 있지만, 그것이 곧 가야를 부흥하려는 움직임이었다고 본 부분은 지나치게 부각시킨 견해이므로 동의하지 않는다.

김인광은 신라 왕실의 후예로 추정되므로, 그가 최고 실력자로 군림하던 시기에 이곳은 신라와 정치적으로 가까웠을 것이다. 그러나 소충자 형제가 다스리던 시기에 이곳은 신라와의 관계가 좀 멀어졌을 것으로 추정된다. 소충자 형제가 촌주 출신으로 추정되고, 김해지역의 외곽이던 진례성을 발판으로 김해의 중심부인 금관성을 장악한 점 등이 그 근거가 된다.

소충자 형제가 지배한 시기에 이곳이 신라와 정치적으로 멀어진 결정적 이유는 당시 정세에서 찾을 수 있다. 소충자 형제가 지배하던 시기는 후삼국 전쟁이 치열해진 시기이므로, 호족이 지배하는 영역은 고려나 후백제와 같은 강력한 정권의 힘을 의식하여 그들과 일정한 정치적 연대를 통해 독자 세력을 유지할 필요가 있었고, 따라서 중립적인 입

---

57) 具山祐,「羅末麗初 蔚山地域과 朴允雄」,『韓國文化研究』5, 부산대, 1992.
58)『三國遺事』권2, 紀異2 駕洛國記.
59) 金相澈, 앞의 논문, 2006.

장을 가질 필요가 절실했다. 고려와 후백제 사이에 힘의 균형이 이루어진 상황에서 호족장은 자기 집단을 보호해줄 수 있는 후원 세력으로서 고려와 후백제의 어느 한 쪽을 선택하기가 쉽지 않았다.60) 그러므로 영역의 귀속이 고려와 후백제의 사이에서 오락가락하는 이른바 '叛附'의 현상이 빈번하게 나타났다.61)

이곳의 호족도 같은 상황하에 있었으므로, 김인광 지배 시기에 설정되었던 신라와의 연결 관계가 점차 옅어지게 되었다. 神德王 4년(915) 무렵에 김해에서 4년을 머물고 沙火(지금의 경북 상주)로 옮길 때의 利嚴에 관한 기록을 보면, 당시 소율희가 지배한 김해는 적의 소굴과 잇닿아 있어서 최소한의 신변 안전조차 도모할 수 없었고, 나라 전체가 어지러운 상황에 빠져들어 김해에 머물 수 없다고 했다.62) 이는 당시 이곳의 사정을 잘 말해준다. 자료 ②에서도 보았듯이, 고려 태조 3년(920)에 후백제 견훤이 합천과 창원을 공략하고 김해까지 진출하려 하자, 신라의 요청으로 고려 군대가 출동하여 이를 막고자 한 것도 소충자 형제가 지배하던 시기에 이곳이 지닌 전략적 중요성과 정치적 동향을 이해하는 데에 크게 참조된다.

이곳의 호족들은 자료 ⑧에서 보듯이, 태조 10년(927) 무렵까지 독자 세력으로 존속했음이 확인된다. 기록상으로 확인되지 않으나, 그 이후 이곳의 호족들은 고려나 후백제에 정복되었거나, 歸附 절차를 통해 고려나 후백제에 귀속되었을 것이다. 그들의 정치적 향배는 이제 고려나 후백제의 정치적 운명과 같은 배를 타게 되었다.

III. 봉림산문의 성립과 전개

봉림산문을 창건한 이는 심희였다. 심희는 여주 慧目山의 高達寺를 중심으로 활동하던 玄昱의 제자이므로, 봉림산문은 현욱과도 무관하지 않다. 심희가 죽은 후 그의 법맥을 이은 璨幽는 김해를 떠나 고달사로 활동의 중심지를 옮겼다. 다른 산문과는 달리 봉림산문은 시기적으로 짧게 존속했고, 그럼에도 불구하고 그 법맥은 다른 곳의 사원으로

---

60) 具山祐, 「太祖代의 歸附 豪族에 대한 정책」, 『高麗前期 鄕村支配體制 硏究』, 혜안, 2004.
61) 『高麗史』 권1, 太祖 원년 8월 癸亥.
62) 심재석 譯註, 「廣照寺眞澈大師寶月乘空塔碑」, 『譯註羅末麗初金石文』(上), 33쪽.

옮겨가서 이어진 특성이 있다. 그러므로 봉림산문의 범주를 이름 그대로 봉림사라는 절의 소재지와 존속 시기만을 대상으로 파악할 것인가, 혹은 師資相承의 법맥 관계 속에서 파악할 것인가의 문제를 검토할 필요가 있다. 말하자면 봉림산문의 범주를 어디까지로 볼 것인지가 문제가 된다.

봉림사의 이름으로 성립 운영된 사원을 실마리로 삼아 여기에 접근하기로 한다. 신라 말에 만든 1차 자료에서 봉림사라는 이름의 절을 기록한 것은 오직 다음 자료뿐이다.

> ⑨ (대사가) 얼마 후 金海의 서쪽에 福林이 있다는 말을 멀리서 듣고, 갑자기 이 산을 떠나 남쪽으로 가겠다고 말했다. 進禮에 이르러 잠시 머뭇거리니, 이에 進禮城諸軍事 金律熙가 道를 사모하는 정이 깊고 (대사의) 소식을 듣고 뜻이 간절하여, 경계 밖에서 기다리고 있다가 성안으로 맞아들였다. 그리고 ⓒ절을 고쳐주며 法의 수레를 머물도록 청했는데 마치 고아가 자애로운 아버지를 만난 듯, 병든 많은 사람들이 뛰어난 의사를 만난 듯했다. ……이 절이 비록 터는 산맥에 이어져 있었으나 문은 담장 밑까지 기울어져 있었다. 大師는 경치가 기이하고 빼어난 곳을 찾고 가렸으나, 날쌘 말이 서쪽 산봉우리에서 놀고 올빼미가 옛터에서 우는 곳만을 어찌 大士의 생각에 과연 마땅하고 神人의 △에 깊이 흡족하다고 이를 수 있겠는가. 그러므로 작은 절을 고쳐지어 발길을 멈추었으며, ⓒ鳳林이라 이름을 고치고 다시 禪宇를 열었다. 이보다 앞서 知金海府進禮城諸軍事明義將軍 金仁匡이 가정에서는 아버지의 가르침을 받고, 임금에게는 충성을 다했으며, 禪門에 귀의하여 ㉠절을 고치는 것을 도우니, 大師는 마음 속으로 기꺼이 여겨 그곳에서 죽을 때까지 머물고자 생각하고, 그윽한 가르침을 크게 베풀었고 佛道를 널리 떨쳤다.[63]

여기서 봉림사라는 이름을 가진 절은 ⓒ 한 곳뿐이지만, 이와 직간접적 관련이 있으면서도 이름이 없는 ㉠, ⓒ 두 개의 절이 있다. 김율희가 심희를 후원하여 고쳐준 절이 그 하나이고, 김인광이 고쳐준 절이 다른 하나이다. 김인광이 김율희보다 먼저 이곳의 실권을 쥔 사실을 참고하면, 위에 나타난 절들의 창건 순서는 ㉠ 김인광이 고쳐 지어준 절→ ⓒ 김율희가 고쳐 지어준 절→ ⓒ 이 절을 다시 고쳐 지은 봉림사가 된다. 오늘날 봉림사라 부르는 절의 기원은 ⓒ을 말하지만, 그렇다고 봉림산문의 기원을 바로 ⓒ의 성립 시점에서 찾는 것도 문제가 있다는 점을 여기서 알 수 있다. 따라서 봉림산문은 심희가 김인광의 후원을 받아 절을 고쳐 지은 시점부터 성립했다고 보아야 할 것이다.

김율희의 후원으로 처음 지은 절은 규모가 작고 산맥에 이어졌으나 매우 퇴락하여, 심

---

63) 李智冠 譯註, 「昌原鳳林寺眞鏡大師寶月凌空塔碑文」, 앞의 책, 354~357쪽.

희는 좋은 위치에 다시 절을 지으려 했으나, 금관성과 진례성에 가까우면서도 이를 충족시킬만한 터를 찾기 어렵게 되었던 것 같다. 그러자 심희는 마음을 바꾸어 작은 절을 고쳐 봉림사라 이름하였다. 봉림사 창건 때의 상황을 전해주는 이 대목은 현재 봉림사지의 지리적 여건과도 매우 부합한다.

김인광이 후원한 禪門이 봉림사에 앞서 건립되었는데, 이 선문은 김인광의 몰락과 함께 폐허가 되었고, 그 자리에 김율희가 심희를 후원하여 봉림사를 중창했다고 본 선행연구가 있다.[64] 이어서 심희는 鳳林山派의 開山人이자 제2祖이고, 그에게 심인을 전해준 현욱이 開祖이며, 그를 이은 찬유가 제3祖라고 보았다. 이는 개산인과 개조를 구분하여 찬유가 개조이며, 심희를 개산인으로 본 견해이다. 이 글에서 현욱이 봉림산파의 개조로 추앙된 근거로 인용한 자료[65]에서는 봉림산파와의 관련성을 찾을 수 없다. 개산인과 개조를 구분한 것도 다른 산문에서 보이지 않는 사례로서, 쉽게 받아들이기 어려운 용어이다. 따라서 봉림산문의 개조는 심희이고, 그를 이은 찬유가 제2조라고 보아야 할 것이다. 심희의 제자인 忠湛 비문에서 심희를 '鳳林(대사)'이라 부른 것[66]도 심희가 봉림산문의 개조임을 말해주는 유력한 증거이다.

봉림산문의 특수성을 고려하여, 그 성립 시기를 현욱으로부터 심희가 심인을 전수받은 시점, 심희가 봉림사에 주석하면서 그 법맥의 계승이 본격화된 시점의 두 가지로 볼 수 있다는 견해도 있다.[67] 전자는 경문왕 8년(868) 무렵, 후자는 늦어도 경명왕 5년(921) 무렵에 확립된 것으로 보았다. 이 글은 자료 ⑨의 첫 줄에 나오는 福林이 鳳林과 같은 것으로 보았다.

봉림이라는 명칭은 현욱이 창건한 고달사의 전통을 잇는 것이며, 심희가 이곳에 오기 전부터 구상한 자신의 선풍을 특징적으로 드러내는 용어였다. 심희가 太領(현재의 대관령)의 黑巖禪院에 있을 무렵, 洪俊이 출가하려고 그에게 왔을 때, 그가 홍준을 포함한 제자들에게 밝힌 신념 속에 다음 구절이 있다.

⑩ 이제 나와 너희들이 慧目을 현양시켜, 鳳林을 영원토록 무성하게 하여 장래의 사람들

---

[64] 崔柄憲, 앞의 논문, 1978, 416~418쪽.
[65] 『祖堂集』 권17, 東國慧目山和尙(柳田聖山主編, 중문출판사, 1974, 318~319쪽).
[66] 안영근 譯註, 「興法寺眞空大師塔碑」, 『譯註羅末麗初金石文』(上), 81쪽.
[67] 배상현, 「眞鏡 審希의 활동과 鳳林山門」, 『史學研究』 74, 2004, 116~118쪽.

에게 보여주도록 하자.68)

심희가 慧目을 계승하는 용어로 鳳林을 사용하면서, 혜목산 고달사의 전통을 계승하려는 의지를 피력했음을 알 수 있다. 이때는 심희가 김해에 오기 훨씬 전이며, 김해 창원에 세운 절을 봉림사라 한 것도 바로 고달사의 전통을 이으려는 의지의 구현이었다.69) 그러므로 다음과 같은 이해가 가능할 것이다. 선풍의 계승이라는 측면에서 봉림산문은 심희가 김해 창원에 오기 전부터 성립되었고, 사찰의 형식을 갖춘 봉림산문은 심희가 김해 창원에 와서 소율희의 지원으로 이전의 절을 봉림사로 고쳐 지은 시기에 성립되었는데, 그 시점은 자료 ⑤에서 설명했듯이, 효공왕 즉위년~11년이었다.

신라 말의 선종 사원은 전국적으로 97곳에 이르며, 유학승들의 주요 귀국로인 武州지역이 11곳으로서 가장 많고, 몇몇 사원은 당과의 교통 요지에 설립되었다.70) 이는 사원 건립을 후원한 세력이 당과의 통교를 위해 유학중 중국의 사원, 고승과 관계를 맺은 승려를 초청하여 사원 기반을 마련해주고 당과의 접촉의 중개자로 삼으려는 경향이 반영된 것으로 보았다. 봉림사도 해로나 강로를 통해 당과의 연결이나, 무역을 통해 독자적 세력을 구축하기에 용이한 곳으로 보았다.

전성기 시절의 봉림산문에는 인근의 여러 말사가 속해 있었을 것이다.71) 심희가 입적했을 때, 그의 법을 전수받은 제자들만 500여 명이었다는 사실72)에서 보듯이, 전성기의 봉림산문은 승려와 신도 등 수많은 사람들로 붐볐을 것이다. 迦智山門 體澄의 문하에 800여 명, 聖住山門 無染의 문하에 2,000여 명의 제자가 있었던 경우처럼 신라 말 선종 산문에는 많은 사람들이 있었다.73) 일반적으로 당시의 선종 사원은 넓은 田莊과 鹽田이나 노비 등의 경제적 기반을 갖추었으므로,74) 봉림산문도 이와 비슷한 경제적 기반을 가

---

68) 박영제 譯註, 「境淸禪院慈寂禪師凌雲塔碑」, 『譯註羅末麗初金石文』 (上), 96쪽.
69) 김용선, 「玄昱·審希·璨幽와 여주 고달사」, 『한국중세사연구』 21, 2006, 127쪽.
70) 韓基汶, 「新羅末 禪宗 寺院의 形成과 構造」, 『韓國禪學』 2, 2001, 271~277쪽.
71) 자료 ⑨에서 봉림사가 아닌 두 사원 및 심희의 제자인 融諦와 璨幽가 있었던 尙州 公山 三郞寺는 봉림산문의 말사였을 가능성이 크다. 이엄이 김해 勝光山에서 세운 익명의 절도 봉림산문의 말사였을 가능성이 있다.
72) 景明王, 「昌原鳳林寺眞鏡大師寶月凌空塔碑文」, 앞의 책, 361쪽.
73) 김두진, 「신라하대 선종 산문의 세력 기반」, 『신라하대 선종사상사 연구』, 2007, 일조각, 110쪽.
74) 金昌錫, 「통일신라기 田莊에 관한 연구」, 『韓國史論』 25, 서울대 국사학과, 1991 ; 李炳熙, 「三國 및 統一新羅期 寺院의 田土와 그 經營」, 『國史館論叢』 35, 1992 ; 金琪燮, 「新羅 統一期 田莊의 經營과 農業技術」, 『新羅文化祭學術發表會論文集』 13, 1992 ; 李仁在, 「新羅統一期 田莊의 形成과 經濟」, 『韓國 古代 中世의 支配體制와 經濟』, 지식산업사, 1997 ; 李敬馥, 「新羅末·高麗初 大安寺의 田莊과 그 經營」, 『梨花史學硏

졌을 것이지만, 기록상으로 확인되지는 않는다.

봉림산문은 소율희 지배 시기까지는 건재했으나, 이어 전개된 격심한 정세 변동이 불러온 불안정한 분위기 속에서 그 명맥을 유지하기가 쉽지 않았다. 고려 태조 10년(927)까지 이곳의 호족들은 독자 세력을 유지했으나, 막바지에 이른 고려와 후백제의 쟁패전 속에서 이미 이곳은 매우 불안정한 상황으로 빠져들고 있었다.[75] 신덕왕 4년(915)에 소율희 지배하의 이곳은 신변의 안전조차 기약할 수 없어서 봉림산문에 머문 이엄을 비롯한 승려들이 떠나가고 있었다. 이어서 심희가 경명왕 7년(923)에 입적하여 봉림산문의 정신적 기반이 약화되었고, 견훤이 경주를 침공한 경애왕 4년(927)에 이곳의 호족세력이 완전 몰락함으로써 봉림산문은 더 이상 유지되기 어려웠다.[76]

이후 선문으로서 봉림사의 기능은 상실되었으나, 절 건물은 당분간 유지되었다. 조선시대에 심희 탑비가 남아 있는 봉림사가 소개되었으며,[77] 임란 이후 심희 탑비는 손상되었다.[78] 『海東地圖』에서 보듯이 봉림사는 18세기 중엽까지 존속했음이 확인되지만, 현재는 폐사가 되어 옛 절터만 남아 있다.

봉림사지는 창원시 봉림동 165번지의 해발 295m인 봉림산 기슭에 있으며, 진례산성이 있는 비음산과 연결되는 정병산에서 뻗어나온 산줄기와 잇닿아 있다(〈그림 1〉 참조). 현재의 봉림사지에서 금속제 불상들, '丙寅年' '鳳林寺' '鳳林山普齊寺' 등이 새겨진 기와편들이 발견되었다.[79] 기와의 魚骨紋 및 소율희의 몰락과 관련지어 기와편의 병인년을 효공왕 10년(906)으로 추정했다. 절터의 중앙에 직경 15m 안팎의 인공연못 속에 직경 약 8m의 인공섬으로 만든 造山인 須彌山이 있었다. 관련 유물인 심희 탑비, 8각원당형의 심희 부도는 발굴 당시 경복궁에 있었고, 이밖에도 현재 상북초등학교에 있는 3층석탑 1기, 창원컨트리클럽 내에 화강암으로 만든 높이 194cm 정도의 마애보살입상 1기가 있다.

究』 30, 2003.
[75] 崔柄憲, 앞의 논문, 1978, 429~430쪽.
[76] 崔柄憲, 위의 논문, 431쪽 ; 김용선, 앞의 논문, 2006, 129쪽.
[77] 『新增東國輿地勝覽』 권22, 昌原都護府 佛宇 鳳林寺.『輿地圖書』,『東國輿地志』에도 같은 내용이 있으며, 『世宗實錄地理志』,『慶尙道地理志』,『慶尙道續撰地理志』에는 기록되지 않았다.
[78] 『慶尙南道輿地集成』, 昌原大都護府誌 佛宇 鳳林寺.
[79] 창원문화재연구소,『昌原鳳林寺址』, 2000.

Ⅳ. 봉림사와 김해 창원에 머문 승려들

　심희와 그의 제자들 및 김해와 봉림사를 거쳐간 승려들에 대해서 살펴보기로 한다.
　심희(855~923)는 김유신의 후손, 가야 왕족의 후예인 신김씨로서 6두품 출신이었다.[80] 그는 9세에 玄昱에게 출가했고, 현욱이 입적하면서 14세의 그에게 心印을 전했다. 그는 19세에 구족계를 받은 후 전국을 순행했으며, 유학에 대한 질문을 받고서 현욱의 가르침으로도 충분하다는 견해를 밝히고 끝내 중국에 건너가지 않았다. 자신은 유학하지 않았으면서도, 松溪(현재의 전남 강진)에 있는 자신을 찾아온 제자 璨幽에게는 유학을 허락했다.[81] 이후 雪嶽(현재의 강원 양양)에 머물렀고, 진성여왕이 경주로 올 것을 요청했으나 사양했다. 그는 溟州(현재의 강원 강릉)의 山寺에 들어갔으며, 太嶺 黑巖禪院에 머물 때 洪俊이 찾아와 출가했다.[82]
　이후 김해로 가서 그는 김인광 등의 후원으로 봉림사를 세웠다. 이 무렵에 효공왕이 政法大德 如奐을 보내 그에게 귀의했다. 경명왕 2년(918)에 왕이 興輪寺 上座 彦林과 中事省 內養 金文式을 그에게 보내 경주로 초청하자, 그는 10월에 제자 景質 등과 함께 경주에 도착하여, 12월에 왕에게 설법했으며 왕은 그에게 法膺大師라는 칭호를 내렸다. 봉림사로 돌아온 그는 30년만에 중국에서 귀국한 찬유가 찾아오자 尙州 三郎寺에 머물게 했다.[83] 경명왕 7년(923)에 봉림사에서 입적했으며, 경명왕은 그에게 眞鏡大師라는 시호와 寶月凌空之塔이라는 탑호를 내리고, 그의 탑비 비문을 직접 지었다. 이듬해에 경질 등 500여 명이 요청하여 비를 세웠으며, 찬유는 개성으로 가서 태조 왕건을 만났다.
　찬유에게 심희를 찾아가도록 권유한 融諦가 27세의 심희를 진짜 부처로 일컬었다.[84] 이는 생전에 문도들에 의해 부처로 추앙된 승려의 한 사례로 주목되는데, 이는 당시 승려를 부처나 보살로 보려는 유행 사조의 하나였다.[85] 송계선원에 머물 때인 30대 중반 이후의 심희에게 배우려는 사람들이 비오듯 많았다고 한 것이나,[86] 40대 중반의 심희를

---

[80] 심희의 생애에 대해서는 景明王, 「昌原鳳林寺眞鏡大師寶月凌空塔碑文」, 앞의 책 ; 김용선, 앞의 논문 참조.
[81] 金廷彦, 「高達院元宗大師慧眞塔碑」, 『譯註羅末麗初金石文』(上).
[82] 崔彦撝(추정), 「境淸禪院慈寂禪師凌雲塔碑」, 『譯註羅末麗初金石文』(上).
[83] 金廷彦, 「高達院元宗大師慧眞塔碑」, 앞의 책.
[84] 金廷彦, 「高達院元宗大師慧眞塔碑」, 위의 책.
[85] 남동신, 「나말려초 국왕과 불교의 관계」, 『역사와 현실』 56, 2005, 89쪽.

'세상의 인도자이며, 법문의 영수[沙界梯航 法門領袖]'로 부른 것87)에서 보듯이, 심희는 젊을 때부터 전국적 명성을 얻었고, 이후에도 불교계 안팎에 큰 영향을 행사하는 존재로 명성을 이어갔음을 알 수 있다.

한편 그가 당시 유행처럼 번진 중국 유학을 거부하고 스승에게서 불교의 가르침을 찾은 것은 그의 주체적 수행관을 잘 보여주는 대목이다. 이런 수행관을 가졌음에도 불구하고, 제자인 찬유에게는 유학을 허락했을 뿐 아니라 30년만에 유학을 마치고 귀국한 찬유를 받아들인 것은 그의 수행관이 매우 유연하고 포용력이 있음을 드러내준다.

심희가 지닌 명성과 영향력이 이처럼 컸으므로, 당시 권위가 무너져가던 신라 왕실의 간절한 부름을 거듭 받게 되었다. 설악에 머물 때, 경주로 오라는 진성여왕의 요청을 받았으나, 그는 거절했다. 거절한 이유를 그의 비문에서는 '祖業'을 무너뜨릴 수 없고 길이 멀다고 했으나, 그를 후원한 단월 세력의 정치적 입장과도 무관하지 않을 것이다.88) 효공왕도 綸言을 내려 법력을 빌고, 조서를 내리고 발우를 보내는 등 그에게 귀의했다.

진성여왕으로부터 받은 신라 왕실의 첫 초청에는 응하지 않았으나, 이후 봉림산문을 열어 선풍을 진작시키고 있을 때, 심희는 경명왕의 간절한 요청을 받아들여 마침내 경주에 가기로 했다. 경명왕이 심희를 초청하면서 극진한 예의를 갖추었고, 심희도 王土에 사는 사람으로서 왕의 요청을 거절하기 어렵다고 하여 받아들였다. 경명왕은 경주 궁궐에 이른 심희를 정성을 다하여 맞이했고, 심희를 스승으로 받드는 의례를 극진히 베풀었다.

경명왕의 성의를 접한 심희는 경명왕을 위해 '국가를 다스리고 백성을 편하게 하는 방책[理國安民之術]'을 거론했다. 자료가 없으므로 심희가 제시한 방책이 무엇인지 단정하기 어려우나, 후삼국 정세나 신라 왕실 내의 정치문제 등이 언급된 것으로 본 견해가 참조된다.89) 심희가 경주에 간 것은 이를 통해 왕건과 연결되었거나 여기에 왕건의 배려가 작용한 것으로 본 견해가 있는데,90) 이는 심희의 정치적 입장이나 그의 제자들이 왕건과 결합했던 배경을 이해할 수 있게 해주는 부분이다. 경명왕은 경건한 자세로 심희 비문을 지었고, 비문 陰記에서 심희를 신라 왕실을 높이 부축한 인물로 평가했다. 이는 진성여

---

86) 金廷彦,「高達院元宗大師慧眞塔碑」, 앞의 책.
87) 崔彦撝(추정),「境淸禪院慈寂禪師凌雲塔碑」, 앞의 책.
88) 曺凡煥,「新羅 下代 審希禪師와 鳳林山門의 개창」,『羅末麗初 禪宗山門 開創 硏究』, 경인문화사, 2008, 96쪽.
89) 曺凡煥, 위의 논문, 100~101쪽.
90) 김두진,「신라하대 선사들의 중앙왕실 및 지방호족과의 관계」,『신라하대 선종사상사 연구』, 157~158쪽.

왕 이래로 경명왕대까지 신라 왕실이 무너져가던 자신의 권위를 심희의 명성과 방책에 기대어 회복하려 했고, 연이은 신라 국왕들의 부름을 끝내 거절할 수 없었던 심희의 속사정이 맞물림으로써 나타난 현상이다.

闍崛山派의 제2조인 行寂(832~916)도 이곳에 머문 승려였다.[91] 梵日의 제자인 그는 오랫동안 중국에서 수행했으며, 귀국하여 진성여왕 8년에 경주에서 머문 이후 지방에 은거했다가 효공왕 10년에 왕의 초청으로 다시 경주에 갔다. 그는 효공왕 11년에 또 다시 경주를 떠나 해안을 따라 남행하여 소충자 형제가 지배하던 김해에 이르렀다. 소충자 형제의 간청으로 그는 이후 名寺에 11년간 머물며 이곳의 주민들을 교화했다. 그가 갔을 때, 김해에는 심희가 이미 봉림산문을 열어 선풍을 진작시키고 있었다. 행적은 속세의 나이로 심희보다 무려 23년이나 연장자였고, 神德王 4년에 왕의 부름에 응하여 경주로 가서 南山 實際寺에 안거했다. 실제사는 신덕왕이 잠저시에 후원한 願刹이었는데, 행적이 머문 것을 계기로 신덕왕이 선종 사찰로 만들었다. 행적이 세 차례나 경주에 갔고, 그의 제자 가운데는 신라 왕실의 후손인 明瑤夫人이 있었으며 그녀의 요청으로 石南山寺에 주석했던 것으로 보아, 심희처럼 신라 왕실과 돈독했던 사실이 확인된다.

김해에 머문 승려 가운데는 법명을 알 수 없으나 시호가 眞空(855~937)인 인물이 있다.[92] 迦智山派인 그는 심희와 동갑이고, 가야산에서 출가했으며, 陳田寺를 거쳐 경주에도 머물렀다. 그가 김해에 머물 때 學人과 대중이 구름과 바다처럼 몰렸다고 하는데, 이 때 그를 이끈 후원자가 누구인지, 머문 시기와 기간은 알 수 없다. 이후 그는 다른 곳으로 옮겨 佐丞 王能長, 國父 崔善弼 大將軍의 후원을 받아 불법을 펼쳤다. 小伯山寺에 머물 때, 왕건과 만났으며, 후삼국을 통일한 후에도 왕건을 만났다.

須彌山派의 개창조인 利嚴(870~936)도 4년간 김해에 머물렀다.[93] 그는 진성여왕 10년에 유학하여 효공왕 15년에 羅州 會津으로 귀국했다. 그 해에 그는 김해로 가서 소율희의 후원으로 勝光山에 절을 지었다. 그가 절을 세운 승광산이 현재 어느 산이고 그 절 이름이 무엇인지는 김해 창원의 모든 邑誌에 기록이 없으므로 알 수 없다. 그가 왔을 때 김해에는 심희와 행적이 활동하고 있었다. 이는 소율희 세력이 세 사람을 동시에 초빙할

---

[91] 행적의 생애에 대해서는 崔仁渷, 「太子寺郎空大師白月栖雲塔碑」, 『譯註羅末麗初金石文』(上) 참조.
[92] 진공의 생애에 대해서는 崔彦撝, 「毗田盧庵眞空大師普法塔碑」, 『譯註羅末麗初金石文』(上) 참조.
[93] 이엄의 생애에 대해서는 崔彦撝(추정), 「廣照寺眞澈大師寶月乘空塔碑」, 『譯註羅末麗初金石文』(上) 참조.

수 있을 정도로 당시 세력을 떨쳤음을 보여주는데, 이를 헤아린 그는 김해에 가서 소율희를 단월로 삼아 그의 위상을 드러내고자 했던 것이다.94) 그는 신덕왕 4년에 개경에 가서 왕건을 만났고, 태조 15년에 왕건이 海州 수미산에 廣照寺를 지어 그를 거주하게 했으며, 태조 19년에 五龍寺에서 입적했다. 그는 慶猷, 逈微, 麗嚴과 더불어 태조대를 중심으로 한 고려 초기에 종교적 비중이 큰 승려를 일컫는 四無畏大師의 한 사람이었다.95)

심희가 경주 궁궐에 들어갔을 때, 그를 수행하여 殿에 올라간 제자들만 88명이었고, 그가 죽은 후 법을 전한 제자[傳法弟子]만 景質을 비롯한 500여 명이었다. 이를 보면, 심희에게 많은 제자가 있었음을 알 수 있다.

심희의 제자 중에서 그의 법맥을 계승한 것으로 평가받는 이는 璨幽(869~958)이다.96) 그는 헌강왕 7년에 尙州 公山 三郎寺의 融諦선사에게 갔다가 융체의 지시로 융체의 스승인 심희에게 출가했다. 진성여왕 4년에 그는 심희를 따라 광주 송계선원으로 갔고, 2년 후에 당에 갔다. 그는 경명왕 5년에 29년만에 귀국하여 봉림사로 가서 심희를 뵙고, 심희의 지시로 삼랑사에 머물렀다. 그는 태조 7년에 개경으로 가서 왕건을 만났고, 왕건의 명으로 廣州 天王寺에 머물다가 심희가 입적한 후 혜목산으로 돌아와 심희의 선풍을 이었다. 그는 혜종과 정종의 후의를 입었고, 광종대 초반에는 왕과 대신에게 설법하고 國師로 책봉되었으며, 이후 다시 혜목산으로 돌아와서 제자 양성에 주력했다. 광종 9년에 90세를 일기로 입적했는데, 그가 머문 혜목산 高達院은 광종 22년에 3대 不動寺院으로 지정될 정도로 큰 위상을 지녔다. 현욱-심희-찬유로 이어지는 법맥의 흐름에서 심희대에는 창원 봉림사에서 활동했고, 현욱이나 찬유대에는 혜목산 고달사에서 선풍을 펼쳤으므로, 봉림산문은 다른 산문과는 달리 터전이 여주-창원-여주로 바뀌는 변화가 있었다.97)

심희의 제자인 忠湛(869~940)도 한때 김해에 머물렀다.98) 그는 진성여왕 3년에 구족계를 받았고, 입당 수학하고 이후 경명왕 2년에 귀국했는데, 왕건이 왕으로 추대된 바로 그 해이다. 귀국한 후 김해에 머물다가 개경으로 갔다. 그가 김해에 머문 기간은 정확히 밝혀지지 않으나, 떠날 무렵 김해에서 전투가 있었음이 그의 비문에 있다. 개경에서 왕건을

---

94) 曺凡煥,「高麗初 利嚴禪師와 須彌山門의 개창」,『羅末麗初 禪宗山門 開創 硏究』, 214쪽.
95) 사무외대사의 정치, 종교적 비중에 대해서는 沈在明,「高麗 太祖와 四無畏大師」,『高麗 太祖의 國家經營』, 서울대출판부, 1996 참조.
96) 찬유의 생애에 대해서는 金廷彦,「高達院元宗大師慧眞塔碑」, 앞의 책 참조.
97) 추만호,「선종 법맥 승계의 특징과 북종의 법계 변신」,『나말려초 선종사상사 연구』, 이론과 실천, 1992.
98) 충담의 생애에 대해서는 王建,「興法寺眞空大師塔碑」,『譯註羅末麗初金石文』(上) 참조.

만난 그는 王師의 예우를 받았다. 왕건의 명으로 원주 興法寺에 주석했으며, 후삼국이 통일되는 해에 입적했다. 그의 비명은 왕건이 직접 지었는데, 이는 그와 왕건의 돈독한 관계를 단적으로 드러내준다.

洪俊(882~939)도 심희의 제자이다.[99] 그는 경명왕 2년에 심희를 수행하여 경주로 갔다. 그는 태조 17년에 왕건을 만났는데, 왕건의 요청으로 龜山禪院의 주지가 되었다. 태조 22년에 왕건의 배려로 당시 최고 관부였던 廣評省에서 境淸禪院을 조성하라는 帖을 그의 문도들에게 내렸으며, 그 첩을 받은 지 두 달 후에 그는 입적했다.

V. 맺음말

신라 말 고려 초 김해 창원지역에서는 金仁匡, 蘇律熙 형제를 비롯한 호족들이 進禮城과 金官城을 근거지로 삼아 군사, 정치활동을 펼치고 있었다. 진례성과 금관성의 현재 위치를 고증한 결과를 토대로 살펴보면, 신라 말 고려 초 김해 창원의 호족들은 창원에 있는 진례성을 먼저 장악하고, 이를 발판으로 오랫동안 金海小京의 治所였던 금관성으로 진출하는 경로를 밟아 이 지역의 최고 실력자로 성장했음을 알 수 있다. 당시 김해와 창원지역은 서로 동떨어진 역사의 '장'이 아니라 하나의 '무대'에 오른 동일한 비중의 '배우들'이라고 할 수 있겠으며, 두 지역은 신체에 비유하면 이빨과 잇몸의 관계였음이 잘 드러난다.

신라 말 고려 초 김해 창원의 호족들은 審希를 비롯한 禪宗의 중심에 있었던 여러 승려들을 불러들여 鳳林山門을 비롯한 여러 절을 지어 지역 민중을 교화하도록 후원했다.

고려 초까지 독자 세력을 유지하던 김해 창원지역의 호족들은 소율희 형제 몰락 이후 후백제의 압박으로 점차 위세가 약화되었고, 이에 따라 어엿한 독립 산문으로서 교화에 힘을 쏟고 禪風을 드날리던 봉림산문의 위상도 크게 추락하고 있었다. 봉림사와 김해에 머물던 여러 선승들이 다른 곳으로 옮겨갈 때의 사정이 이를 단적으로 보여주며, 봉림산문의 개창자이자 정신적 지주인 심희의 사후 봉림산문은 여주 慧目山으로 터전을 옮겨 법맥이 이어지게 되었다.

---

99) 홍준의 생애에 대해서는 崔彦撝(추정),「境淸禪院慈寂禪師凌雲塔碑」, 앞의 책 참조.